M. R. James

Nummer 13 – Geistergeschichten

M. R. JAMES

Herausgegeben von Edward Lee

Aus dem Englischen von Usch Kiausch

Eine Festa Originalausgabe
1. Auflage November 2019

Titelbild: Arndt Drechsler

ISBN 978-3-86552-790-5
eBook 978-3-86552-791-2

Inhalt

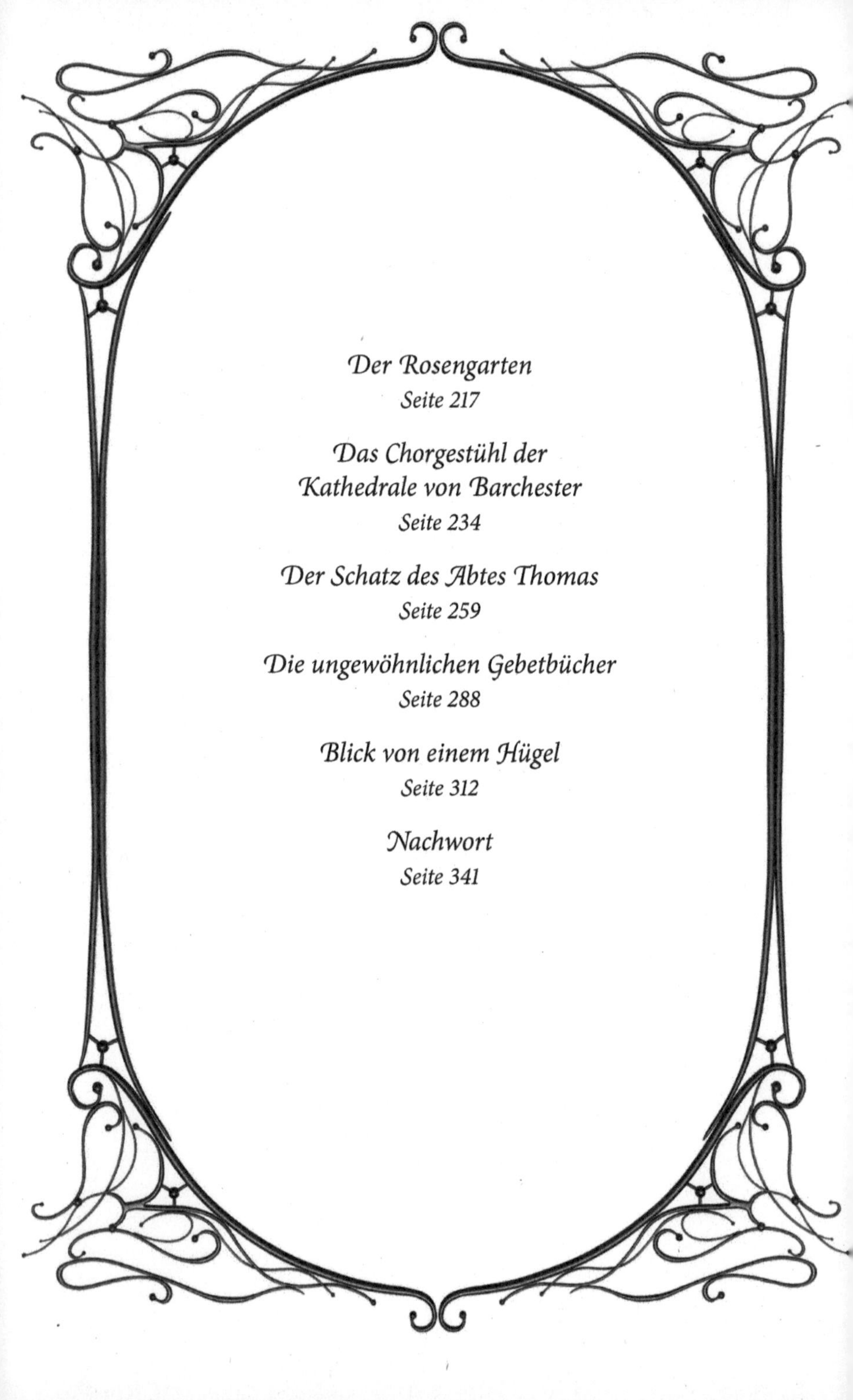

Einführung

Kurzgeschichtensammlungen und Anthologien sind für die gesamte Unterhaltungsliteratur essenziell, aber ganz besonders gilt das für das Horror-Genre. Die meisten Fans, die ich kenne, kamen durch eine Kurzgeschichte zur Horrorliteratur. Meine erste Horror-Erzählung las ich in der Grundschule, es war Poes *Das verräterische Herz*. Die Geschichte, die mir den Anstoß gab, selbst Horror zu schreiben, war H. P. Lovecrafts berüchtigte Story *Die Ratten im Gemäuer*. Ich fand sie in einer Hardcover-Anthologie mit dem Titel *Die besten Geistergeschichten*, 1977 herausgegeben von Charles Fowkes bei Hamlyn Press, und ich las sie während meiner Dienstzeit als Soldat in der U. S. Army 1st Armored Division, als ich im Führerstand eines M60A1-Kampfpanzers saß. (In Bamberg, Westdeutschland – als es noch Ost und West gab.) In diesem Panzer habe ich VIELE Horrorgeschichten gelesen. Ziemlich cool, nicht?

Es ist übrigens auch so, dass ziemlich viele Kritiker finden, das Beste in der Horrorliteratur seien die Kurzgeschichten und nicht die Romane, und ich glaube, dem würde ich zustimmen.

Aber was hat das mit dem Autor der hier versammelten Erzählungen zu tun, dem Linguisten, Archäologen, Mediävisten und Cambridge-Absolventen Montague Rhodes James?

Nun, der Schriftsteller James hat keinen einzigen Roman verfasst und ich habe nirgends einen Hinweis finden können, dass er das je vorgehabt hätte. Wenn überhaupt, dann war er viel zu beschäftigt! Der Mann hat gigantische

Kirchenbibliotheken und Archive katalogisiert. Er hat uralte, handgeschriebene Kopien der Bibel und anderer »erleuchteter« Schriften übersetzt. Sein gesamtes Erwachsenenleben lang war er ein Mitglied der Akademien und nur sehr wenige seiner Aktivitäten hatten nichts mit dem »Rummel der Universität« zu tun (um ein Zitat aus *Tanz der Teufel* zu bemühen – das Original, *nicht* das Remake). 30 Jahre lang war er ein hochrangiger Vorsteher des King's College, Eton College und der University of Cambridge; anders gesagt: Er balancierte mit ziemlich vielen Verpflichtungen. James war ein astreiner Bücherwurm, ein Nerd, ein bebrillter »Streber«. Sein Leben kreiste nicht um das Schreiben von Geschichten (wie es vermutlich bei den meisten Horrorautoren der Fall ist … bei mir zum Beispiel), sondern um das geistige Vorankommen in den wissenschaftlichen Disziplinen, die ihn intellektuell reizten, und um das qualitative Vorankommen der angesehenen Institute, die ihn beschäftigten.

Nein, James schrieb seine Kurzgeschichten nur nebenbei, als Hobby. Hauptsächlich las er sie seinen Freunden am College vor und schien nie besonderes Interesse an einer Veröffentlichung zu haben. (Dem Himmel sei Dank, dass seine Freunde ihn schließlich eines Besseren belehren konnten!) Viele seiner nicht fiktionalen Arbeiten sind bis zum heutigen Tag hoch angesehen und wegweisend, aber James' wahres Erbe liegt in seinen Gruselgeschichten. In der Literaturkritik genießt er einen hohen Rang unter den besten Horrorautoren aller Zeiten.

Aber zurück zu meiner Erinnerung an Charles Fowkes' monumentale *Beste Geistergeschichten*. Die Anthologie enthielt auch einige Erzählungen von M. R. James, von dem ich – bis zu jenem Zeitpunkt – noch nie gehört hatte. (Vergessen Sie nicht, dass das über 40 Jahre her ist.) Es war James' Meisterwerk, vielleicht seine allerbeste Geschichte, *Graf Magnus*. Auch sie las ich in meinem Panzer, und wenn ich mich recht entsinne, war das bei Übungen in Bamberg, im Winter 1978, glaube ich, während eines Schneesturms. Allerdings las ich die Geschichte unmittelbar nach Lovecrafts *Ratten im Gemäuer* und ich muss leider zugeben, dass Lovecrafts Erzählung der »dämonischen Schweinherde«, die im »kniehohen Dreck« herumstapfte, mich in ihren Andeutungen, mit ihrer kreativen Energie und ihren teuflischen Bildern derart schockierte, dass James' Geschichte vom Grafen Magnus de la Gardie keinen bleibenden Eindruck bei mir hinterließ. Am ehesten war es so, dass ich, obwohl mir die Geschichte gefiel und ich ihre Einzigartigkeit erkannte, in meiner damaligen Jugend und Naivität ihre Exzellenz einfach an mir vorbei und aus dem Fenster schlüpfen ließ (oder sollte ich sagen: aus dem Periskop des Panzers). In den folgenden Monaten las ich eine MENGE Lovecraft und wandte mich dann dem moderneren Horror zu (King, Campbell, dem frühen Ketchum usw.). Was James angeht: Obwohl ich mir fest vorgenommen hatte, mich irgendwann mal näher mit seinem Werk zu beschäftigen, muss ich wohl zugeben, dass ich das damals nie tat.

Jetzt machen wir einen Zeitsprung von etwa 30 Jahren, ins Jahr 2009. Mittlerweile genoss ich das große Glück, als Vollzeit-Schriftsteller arbeiten zu dürfen. Heureka, mein Traum war wahr geworden! Danke, Gott, Schicksal oder Cthulhu! Das geschah 1997. Später, es muss wirklich um 2009 gewesen sein, besuchte ich einen kranken Verwandten und entdeckte ein altes Taschenbuch, und zwar nichts Geringeres als die Penguin-Ausgabe der *Gesammelten Geistergeschichten* von M. R. James. »Ach, stimmt, an den erinnere ich mich«, dachte ich. »Er hat diese coole Geschichte, *Graf Magnus,* geschrieben, die ich vor Ewigkeiten in Deutschland gelesen habe.« Es war ein perfekter Zeitpunkt, mich mit dem Werk von James zu beschäftigen, wie ich es mir vor so langer Zeit vorgenommen hatte.

Seither lese ich nahezu jeden Abend vor dem Schlafengehen etwas von James.

Das heißt, ich habe nahezu jede verdammte M.-R.-James-Geschichte Dutzende Male gelesen. Ein paar, *Graf Magnus, Blick von einem Hügel, Das Chorgestühl der Kathedrale von Barchester* und andere, habe ich sicherlich *Hunderte* Male gelesen. Einmal las ich *Die Esche* an zwölf Abenden in Folge. Am 13. Abend las ich *Eine Herzenssache* und am Abend darauf noch mal *Die Esche*. Das ist ein merkwürdiges – und ich würde fast sagen *zwanghaftes* – Verhalten, besonders für einen aktiven Schriftsteller, der eigentlich bei jeder sich bietenden Gelegenheit die *Neuerscheinungen* aller *zeitgenössischen* Autoren seines Genres lesen sollte.

Ich mache das nicht.

Ich lese jeden Abend M. R. James. Tatsächlich glaube ich, dass ich einigen von James' Figuren ähnele, denn ich leide unter dem Gebrechen, das auch Mr. Anderson in *Nummer 13* plagt, oder Professor Parkins in *Pfeif nur …* oder Mr. Cooper in *Die sonderbare Erbschaft des Mr. Humphreys*, um nur einige zu nennen; *um gut einschlafen zu können, muss ich vorher noch ein paar Seiten lesen*. Nun, meine Seiten sind fast immer welche, die James verfasst hat. Im Durchschnitt schaffe ich eine M.-R.-James-Geschichte pro Abend und so habe ich alle wieder und wieder gelesen, jahrelang. Auch zu anderen Autoren kehre ich immer wieder zurück: Lovecraft, Poe, August Derleth (nicht lachen!) und noch einige mehr, aber auch an solchen Abenden lese ich immer zuerst eine meiner Lieblingsstellen von James. (Zum Beispiel die »Zugabteil«-Szene aus *Die Macht der Runen*, die »Nachruf«-Szene aus *Das Chorgestühl …*, die »dem schwedischen Typen wird das Gesicht abgezogen«-Szene aus *Graf Magnus*, die »Alter Mitchell«-Szene aus *Landnahme* und so weiter.) James ist wie eine Droge und ich bin rettungslos abhängig. Ich brauche jeden Abend meinen Schuss.

Warum ich Ihnen diese unnötigen Informationen zu meinen exzentrischen Lesegewohnheiten aufbürde? Tatsächlich strömen sie mir regelrecht aus den Fingern, wenn ich über M. R. James schreibe, aber es gibt auch einen relevanten Punkt, auf den ich, in der mir eigenen, verworrenen Art und Weise, mit diesen Zeilen hinauswill.

Zunächst muss ich feststellen, dass ich kein James-»Kenner« bin, nicht mal ein Experte. Das trifft eher auf Leute wie S. T. Joshi zu oder Steve Duffy, Christopher Roden, Ramsey Campbell oder John Pelan, die jede Erzählung von M. R. James studiert haben, jeden Entwurf, jedes Manuskript und Notizbuch, jede Postkarte und jeden Brief. Diese Männer sind James-*Kenner*. Ich bin einfach nur ein durchgeknallter Fan. Aber die ganze Zeit habe ich mich gefragt: *Warum?* Warum bin ich so begeistert vom Werk des M. R. James, dass ich es JEDEN ABEND lesen will?

Um im Stile von James zu antworten, liegt die Antwort nicht fern. Tatsächlich machen James' Erzählungen *Spaß*. Sie sind *unterhaltsam*. Und mit all meiner Lebenserfahrung und nach all den Büchern, die ich gelesen habe, wage ich zu behaupten, dass James der am konsequentesten unterhaltsame Schriftsteller überhaupt ist. (Ausgenommen vielleicht Shakespeare. Aber selbst Shakespeare hat niemals etwas so Cooles erfunden wie eine verfluchte Hundepfeife, ein spukendes Heckenlabyrinth oder ein verfluchtes Fernglas!) In James' Werk erspüre ich, genau wie bei Lovecraft, den idealen Ausdruck menschlicher Kreativität, und zwar in Form von *Lust* auf Wörter, dem *Hungern* danach, Sprache zu benutzen. Wörter bedeuteten James alles; sie waren sein Leben. Wenn ich James lese, dann spüre ich seine Freude an den Wörtern und seine Begeisterung für Sprache viel intensiver als bei jedem anderen Autor. James *schreibt* nicht einfach nur, er *feiert*, er *zeigt, was er draufhat*, und *macht* einfach und demonstriert beständig seine Überlegenheit als Sprachkünstler – verdammt, er demonstriert sie nicht einfach nur, er reibt sie uns unter die Nase. Das alles entspringt seiner großen Liebe zur englischen Sprache, und deshalb ist jede seiner Erzählungen eine *Feier* dieser Liebe.

Und sein höchstes Ziel ist es, das mit *Ihnen* zu teilen, den Lesern.

James mühte sich mit jedem Wort in jedem Satz ab. Er war nicht faul; er war nicht nachlässig und er machte keine halben Sachen. Jeder seiner Sätze kommt einer Mauer gleich und jedes Wort ist ein wohlgesetzter Ziegel. In seinem Kanon hat er uns eine uneinnehmbare Festung der Unterhaltung hinterlassen, und diese Festung wird ewig bestehen. James' Geschichten sind – auch wenn sie Einblick in vergangene Zeiten bieten mögen – zeitlos. In 100 Jahren oder sogar in 1000 werden seine Erzählungen immer noch unterhaltsam sein, und zwar wegen James' *Liebe* zur englischen Sprache und wegen seines großen erzählerischen Potenzials. Er hat nicht einfach *geschrieben*, wie es die meisten Schriftsteller tun, er hat nicht einfach ein paar Wörter auf die Seite geklatscht und sie die Geschichte bilden lassen. Nein, nein, nein. Das hat mit James überhaupt nichts zu tun. James benutzte *Wörter*, um die Action zu Ihnen zu bringen! Er transportiert die erzählte Zeit mit seinem ureigenen Stil so gut, dass man glauben könnte, man würde in dieser Zeit *leben;* er schildert die Figuren so lebendig, dass man sie mit Leuten verwechselt, die man wirklich getroffen hat. Deshalb kann man ihn wieder und wieder lesen und es macht einem nichts aus, denn jedes Mal entdeckt man kleine Überraschungen, die man vorher übersehen hat, winzige Nuancen, die auf Interpretationen hinweisen, die einem vorher entgangen sind. Selbst in Geschichten, die man schon ein Dutzend Mal gelesen hat. Da kriegt man was für sein Geld!

Als Beispiel will ich anführen, wie der Nobelpreisträger Ernest Hemingway, der König des sparsamen Schreibens, ein Bild entwerfen würde: »Der Farmer blickte über das Tor und sah die Sonne untergehen.«

Und so beschreibt James dieselbe Szene: »Ich nehme an, ein jeder kennt die Landschaften – ob sie wohl von Birket Foster stammen oder vielleicht älter sind? –, die als Holzschnitte die Lyrikbände zierten, die auf den Kaffeetischen in den Salons unserer Väter und Großväter lagen – Bände in ›Leinenbindung, geprägt‹; das scheint mir der korrekte Ausdruck zu sein. Ich gestehe, ein Bewunderer derselben zu sein, besonders derer, die den Bauern zeigen, der sich an ein Tor in einer Hecke lehnt und den Turm der Dorfkirche am Fuße eines sanften Abhangs betrachtet – umgeben von ehrwürdigen Bäumen und fruchtbaren Feldern, von Hecken durchschnitten und begrenzt von fernen Hügeln, hinter denen die Sonne versinkt …«

Jetzt entscheiden Sie: Welche Variante ist spannender? Welche Variante versetzt Sie, den Leser, eher in die Szenerie hinein? Welchem Autor sind Leseerfahrung und Bildhaftigkeit eindeutig wichtiger?

Es kommt auf die *Wörter* an, verstehen Sie, und James konnte mit Wörtern umgehen wie van Gogh mit Farbe; er hat mehr erschaffen als bloße Erzählungen, er hat Gemälde entworfen und auf diesen sehr bildhaften Leinwänden das Grauen eindringlicher vermittelt als jeder andere Schriftsteller seiner oder irgendeiner Zeit.

Und da wir nun fast am Ziel sind, will ich noch mit ein paar Missverständnissen zu James aufräumen. Zunächst mal bezeichnen allzu ernste Kritiker James gerne als »Meister des Understatements« und implizieren, dass sich James nicht an explizite Bilder wagte. Auch James selbst äußerte sich abfällig über Schriftsteller, die sich in ihren Horrorgeschichten allzu explizit gaben. Schriftsteller widersprechen sich andauernd selbst (ich zum Beispiel!) und James bildet da keine Ausnahme. Einige der blutigsten, grausigsten Bilder, die mir in der Literatur je begegnet sind, stammen von ihm. Die bereits erwähnte Szene aus *Graf Magnus* handelt von einem attraktiven schwedischen Wilderer namens Anders Bjornsen. Nun, er bleibt nicht lange attraktiv, denn als ihn seine Freunde am nächsten Tag im Wald finden, heißt es: »Der war ein gut aussehender Mann gewesen, aber nun fehlte ihm das ganze Gesicht. Das Fleisch war bis zum Knochen abgeschält … Als die anderen rüberblickten, sahen sie, dass das Tuch zu Boden geglitten war und Anders Bjornsens Augen nach oben ins Leere starrten.« Ich würde das kaum als »Understatement« bezeichnen. Für mich ist das eine der erschütterndsten Szenen in der Geschichte des Horrors. (Außerdem nehme ich stark an, dass H. P. Lovecraft – der ein großer Fan von James war – dieses blutige Bild für seine eigene Erzählung *Die lauernde Furcht* »ausgeborgt« haben könnte. James kann sich durch diesen Diebstahl geehrt fühlen!) Wenn man sich heutige Splatterfilme ansieht, in denen Opfern das Gesicht weggerissen wird, erreichen all die Computeranimationen und Spezialeffekte nicht mal annähernd den Eindruck, den James vor fast einem Jahrhundert mit Worten erzeugt hat.

In einer weiteren von James' Erzählungen, *Eine Herzenssache* (ein tolles Werk, das James selbst nicht besonders mochte), treffen wir die halb körperlichen, wiederbelebten verwesten Leichen zweier Kinder mit tiefen Löchern in der Brust, weil ihnen ein Zauberer die Herzen herausgeschnitten hat. Diese beiden Kinder wandern nachts durch ein unheimliches Herrenhaus. Das ist nun wirklich kein »Understatement«, Leute!

In *Eine Warnung für die Neugierigen* verfolgen zwei ewiggestrige Professoren an einem nebligen Strand Fußspuren, die

»mehr Knochen als Haut« abbilden. Nicht zu vergessen *Eine Schulgeschichte,* wo jemand nachts aus der Schlafzimmertür schaut und einen Kerl mit einem heraushängenden Augapfel sieht, der über den Boden kriecht. Cool! Aber nicht annähernd so cool wie das halb verweste *Ding,* das am Ende auftaucht.

Das sind nur ein paar Beispiele dafür, wie schockierend drastisch James werden konnte, während er gleichzeitig behauptete, explizite Bilder zu verachten. Dasselbe gilt für Sex, jedermanns Lieblingsthema. James verurteilte die sexuellen Anspielungen in Arthur Machens *Der große Pan* und *Die weißen Gestalten* (und nannte Machen daher auch »skrupellos«, wenn ich mich nicht irre), und ich bezweifle stark, dass James es gut fand, dass Lovecrafts kosmischer Dämon in *Das Grauen von Dunwich* die arme Lavinia Whateley schwängerte oder Fischmenschen in *Schatten über Innsmouth* mit menschlichen Frauen Kinder zeugten. Tatsächlich war James nicht besonders angetan von Lovecraft, obwohl dieser James in seinem Buch *Die Literatur der Angst* eine länger andauernde und positivere Presse verschaffte als jeder andere. Typisch britisch, hm? Ein Amerikaner tut dir einen Gefallen, und du machst ihn *immer noch* runter! Nun gut, ich schätze, in ihrem Leben nach dem Tod ist das alles vergeben und vergessen.

Aber zurück zum Thema Sex. Einige brandmarkten James als viktorianischen Frauenhasser, weil in seinen Erzählungen niemals Frauen vorkämen. (Was übrigens nicht stimmt.) Außerdem war er nie verheiratet und machte in seinem Werk niemals Andeutungen hinsichtlich sexueller Aktivitäten.

Moment! Was höre ich denn da für ein Quietschen? Da ist doch jemand mit voller Wucht auf die Bremse getreten!

Kein Sex in seinen Erzählungen? Verzeihung, aber da muss ich widersprechen. Einige seiner Andeutungen sind nicht mal besonders subtil, wenn man sie genau betrachtet; James schmuggelt sie einfach da rein, wo man sie nicht erwarten würde. Zum Beispiel?

Nun, ich sollte meine Kommentare zu diesem Thema lieber in ein Nachwort packen; ansonsten könnten meine Analysen die Enden einiger der Geschichten in diesem Band verderben. Lesen Sie also zuerst das Buch und meine Meinung dazu am Ende, wenn Sie durch sind.

Zum Thema James und Sex in seinen Geschichten und wie er das selbst betrachtet haben mag, will ich es also hierbei belassen: Nein, James war nie verheiratet und ich wüsste auch von keinerlei Romanzen. Ich meine mich zu erinnern, dass es einige höhergestellte Damen gab, die an ihm interessiert waren, aber daraus wurde wohl nie etwas. Tatsächlich gibt es auch nur sehr wenige bedeutende weibliche Figuren in seinem Werk, wenn man nicht die xanthippenhafte Vogelscheuche Mrs. Anstruther aus *Der Rosengarten* dazuzählen will, oder Mr. Dentons sogar noch viel schlimmere Tante aus *Das Tagebuch des Mr. Poynter*. Dennoch finde ich es ziemlich dumm, wenn Kritiker James deshalb, und weil er nie geheiratet hat, als »Frauenhasser« verdammen.

Hier also meine Meinung zu James und den Frauen. Sie beginnt mit der Aussage einer Schriftstellerfigur (zweifellos eine Version von James selbst) gegenüber einem Freund hinsichtlich der viktorianischen Anklänge in seiner Arbeit: »Schließlich bin ich ja auch als Viktorianer geboren und erzogen worden. Und von einem viktorianischen Stammbaum darf man aus guten Gründen erwarten, dass er auch viktorianische Früchte trägt.«

Das ist James' Ebenbild. Und wenn ich sage, dass er Viktorianer war, meine ich nicht all die großartigen Fortschritte der Ära unter der Herrschaft von Queen Victoria (1832–1901), sondern den Ruf der Zeit als sexuell repressiv. Das waren ganz schön verklemmte Zeiten, in denen die Menschen davon besessen waren, sich »anständig« zu benehmen. Es schickte sich nicht, dass sich ein Mann auf einen Platz setzte, den eine Frau gerade verlassen hatte. Es war flegelhaft, wenn ein Mann, der einen Strand entlangspazierte, aus Versehen in den bloßen Fußabdruck einer Frau trat. Und Sex? Das war unter den Akademikern ein mit einem Tabu belegtes Thema. James war Gelehrter der Cambridge University und kein Dandy! Sollte er je eine Frau zu einem Date ausgeführt haben, wäre ich erstaunt; wenn die Männer der niederen Schichten ausgingen, um zu zechen und Frauen abzuschleppen, blieb James in seinem Wohnheimzimmer und studierte bei Kerzenschein alte Manuskripte. Oder er spielte mit seinen Berufskollegen Karten und trank Brandy mit Wasser.

James wuchs in einer Zeit, in der Kindern Familienwerte und Religiosität strikt eingebläut wurden, in einer streng protestantischen Familie als Sohn eines Pfarrers auf. Ich nehme an, dass James (oder »Monty«, wie ihn seine Freunde nannten) genau wie Lovecraft Frauen gegenüber extrem schüchtern war. Sollte je eine heiße Braut ihre Hand in seine Hose gesteckt und gesagt haben »Lass uns ficken«, hat er garantiert sofort schockiert abgelenkt und gesagt: »Welch herrliches Wetter wir haben, nicht wahr? Oho, wie ich sehe, hat Ihre Hand aus Versehen den Weg in meine Hose gefunden. Ausgerechnet! Wenn Sie sie nun bitte freundlichst wegnehmen würden, das würde mich sehr freuen. Wissen Sie, ich komme zu spät zu meinem Symposium zur Verbreitung christlicher Lehren und muss nun wirklich los.«

Ja, das ist die Art Mann, die James bestimmt war: stets der englische Gentleman, stets das Produkt viktorianischer Werte. (Googeln Sie ein Bild von Queen Victoria und Sie werden sofort verstehen, warum ihre Ära zum Synonym für prüde, sittsame Menschen wurde, die nichts mit Sex zu tun haben wollten. Glauben Sie mir, kein männlicher Teenager von damals hätte sich auf ihre Bilder einen runtergeholt!) Nichts würde ich lieber glauben, als dass James in Wahrheit ein Hengst war und die »Torten« und »Keksdöschen« im Dutzend abschleppte, aber, ach, ich bezweifle es doch stark. Es würde mich nicht mal überraschen, wenn James sein Leben lang überhaupt keinen Sex gehabt hätte.

Dementsprechend postuliere ich, dass es Indoktrination ist, die den Mangel an weiblichen Figuren in seinen Erzählungen erklärt, nicht Misogynie!

Doch ehe ich Sie nun zum Kern dieser Sammlung vorstoßen lasse, will ich noch ein paar Dinge sagen, also haben Sie Geduld mit mir.

Die James-Fans unter Ihnen haben vielleicht bereits beim ersten Blick auf das Inhaltsverzeichnis genervt aufgestöhnt. Aber ich habe die Mehrheit von James' besonders berühmten Erzählungen mit Absicht nicht aufgenommen. Geschichten wie *Graf Magnus, Die Macht der Runen, Pfeif nur, dann eil ich zu dir, mein Freund!* und so weiter. Nicht nur sind das James' *bekannteste* Erzählungen, sie werden auch am *häufigsten neu aufgelegt*. Natürlich sind das alles großartige Geschichten, aber ich bleibe dabei, dass nahezu jede von James verfasste Geschichte großartig war (bis auf *Zwei Ärzte*. Überspringen Sie die, sie ist Mist. Monty muss betrunken gewesen sein, als er sie geschrieben hat), und ich gehe davon aus, dass Sie einige seiner weniger verbreiteten Arbeiten, wie sie hier versammelt sind, noch nirgends gefunden haben. Ich mag sie alle sehr.

Es sind Geschichten, die mir besser gefallen als alle anderen von irgendeinem anderen Schriftsteller. Es sind Geschichten, die ich mit auf die sprichwörtliche einsame Insel nehmen würde. Und sollte ich sterben und im Himmel oder der Hölle die Erlaubnis bekommen, für den Rest der Unendlichkeit nur ein einziges Buch zu lesen, dann würde ich *dieses* Buch wählen, das Sie gerade in der Hand halten.

Vielen Dank, dass Sie es gekauft haben. Und viel wichtiger: Vielen Dank, dass ich meine Liebe zu M. R. James mit Ihnen teilen darf!

Edward Lee
Largo, Florida, USA

Die Sammlung des Domherrn Alberic

An den Ausläufern der Pyrenäen, nicht sehr weit von Toulouse und in der Nachbarschaft von Bagnères-de-Luchon, liegt das verfallene Städtchen Saint-Bertrand-de-Comminges, bis zur Französischen Revolution ein Bistum. Noch heute zieht die alte Kathedrale dort eine gewisse Zahl von Touristen an.

An diesem Ort einer längst vergangenen Welt – mit seinen nicht einmal 1000 Einwohnern kann man ihn kaum ein Städtchen nennen – traf im Frühling des Jahres 1883 ein Gelehrter aus Cambridge ein. Der Engländer war extra von Toulouse angereist, um die Kirche Saint-Bertrand-de-Comminges zu besichtigen. Zwei Freunde, die sich nicht sonderlich für Altertümer interessierten, hatte er in ihrem Toulouser Hotel zurückgelassen. Allerdings hatten sie versprochen, am kommenden Morgen zu ihm zu stoßen. Eine halbstündige Besichtigungstour werde ihnen reichen, wie sie sagten. Danach wollten alle drei gemeinsam die Reise Richtung Auch fortsetzen.

Der englische Gelehrte war an seinem Ausflugstag schon früh im Städtchen angekommen, denn er hatte sich vorgenommen, möglichst viele Aufzeichnungen zu machen. Im Gepäck hatte er mehrere Dutzend Fotoplatten, um jeden Winkel der wunderbaren Kathedrale, die den Hügel von Comminges beherrschte, im Bild festhalten und später beschreiben zu können. Doch dazu benötigte er ganztägig die Dienste des Kirchenwarts oder Küsters (ich bevorzuge den

Ausdruck Küster, auch wenn er nicht ganz zutreffen mag). Schließlich ließ sich die nicht besonders zuvorkommende Inhaberin des Gasthofs Chapeau Rouge dazu erweichen, nach dem Küster zu schicken. Sobald er eintraf, erkannte der Engländer in ihm ein unerwartet interessantes Studienobjekt. Und das lag nicht am Äußeren dieses verhutzelten und runzligen Alten, der zudem kleinwüchsig war, denn darin glich er Dutzenden anderer französischer Kirchendiener. Vielmehr lag es an dessen merkwürdig verstohlenem Gehabe, das so wirkte, als fühlte er sich von irgendetwas gehetzt oder verfolgt. Ständig spähte er hinter sich, und dabei schienen sich seine Schulter- und Rückenmuskeln zu verkrampfen. Er sah so aus, als rechnete er jeden Augenblick damit, von hinten angefallen und von feindseligen Händen umklammert zu werden.

Der Engländer wusste nicht recht, wie er dieses Verhalten deuten sollte. Litt der Alte unter Verfolgungswahn? Machte ihm ein schlechtes Gewissen zu schaffen? Oder stand er nur unter dem Pantoffel einer unerträglich zickigen Ehefrau? Die einfachste Erklärung wäre Letzteres gewesen. Allerdings vermittelte der Alte den Eindruck, ihm müssten noch schlimmere Verfolger auf den Fersen sein als eine streitsüchtige Furie von Ehefrau.

Doch bald darauf war der Engländer (wir wollen ihn Dennistoun nennen) so sehr mit seinen Fotoaufnahmen und Notizen beschäftigt, dass er nur gelegentlich einen Blick zum Küster hinüberwarf. Jedes Mal stellte er dabei fest, dass sich der Alte ganz in seiner Nähe aufhielt – entweder rücklings gegen die Mauer gedrückt oder auf einem der prachtvollen Betstühle kauernd. Und das machte den Engländer nach einer Weile geradezu nervös und gab ihm ein ungutes Gefühl, zumal er über die Ursache dieses Verhaltens nur spekulieren konnte. Hielt er den Alten vom *déjeuner* ab? Hatte der Küster ihn im Verdacht, sich bei nächster Gelegenheit mit dem Elfenbeinkruzifix des heiligen Bertrand davonzumachen? Oder gar mit dem angestaubten ausgestopften Krokodil, das über dem Taufbecken hing?

»Möchten Sie nicht lieber nach Hause gehen?«, fragte er schließlich. »Ich komme hier mit meinen Notizen ganz gut allein zurecht. Wenn Sie möchten, können Sie mich ja in der Kirche einschließen. Ich brauche noch mindestens zwei Stunden, und dabei muss Ihnen doch bestimmt kalt werden, oder?«

»Um Himmels willen!« Der Vorschlag schien den Alten maßlos zu erschrecken. »Daran ist überhaupt nicht zu denken. Monsieur allein in der Kirche lassen? Auf keinen Fall! Ob es noch zwei oder drei Stunden dauert, ist mir egal. Ich hab schon gefrühstückt, und mir ist keineswegs kalt. Aber trotzdem vielen Dank für das Angebot.«

Also gut, mein Kleiner, dachte Dennistoun. *Ich hab dich immerhin gewarnt, also musst du nun auch die Folgen tragen.*

Noch vor Ablauf der zwei Stunden hatte Dennistoun die Gebetsstühle, die imposante, aber verfallene Orgel, den Chorstuhl des Bischofs Jean de Mauléon, die Überreste von Glasmalerei und Wandteppichen sowie die Gegenstände in der Schatzkammer gründlich besichtigt und untersucht. Die ganze Zeit über blieb der Küster in unmittelbarer Nähe. Jedes Mal wenn eines der seltsamen Geräusche zu hören war, wie sie in großen leeren Gebäuden hin und wieder auftreten, fuhr der Alte wie von einer Tarantel gestochen hoch. Nun ja, manchmal klangen sie auch wirklich sonderbar.

»Einmal hätte ich schwören können«, erzählte Dennistoun mir später, »dass oben im Turm eine dünne, blecherne Stimme laut lachte. Als ich fragend zum Küster hinübersah, war er blass bis in die Lippen und murmelte: ›Das ist *er* … Ich meine, natürlich ist da niemand, schließlich ist die Kirchentür ja abgeschlossen …‹ Mehr sagte er nicht, aber wir tauschten einen langen Blick miteinander aus.«

Auch ein weiterer Zwischenfall, der sich ereignete, als er ein großes, vom Alter dunkles Tafelgemälde hinter dem Altar begutachtete, gab Dennistoun zu denken. Das Gemälde gehörte zu einer ganzen Serie, in der die Wunder des heiligen Bertrand dargestellt waren. Die Bildkomposition war kaum noch auszumachen, hingegen war die lateinische Inschrift darunter noch lesbar:

Qualiter S. Bertrandus liberavit hominem quem
*diabolus diu volebat strangulare.**

Lächelnd wandte sich Dennistoun dem Küster zu, um irgendeine scherzhafte Bemerkung zu machen. Doch zu seiner Bestürzung musste er feststellen, dass der Alte auf die Knie gefallen war, flehend und wie in Todesangst mit fest gefalteten Händen auf das Gemälde starrte und ihm Tränen über die Wangen rannen.

Selbstverständlich tat Dennistoun so, als hätte er nichts bemerkt. Doch zwangsläufig fragte er sich, wieso eine solche Kleckserei eine derartig starke Wirkung auf jemanden ausüben konnte. Offenbar war er hier auf einen Schlüssel zu dem seltsamen Verhalten des Alten gestoßen, das ihm schon den ganzen Tag über Rätsel aufgegeben hatte. Zweifellos litt der Küster unter irgendeiner Zwangsvorstellung. Aber worin mochte sie bestehen?

Mittlerweile war es später Nachmittag geworden, fast fünf Uhr, und der kurze Tag wich der Dämmerung. Nun begann sich das Gotteshaus mit Schatten zu füllen, während sich die seltsamen Geräusche – die gedämpften Schritte und die fernen Stimmen, die den ganzen Tag über zu hören gewesen waren – häufiger und beharrlicher bemerkbar machten. Dennistoun

---

* Wie Sankt Bertrand einen Mann befreite, den der Teufel lange Zeit im Würgegriff gehabt hatte.

schob das allerdings auch darauf, dass sich der menschliche Gehörsinn bei schwindendem Licht schärft.

Zum ersten Mal waren dem Küster jetzt Ungeduld und das Drängen zum Aufbruch anzumerken. Als Dennistoun Kamera und Notizbuch endlich verstaut hatte, seufzte der Alte vor Erleichterung auf und winkte ihn hastig zum westlichen Kirchenausgang unterhalb des Turms hinüber.

Es war Zeit für das Angelusläuten. Nachdem der Alte ein paarmal an dem widerspenstigen Seil gezogen hatte, begann die große Glocke oben im Turm zu tönen. Ihr Schall drang über die Kieferwäldchen hinweg bis in die von laut rauschenden Gebirgsbächen durchzogenen Täler und rief der Bergbevölkerung in ihrer Abgeschiedenheit den Gruß des Engels ins Gedächtnis, der jener Frau gegolten hatte, die der Engel die »Gebenedeite unter den Weibern« genannt hatte.

Als der Klang nach und nach verhallte, schien sich zum ersten Mal an diesem Tag tiefe Stille über das Städtchen zu senken. Dennistoun und der Küster machten sich auf den Weg hinaus, blieben jedoch am Ausgang stehen. »Monsieur schienen sich für die Messbücher in der Sakristei zu interessieren«, bemerkte der Küster.

»Ja, sehr. Ich wollte Sie ohnehin fragen, ob es im Städtchen eine Bibliothek gibt.«

»Nein, Monsieur. Vielleicht gab es früher mal eine im Kapitel, aber jetzt ist unser Städtchen ja nur noch ein so unbedeutender Ort, dass …« Seltsamerweise brach der Küster mitten im Satz ab, als wüsste er nicht, ob er weiterreden solle. Doch dann gab er sich einen Ruck. »Aber falls Monsieur ein *amateur des vieux livres* sein sollte: Zu Hause, keine 100 Meter von hier, habe ich etwas, das ihn interessieren könnte.«

Sofort flammte Dennistouns lang gehegte Hoffnung wieder auf, irgendwo in bisher unentdeckten Winkeln Frankreichs auf unschätzbar wertvolle uralte Handschriften zu stoßen.

Doch schon im nächsten Augenblick erstarb sie wieder. Vermutlich handelte es sich nur um irgendein unbedeutendes, um 1580 gedrucktes Messbuch aus der Werkstatt des niederländischen Vieldruckers Christoph Plantin. Es war doch höchst unwahrscheinlich, dass ein Ort so nahe bei Toulouse noch irgendwelche Schätze barg; sicher hatten die Sammler sie längst geplündert.

Trotzdem wollte er das Angebot des Küsters nicht ausschlagen. Denn dann würde er sich, wie er wusste, sein Leben lang Vorwürfe machen, eine Chance nicht genutzt zu haben. Also gingen sie gemeinsam auf das Haus des Küsters zu, wobei Dennistoun das sonderbare Zögern und die plötzliche Entschlossenheit des Alten durch den Kopf gingen. Wollte er ihn – den dem Anschein nach wohlhabenden Engländer – womöglich in einen Hinterhalt locken, um ihn auszurauben und danach zu beseitigen?

Doch gleich darauf schämte er sich solcher Gedanken. Sicherheitshalber begann er jedoch ein Gespräch mit seinem Führer und ließ dabei recht plump die Bemerkung fallen, dass bald, voraussichtlich am kommenden Morgen, zwei Freunde zu ihm stoßen würden.

Zu seiner Verblüffung nahm der Küster diese Mitteilung mit offensichtlicher Erleichterung auf und dessen Nervosität legte sich. »Das trifft sich gut«, erwiderte er munter. »Wirklich gut. Monsieur wird also in Begleitung seiner Freunde weiterreisen. Die Freunde werden immer in seiner Nähe sein. Es ist schön, nicht allein reisen zu müssen … Zumindest in manchen Fällen«, setzte er wie im Selbstgespräch nach und fiel wieder in das dumpfe Brüten zurück.

Gleich darauf erreichten sie das Haus des Küsters, das um einiges größer war als die Häuser der Nachbarn. Es war ein Steinbau mit einem Wappenschild über dem Eingang. Wie mir Dennistoun später erzählte, handelte es sich um das Wappen des Alberic de Mauléon, eines entfernten Verwandten und Nachfahren des Bischofs Jean de Mauléon. Alberic hatte von 1680 bis 1701 als Domherr von Comminges amtiert.

Die oberen Fenster des stattlichen Hauses waren mit Brettern verschalt. Überhaupt bot das ganze Gebäude, genau wie der Rest des Städtchens, ein Bild des Alters und Verfalls.

An der Türschwelle blieb der Küster kurz stehen. »Vielleicht haben Monsieur gar nicht die Zeit, hereinzuschauen?«

»Keine Sorge, ich habe jede Menge Zeit. Bis morgen früh habe ich ja nichts zu tun. Zeigen Sie mir Ihre Schätze ruhig.«

In diesem Augenblick ging die Tür auf und ein Gesicht spähte nach draußen.

Dieses Gesicht war viel jünger als das des Küsters, wirkte aber ähnlich bedrückt. Nur schien hinter diesem Ausdruck nicht die Sorge um die eigene Sicherheit zu stecken, sondern die um einen anderen Menschen – den Vater. Denn hier handelte es sich unverkennbar um die Tochter des Alten, ein durchaus hübsches Mädchen, mal abgesehen von der sorgenvollen Miene. Als sie sah, dass ein kräftig gebauter Mann den Vater begleitete, hellte sich ihre Miene deutlich auf.

Vater und Tochter wechselten ein paar Worte, doch Dennistoun bekam nur einen einzigen Satz des Küsters mit: »Er hat in der Kirche gelacht.« Darauf reagierte die Tochter mit einem erschrockenen Blick.

Gleich darauf ließen sich alle drei im Wohnzimmer nieder. Es war eine kleine Kammer mit hoher Decke und Steinfußboden, in der das prasselnde Kaminfeuer gespenstisch flackernde Schatten warf. Dieses Zimmer erinnerte an einen Andachtsraum, denn an einer Wand ragte ein großes Kruzifix fast bis zur Decke empor. Die Gestalt am Kreuz war fleischfarben bemalt, das Holz tiefschwarz.

Darunter stand eine ziemlich alte massive Truhe. Nachdem die Tochter eine Lampe besorgt hatte und die Stühle weggerückt worden waren, ging der Küster zur Truhe hinüber und holte – mit wachsender Erregung und Nervosität, wie Dennistoun auffiel – ein riesiges Buch heraus. Es war in weißes Leinen eingeschlagen, auf dem ein grob gesticktes rotes Kreuz prangte.

Noch ehe der Küster das Buch ausgepackt hatte, weckten der Umfang und die Form des Bandes Dennistouns Interesse. *Für ein Messbuch ist es zu groß,* dachte er. *Und der Form nach kann es auch kein Antiphonar der römisch-katholischen Kirche sein. Vielleicht also doch etwas Wertvolles?*

Als der Küster das Buch aufschlug, wurde Dennistoun klar, dass er tatsächlich auf etwas Einzigartiges gestoßen war. Vor ihm lag ein großer, in Schweinsleder gebundener Foliant, der aus dem späten 17. Jahrhundert stammen mochte. Den Deckel zierte in Goldprägung das Wappen des Domherrn Alberic de Mauléon. Der Foliant umfasste etwa 150 einzelne Blätter, und auf fast jedem war eine Seite aus irgendeiner üppig illustrierten Handschrift befestigt. Eine solche Sammlung hätte Dennistoun hier nicht in seinen kühnsten Träumen vermutet. Beispielsweise enthielt sie zehn Blätter aus einer Abschrift der Genesis, illustriert mit Buchmalerei, die noch vor dem Jahr 700 entstanden sein musste; darüber hinaus sämtliche Bildseiten aus einem Psalter der englischen Schule, die zu den besten gehörten, die das 13. Jahrhundert hervorgebracht hatte. Doch das Beste von allem waren vermutlich 20 Blätter in lateinischer Unzialschrift, einer Majuskelschrift, die, wie ihm einige Textstellen sofort verrieten, zu einer sehr frühen unbekannten patristischen Abhandlung gehören mussten. Konnte es tatsächlich eine Abschrift aus dem Traktat »Auslegung der Worte des Herrn« sein, das der urchristliche Bischof Papias von Hierapolis um 130 nach Christus verfasst hatte? Bekanntlich war eine solche Abschrift noch im 12. Jahrhundert in Nîmes aufbewahrt worden. (Heute wissen wir, dass diese von Dennistoun entdeckten Blätter tatsächlich ein beträchtliches Fragment dieser Abschrift umfassten, wenn nicht sogar den gesamten Text.)

Jedenfalls stand Dennistouns Entschluss fest: Dieser Foliant musste mit ihm zusammen die Reise nach Cambridge antreten, selbst wenn er dazu sein gesamtes Bankguthaben abheben und bis zum Eintreffen des Geldes in Saint-Bertrand-de-Comminges warten musste.

Er sah forschend zu dem Küster auf. Verriet irgendetwas in seiner Miene, ob er bereit war, das Buch zu verkaufen?

Der Küster war blass geworden und seine Lippen zuckten. »Wenn Monsieur jetzt bitte bis zum Ende blättern würden.«

Also blätterte Monsieur weiter und stieß dabei ständig auf neue Schätze.

Am Ende des Buches entdeckte er jedoch zwei Blätter, die weit jüngeren Datums waren als alle vorherigen und aus denen er nicht schlau wurde. Er vermutete, dass sie aus der Ära des gewissenlosen Domherrn Alberic stammten, der zweifellos die Bibliothek des Domkapitels von Saint-Bertrand geplündert hatte, um diese Sammlung von unschätzbarem Wert anzulegen.

Das erste Blatt zeigte einen sorgfältig gezeichneten Plan, der für jemanden, der sich in der Kirche auskannte, leicht zu entschlüsseln war: Es handelte sich um das südliche Kirchenschiff und den Kreuzgang.

Darüber hinaus umfasste das Blatt einige seltsame Zeichen, die wie Symbole für Planeten aussahen, und in den Ecken einige hebräische Wörter. Außerdem war die nordwestliche Ecke des Kreuzgangs mit einem goldfarbenen Kreuz versehen. Unterhalb des Plans entdeckte Dennistoun einige lateinische Schriftzeichen:

*Responsa 12mi Dec. 1694. Interrogatum est: Inveniamne? Responsum est: invenenies. Fiamne dives? Fies. Vivamne invidendus? Vives. Moriarne in lecto meo? Ita.**

»Ein gutes Beispiel für den Plan eines Schatzsuchers«, bemerkte Dennistoun. »Erinnert mich irgendwie an den Domschüler Quatremain in der alten St.-Pauls-Kathedrale in London.« Er blätterte um.

Was er als Nächstes sah, beeindruckte ihn mehr, als er es jemals beim Anblick einer Zeichnung oder eines Gemäldes für möglich gehalten hätte. Diese Zeichnung existiert heute zwar nicht mehr, aber eine Fotografie davon befindet sich in meinem Besitz, und sie rechtfertigt seine Reaktion voll und ganz.

Es war eine Sepiazeichnung aus dem späten 17. Jahrhundert, die auf den ersten Blick eine biblische Szene darstellte. Sowohl die Architektur des Innenraums als auch die Gestalten waren in dem pseudoklassischen Stil gezeichnet, den die Künstler seinerzeit als für biblische Szenen angemessen betrachtet hatten. Rechts war ein König auf seinem Thron zu sehen, zu dem zwölf Stufen hinaufführten. Der Thron war mit einem Baldachin überdacht und wurde von zwei Löwen flankiert – offenbar eine Darstellung des Königs Salomo. Mit ausgestrecktem Zepter beugte er sich so vor, als wollte er einen Befehl erteilen. Seine Miene drückte Entsetzen und Abscheu aus, doch sie strahlte unverkennbar auch gebieterische Willenskraft und Machtbewusstsein aus.

Noch viel seltsamer war die linke Bildhälfte, auf der sich das Geschehen konzentrierte. Auf dem gepflasterten Boden zu Füßen des Throns standen vier Soldaten, die eine geduckte

* Antworten vom 12. Dezember 1694. Frage: Werde ich es finden? Antwort: Du wirst. Frage: Werde ich reich werden? Antwort: Du wirst. Frage: Wird man mich in meinem Leben beneiden? Antwort: Man wird. Frage: Werde ich im eigenen Bett sterben? Antwort: Du wirst.

Gestalt umringten. Ein fünfter Soldat lag mit verrenktem Hals und aus den Höhlen getretenen Augäpfeln tot auf dem Boden. Die vier anderen Soldaten blickten mit entsetzten Mienen zum König empor. Anscheinend hielt sie nur das unbedingte Vertrauen zu ihrem Dienstherrn davon ab, sofort zu flüchten. Und Auslöser ihres Entsetzens war offensichtlich das Wesen, das in ihrer Mitte kauerte.

Mir fehlen schlicht die Worte, den Eindruck zu vermitteln, den diese Gestalt beim Betrachter hervorruft. Ich weiß noch, dass ich die abfotografierte Zeichnung einem Professor der Morphologie vorlegte – einem Menschen, den ich stets für ungewöhnlich nüchtern und fantasielos gehalten hatte –, und selbst er wollte den Rest des Abends auf keinen Fall allein verbringen und erzählte mir später, er habe nächtelang das Licht im Schlafzimmer brennen lassen.

Ich will versuchen, diese Gestalt zumindest grob zu skizzieren. Als Erstes fällt der Blick des Betrachters auf verfilzte tiefschwarze Haarborsten, die den ganzen Körper bedecken. Erst dann merkt man, dass sich unter diesem Haar ein beängstigend magerer Leib verbirgt, der an ein Skelett erinnert, doch die hervortretenden Muskel- und Sehnenstränge sind stark wie Drahtseile. Die Hände, wie der übrige Körper mit langen schwarzen Borsten überzogen, sind von bräunlicher Blässe und münden in bedrohlichen Klauen. Die stechenden gelblichen Augen mit ihren schwarzen Pupillen sind mit bestialischem Hass auf den König auf seinem Thron gerichtet. Man stelle sich eine der grässlichen südamerikanischen Vogelspinnen in menschlicher Form und mit nahezu menschlicher Intelligenz ausgestattet vor, dann kann man sich zumindest vage das Entsetzen ausmalen, das eine so abstoßende Erscheinung beim Betrachter hervorruft. In einem Punkt waren sich alle, denen ich das Foto zeigte, einig: »Für dieses gezeichnete Ungeheuer muss es eine lebende Vorlage gegeben haben.«

Als sich bei Dennistoun der erste lähmende Schrecken gelegt hatte, warf er heimlich einen Blick auf seine Gastgeber. Der Küster hielt die Hände auf die Augen gepresst, seine Tochter starrte zu dem Kruzifix an der Wand empor und betete fieberhaft einen Rosenkranz nach dem anderen.

Schließlich stellte Dennistoun trotzdem die Frage, die ihm am meisten am Herzen lag. »Würden Sie dieses Buch verkaufen?«

Erneut zögerte der Küster zunächst und rang sich dann plötzlich zu einer Entscheidung durch. »Wenn Monsieur es wirklich kaufen möchten ...«

»Wie viel verlangen Sie dafür?«

»250 Francs.«

Dieser Preis war geradezu lächerlich niedrig. Selbst bei Sammlern regt sich hin und wieder das Gewissen, und das Gewissen des Gelehrten Dennistoun war stärker ausgeprägt als das irgendeines Sammlers.

»Guter Mann«, sagte er wieder und wieder. »Ihr Buch ist viel mehr wert als 250 Francs, wie ich Ihnen versichern kann. Weit mehr.«

Doch der Küster blieb bei seiner Meinung. »Ich nehme 250 Francs dafür. Nicht mehr und nicht weniger.«

Unmöglich für Dennistoun, ein solches Angebot auszuschlagen. Also zahlte er das Geld und nahm eine Quittung dafür entgegen. Anschließend wurde der Handel mit einem Glas Wein besiegelt. Danach wirkte der Küster wie ein anderer Mensch: Er nahm kerzengerade Haltung an, warf keine argwöhnischen Blicke mehr über die Schulter und lachte sogar (oder versuchte es jedenfalls).

Als Dennistoun aufstand, um zu gehen, fragte der Küster: »Darf ich Monsieur zu seinem Hotel begleiten?«

»Ich bitte Sie, es sind doch keine 100 Meter. Ich weiß genau, wie ich gehen muss, außerdem scheint der Mond.«

Drei- oder viermal wiederholte der Alte seine Bitte, und ebenso oft wurde sie ausgeschlagen.

»Dann muss Monsieur aber wenigstens nach mir rufen … falls es nötig sein sollte. Und immer in der Straßenmitte bleiben – an den Rändern kann man leicht ins Stolpern geraten.«

»Selbstverständlich«, erwiderte Dennistoun leicht ungeduldig, denn er brannte darauf, den neuen Besitz auf seinem Hotelzimmer gründlich zu inspizieren. Mit dem Buch unter dem Arm trat er auf die Toreinfahrt hinaus.

Doch dort fing ihn die Tochter des Küsters ab. Dennistoun vermutete, dass sie darauf aus war, einen eigenen kleinen Handel mit ihm abzuschließen, nachdem ihr Vater ihn so billig hatte davonkommen lassen – ähnlich wie der biblische Gehasi als Diener des selbstlosen Propheten Elischa eigene Interessen verfolgt hatte.

»Hier ist eine Halskette mit einem silbernen Kreuz«, sagte sie. »Hätte Monsieur die Güte, sie von mir anzunehmen?«

Nun ja, er habe kaum Verwendung für solche Dinge, erwiderte Dennistoun. Was verlange Mademoiselle denn dafür?

»Gar nichts, auf keinen Fall nehme ich Geld dafür an. Es wäre mir mehr als lieb, wenn Monsieur das Geschenk akzeptieren würden.«

Dabei klang das Mädchen so ehrlich und aufrichtig, dass Dennistoun sich nur herzlich bei ihr bedanken konnte und sich die Kette um den Hals legen ließ. Es kam ihm nun tatsächlich so vor, als hätte er Vater und Tochter einen großen Gefallen getan, den sie kaum zu erwidern wussten.

Während er, den Folianten an sich gedrückt, zum Hotel hinüberging, blieben Vater und Tochter an der Haustür stehen und sahen ihm nach. Dort standen sie immer noch, als er ihnen von der Treppe zum Chapeau Rouge aus einen letzten Gutenachtgruß zuwinkte.

Nach dem Abendessen zog sich Dennistoun sofort in sein Zimmer zurück, schloss die Tür ab und widmete sich dem Neuerwerb. Seit er der Wirtin von seinem Besuch beim Küster und vom Kauf des uralten Buches erzählt hatte, schien sie ein besonderes Interesse an ihm zu haben. Außerdem glaubte er, während des Essens einen hastigen Wortwechsel zwischen ihr und dem Küster auf dem Gang vor dem *salle à manger* vernommen zu haben. Wenn er sich nicht täuschte, hatte die Wirtin am Schluss versichert, »Pierre und Bertrand werden heute Nacht jedenfalls im Haus schlafen«.

Seit Abschluss des Kaufs machte ihm ein wachsendes Unbehagen zu schaffen, das er sich als nervöse Reaktion auf die unglaubliche Entdeckung des Folianten zu erklären versuchte. Doch was immer es sein mochte: Er wurde das Gefühl nicht los, dass jemand ihn verfolgte, ihm ständig auf den Fersen war. Deshalb hatte er sich sehr viel wohler gefühlt, als er beim Essen mit dem Rücken an der Wand gesessen hatte.

Aber in Anbetracht der offensichtlich überaus kostbaren Sammlung, die er erworben hatte, fiel das seiner Meinung nach kaum ins Gewicht.

Als er nun allein in seinem Hotelzimmer war, machte er sich sofort an eine Bestandsaufnahme der vom Domherrn Alberic gesammelten Schätze und stieß dabei immer wieder auf neue bezaubernde Dinge.

»Ein Hoch auf den Domherrn Alberic«, sagte er laut, denn Dennistoun hatte die unverbesserliche Angewohnheit, Selbstgespräche zu führen. »Wo immer er jetzt auch sein mag. Meine Güte! Würde die Wirtin doch nur mal ein bisschen fröhlicher lachen. Da bekommt man ja ein Gefühl, als wäre jemand im Haus gestorben. Nur noch eine halbe Pfeife, sagst du? Da könntest du recht haben. Woher mag das Kruzifix stammen, das die junge Frau mir unbedingt um den Hals hängen wollte? Wahrscheinlich eine Arbeit aus dem vorigen Jahrhundert. Ja, das könnte hinkommen. Ziemlich lästig, das Ding um den Hals zu haben, ist einfach zu schwer. Höchstwahrscheinlich hat es jahrelang ihr Vater getragen. Ich putze es wohl besser, ehe ich es wegpacke.«

Er nahm die Kette mit dem Kruzifix ab und wollte sie gerade auf den Tisch legen, als ein seltsames Gebilde auf dem Tischtuch, unmittelbar neben seinem linken Ellbogen, seine Aufmerksamkeit erregte. Sofort schossen ihm mehrere Erklärungsmöglichkeiten durch den Kopf. »Kann das ein Federreiniger sein? Nein, gibt's in diesem Haus bestimmt nicht. Eine Ratte? Nein, zu schwarz. Eine Riesenspinne? Nein, um Himmels willen, das fehlte gerade noch. Es ist eine Hand – eine Hand, wie die auf der Zeichnung!«

Im Bruchteil einer Sekunde wurde ihm alles klar. Eine dunkle, dennoch bleiche Haut, die nichts als Knochen und Sehnen von abstoßender Stärke umspannte. Borstenartige schwarze Haare, länger als sie auf irgendeiner menschlichen Hand wuchsen. Am Ende der Finger scharf gekrümmte Nägel, die wie graue verhornte Krallen aussahen.

Von maßlosem, tödlichem Entsetzen gepackt, das sein Herz nahezu lähmte, flüchtete er aus dem Sessel. Die Gestalt, deren linke Hand immer noch auf dem Tisch ruhte, richtete sich jetzt zu voller Größe auf. Die rechte Hand krümmte sich bereits und schwebte über Dennistouns Schädel.

Einzelheiten der Gestalt waren wegen des schwarzen verfilzten Gewuchers nur schwer auszumachen. Das borstenartige Haar überzog, genau wie in der Zeichnung, den ganzen Körper. Der Unterkiefer war schwach ausgeprägt – wie soll ich's in Worte fassen? Er war flach wie bei einem wilden Tier. Hinter den schwärzlichen Lippen bleckten die Zähne, eine Nase fehlte. Von den glühenden schwefelgelben Augäpfeln hoben sich scharf die stechenden dunklen Pupillen ab. Doch am entsetzlichsten an der ganzen Erscheinung war, dass aus diesen Augen triumphierender Hass und die Gier, Leben zu vernichten, leuchteten. Und auch so etwas wie Intelligenz lag in diesem Blick – Intelligenz, welche die eines wilden Tieres übertraf, jedoch nicht an die menschliche heranreichte.

Angesichts dieser grauenhaften Kreatur empfand Dennistoun sowohl heftigste körperliche Angst als auch tiefste seelische Abscheu. Was sollte, was konnte er jetzt tun?

Später konnte er sich nicht mehr an seine Worte erinnern, wusste aber noch, dass er irgendetwas gerufen und blindlings nach dem silbernen Kruzifix gegriffen hatte, während ihm bewusst geworden war, dass sich der Dämon gleich auf ihn stürzen würde. Und dann hatte er aufgeschrien oder aufgeheult wie ein von furchtbaren Schmerzen gepeinigtes Tier.

Pierre und Bertrand, die beiden kleinwüchsigen, aber kräftigen Hausdiener, stürmten sofort ins Zimmer, entdeckten zunächst zwar nichts Auffälliges, spürten aber, wie etwas Gestaltloses zwischen ihnen hindurchfuhr und sie zur Seite stieß. Gleich darauf fanden sie den bewusstlosen Dennistoun und hielten die ganze Nacht Wache bei ihm.

Gegen neun Uhr am folgenden Morgen trafen die beiden Freunde Dennistouns im Städtchen ein. Dennistoun war zwar noch recht mitgenommen und nervös, hatte sich aber weitgehend im Griff. Seine Freunde glaubten ihm die Geschichte – allerdings erst, nachdem sie die Zeichnung gesehen und mit dem Küster gesprochen hatten.

Kurz nach Tagesanbruch war der alte Mann unter irgendeinem Vorwand im Gasthof aufgetaucht und hatte mit großer Anteilnahme, aber ohne Überraschung zu zeigen, dem Bericht der Wirtin zugehört. »Er ist es, er ist es tatsächlich«, lautete sein einziger Kommentar. Und auf alle Fragen antwortete er stets nur: *»Deux fois je l'ai vu; mille fois je l'ai senti.«* Über die Herkunft des Buches oder seine Begegnungen mit dem Dämon wollte er ihnen nichts verraten. »Ich werde bald meine letzte Ruhe finden, und diese Ruhe heiße ich willkommen. Wieso also belästigt ihr mich mit solchen Fragen?«, sagte er. (Tatsächlich starb der Küster in jenem Sommer. Seine Tochter heiratete und zog nach Saint-Papoul. Sie wusste nichts Näheres über die »Besessenheit« ihres Vaters und deren Ursachen.)

Also werden wir niemals erfahren, was der Küster und auch der Domherr Alberic de Mauléon durchgemacht haben. Doch auf der Rückseite der verhängnisvollen Zeichnung standen ein paar Zeilen, die vielleicht etwas Licht in diese düstere Geschichte bringen können:

Contradictio Salomonis cum demonio nocturno.
Alberic de Mauleone delineavit.
V. Deus in adiutorium. Ps. Qui habitat.
Sancte Bertrande, demoniorum effugator,
intercede pro me miserrimo.
Primum uidi noche 12mi Dec. 1694:
uidebo mox ultimum. Peccaui et passus sum,
plura adhuc passurus. 29. Dec. 1701.

Der lateinische Text lautet in der Übersetzung: Streit des Salomo mit dem Dämon der Finsternis. Gezeichnet von Alberic de Mauléon.

Es folgen Anspielungen auf die biblischen Psalmverse 38,23 »Eile mir beizustehen, Herr, du meine Hilfe« und 91,1 »Wer unter dem Schirm des Höchsten sitzt und unter dem Schatten des Allmächtigen bleibt …« und danach die Sätze: »Heiliger Bertrand, der du die Teufel in die Flucht schlägst, bete für mich Unglückseligen. Ich habe es erstmals in der Nacht des 12. Dezember 1694 gesehen und werde es bald schon zum letzten Mal sehen. Ich habe gesündigt und gelitten und werde noch mehr zu leiden haben. 29. Dezember 1701.«

Die lateinische Enzyklopädie Gallia Christiana zur Geschichte der römisch-katholischen Kirche in Frankreich nennt als Sterbedatum des Domherrn den 31. Dezember 1701 und vermerkt »im eigenen Bett, durch plötzlichen Schlagfluss«. Derartige Einzelheiten sind ungewöhnlich im großen Werk der Historiografen Samarthani.

Ich bin nie ganz dahintergekommen, wie Dennistoun die hier berichteten Ereignisse gesehen hat. In einem unserer Gespräche zitierte er einen Text aus *Ecclesiasticus,* in dem es heißt: »Manche Geister existieren nur um der Rache willen, und in ihrem Zorn versetzen sie uns schmerzhafte Schläge.« Bei einer anderen Gelegenheit sagte er: »Jesaja war ein sehr vernünftiger Mann. Hat er nicht irgendwo Ungeheuer der Finsternis erwähnt, die in den Ruinen von Babylon hausen? Doch solche Dinge liegen heutzutage wohl mehr oder weniger jenseits unseres Begriffsvermögens.«

Eine andere persönliche Bemerkung mir gegenüber hat mich ziemlich beeindruckt – ich konnte sie gut nachvollziehen. Das war im vergangenen Jahr, als wir zusammen nach Comminges gefahren sind, um uns das Grab des Domherrn Alberic anzusehen. Es ist ein imposantes Grabmal aus Marmor mit einer Statue des Domherrn in Soutane und mit Allongeperücke. Im Sockel ist eine Inschrift eingemeißelt, in der die Gelehrsamkeit des Verstorbenen gewürdigt wird.

Ich sah zu, wie sich Dennistoun eine ganze Weile mit dem Pfarrer von Saint-Bertrand unterhielt. Als wir mit dem Wagen fortfuhren, sagte er zu mir: »Ich hoffe, ich habe das Richtige getan. Sie wissen ja, dass ich Presbyterianer bin, aber ich … Nun ja, voraussichtlich wird man eine von Gesang begleitete Seelenmesse für Alberic de Mauléon abhalten.« Und mit einem Anflug des für ihn typischen nordenglischen Humors setzte er nach: »Hatte ja keine Ahnung, wie teuer einen so was in Comminges zu stehen kommt.«

Mittlerweile befindet sich der Foliant in der Wentworth Collection in Cambridge. Doch schon bei seinem ersten Besuch in Comminges hat Dennistoun die Zeichnung, nachdem er sie fotografiert hatte, am Abreisetag verbrannt.

Die Ruhestätte der Lamia

Es war einmal ein gelehrter Herr, den man damit beauftragt hatte, die Archive der Kathedrale von Southminster durchzusehen und darüber zu berichten. Da die Prüfung aller Dokumente sehr viel Zeit in Anspruch nahm, schien es ihm sinnvoll, sich ein Quartier in der Stadt zu besorgen. Das Domkapitel hatte ihm zwar großzügig angeboten, ihn in dessen Räumlichkeiten unterzubringen, doch Mr. Lake war es lieber, über seine Zeit frei verfügen zu können, was auf Verständnis stieß.

Schließlich schlug ihm der Dekan vor, sich mit Mr. Worby, dem leitenden Küster der Kathedrale, in Verbindung zu setzen, sollte er noch kein Zimmer gefunden haben. Mr. Worby wohne in einem Haus nahe bei der Kathedrale und sei bereit, einen ruhigen Pensionsgast für mehrere Wochen aufzunehmen.

Dieses Angebot war ganz nach Mr. Lakes Wünschen. Auf die Einzelheiten einigten sich Vermieter und Mieter schnell, sodass der Geschichtsforscher schon Anfang Dezember sehr komfortable Räumlichkeiten in einem uralten, von der Kirche geprägten Haus beziehen konnte. Fast kam er sich wie Dick Datchery vor, der in Charles Dickens' Roman *Das Geheimnis des Edwin Drood* plötzlich in der Domstadt Cloisterham auftaucht, um dort wochenlang bestimmte Ermittlungen anzustellen.

Selbstverständlich flößte ein Mann, der sich mit Kathedralen so gut auskannte und mit so offensichtlicher Zuvorkommenheit vom Dekan und Domkapitel behandelt wurde, auch dem Ersten Küster Achtung ein. Mr. Worby wich seinetwegen sogar von den üblichen Führungen ab, die er Besuchern seit Jahren anbot. Seinerseits genoss Mr. Lake die Gesellschaft des fröhlichen, aufgeschlossenen Küsters und unterhielt sich nach der täglichen Arbeit sehr gern mit ihm.

Eines Abends klopfte Mr. Worby gegen neun an die Tür seines Gastes. »Ich muss noch einmal zur Kathedrale hinübergehen, Mr. Lake«, sagte er. »Und ich hatte ja versprochen, Ihnen bei nächster Gelegenheit zu zeigen, wie sie bei Nacht wirkt. Es ist ein schöner Abend, der Regen hat aufgehört, wenn Sie also mitkommen möchten …«

»Aber sicher! Vielen Dank, dass Sie daran gedacht haben, Mr. Worby. Ich will nur noch schnell meinen Mantel holen.«

»Hab ihn schon dabei. Und auch eine zweite Laterne, die werden Sie in der Dunkelheit wegen der Stufen nämlich brauchen. Vom Mond ist heute kaum was zu sehen.«

»Dann wird sicher jeder denken, wir wären der Kantor Jasper und der Steinmetz Durdles auf dem Weg zum Friedhof von Cloisterham, stimmt's?«, scherzte Lake, während sie den Domplatz überquerten. (Er wusste inzwischen, dass auch der Küster *Das Geheimnis des Edwin Drood* gelesen hatte.)

»Kann schon sein«, erwiderte Mr. Worby lachend. »Ich weiß allerdings nicht, ob wir das als schmeichelhaft auffassen sollten. Oft denke ich, dass in dieser Kathedrale früher recht seltsame Gepflogenheiten herrschten, finden Sie nicht auch? Morgenandachten mit voller Chorbesetzung schon um sieben Uhr früh, und das jeden Tag! Würde unseren Jungs heutzutage gar nicht mehr recht sein. Vermutlich würden einige der älteren Sänger gleich mehr Geld verlangen, wenn das Domkapitel auf die Idee käme, so was wieder einzuführen. Besonders die Tenöre.«

Mittlerweile waren sie am südwestlichen Eingang angekommen. »Haben Sie eigentlich schon mal erlebt, dass jemand versehentlich in der Kathedrale eingeschlossen wurde?«, fragte Lake, während Mr. Worby das Tor aufschloss.

»Ja, zweimal. Einer war ein betrunkener Seemann. Keine Ahnung, wie der in die Kirche geraten ist. Wahrscheinlich ist er während des Gottesdienstes eingeschlafen. Aber als ich ihn dort fand, hat er so herumgebrüllt, dass er fast das Dach zum Einsturz gebracht hätte. Herr im Himmel, hat der einen Krach geschlagen. Sagte, er sei zum ersten Mal seit zehn Jahren wieder in der Kirche gewesen und werde nie wieder eine betreten. Der andere Eingeschlossene war eine alte Schafsnase – die Chorjungen müssen dem Trottel wohl einen Streich gespielt haben. Aber das haben sie sich nur einmal und nie wieder getraut.

So, jetzt sehen Sie, wie's nachts hier aussieht. Unser verstorbener Dekan hat hin und wieder Nachtführungen gemacht, allerdings am liebsten in mondhellen Nächten. Bei solchen Führungen hat er immer irgendwelche Verszeilen zitiert. Soweit ich weiß, hatten sie mit einer schottischen Kathedrale zu tun, aber sicher bin ich mir da nicht. Ich finde ja, die Kirche wirkt fast noch eindrucksvoller, wenn's stockdunkel ist – irgendwie größer und auch höher. Wenn Sie kurz im Kirchenschiff stehen bleiben, während ich etwas aus dem Chorraum hole, werden Sie verstehen, was ich meine.«

Also wartete Lake dort, lehnte sich gegen eine Säule und sah zu, wie Worby durch das ganze Mittelschiff ging und die Stufen zum Chor hochstieg. Dort verdeckte ein Wandschirm oder ein anderes Ausstattungsstück das Licht der Laterne. Es waren nur noch Lichtreflexe an den Bogenpfeilern und am Deckengewölbe auszumachen. Nach wenigen Minuten tauchte Worby wieder am Choreingang auf und schwenkte die Laterne – eine Aufforderung an Lake, dorthin nachzukommen.

Ich nehme doch an, dass es wirklich Worby ist und nicht etwa irgendein Nachtgespenst, schoss es Lake durch den Kopf, als er durch das Kirchenschiff ging.

Aber er hatte keinen Grund zur Sorge. Natürlich war es Worby, und gleich darauf zeigte dieser ihm die Dokumente, die er aus dem Betstuhl des Dekans geholt hatte. Er fragte Lake, wie die Kathedrale in völliger Dunkelheit auf ihn gewirkt habe, und Lake versicherte ihm, es sei ein denkwürdiger Anblick gewesen. »Vermutlich sind Sie so sehr daran gewöhnt, sich auch nachts hier aufzuhalten, dass Sie dabei kein seltsames Gefühl haben«, bemerkte er, während sie gemeinsam auf die Altarstufen zugingen. »Aber erschrecken Sie nicht hin und wieder, wenn zufällig ein Gesangbuch herunterfällt oder eine Tür zuschlägt?«

»Nein, Mr. Lake, Geräusche machen mir mittlerweile nicht mehr viel aus. Viel eher habe ich Angst, dass irgendwo Gas entweicht oder Ofenrohre platzen. Allerdings war das bei mir vor Jahren noch anders. Ist Ihnen diese schlichte Grabstätte am Altar aufgefallen? Unserer Ansicht nach stammt sie aus dem 15. Jahrhundert, was meinen Sie? Sie haben sie noch gar nicht bemerkt? Dann gehen wir am besten mal hinüber. Sehen Sie sich das Grab doch bitte kurz an.«

Es befand sich an einer sonderbaren Stelle, an der nördlichen Seite des Chorraums, höchstens drei Fuß von der Außenmauer der Kathedrale entfernt. Genau wie der Küster gesagt hatte, war es eine schmucklose Grabstätte, mal abgesehen von einer unauffälligen Steinverkleidung. Das einzig Interessante daran war ein in Richtung der Außenmauer angebrachtes großes Metallkreuz.

Auch Lake war der Meinung, die Grabstätte müsse aus der spätgotischen Zeit stammen. »Aber nehmen Sie's mir bitte nicht übel«, sagte er, »ich halte sie nicht für besonders bemerkenswert, es sei denn, hier wurde eine historisch bedeutende Persönlichkeit bestattet.«

»Nun ja, das kann ich nicht gerade behaupten«, erwiderte Worby mit trockenem Lachen. »Wir besitzen nämlich keinerlei Unterlagen darüber, wer die Grabstätte hat errichten lassen. Doch wenn wir wieder zu Hause sind und Sie noch eine halbe Stunde Zeit haben, Mr. Lake, könnte ich Ihnen eine skurrile Geschichte über dieses Grab erzählen. Jetzt will ich nicht damit anfangen, denn es ist inzwischen recht kalt in der Kirche, und wir wollen darin ja nicht die ganze Nacht verbringen.«

»Natürlich würde ich diese Geschichte sehr gern hören.«

»Gut, dann erzähle ich sie Ihnen später. Aber jetzt habe ich noch eine Frage an Sie«, fuhr Worby fort, während sie den Gang durch den Chorraum entlanggingen. »In unserem kleinen Kathedralenführer, und nicht nur dort, sondern auch in der Reihe über *Große Kirchen,* die auch ein Bändchen über unsere Kirche in Southminster enthält, kann man lesen, dieser Teil des Baus stamme aus der Epoche vor dem 12. Jahrhundert. Natürlich wäre es schön, wenn es so wäre, aber – Achtung: Stufe! – ich frage Sie, sieht das Mauerwerk hier so aus, als könnte es der *angelsächsischen Architektur* des 11. Jahrhunderts zuzurechnen sein? Sie schütteln den Kopf? Das dachte ich mir schon, denn mir geht es genauso wie Ihnen. Und glauben Sie mir: Das habe ich auch den sogenannten Sachverständigen mitgeteilt. Einer davon ist der Bibliothekar unserer Stadtbücherei, der andere kam eigens zur Begutachtung aus London angereist. Wieder und wieder habe ich das den beiden erklärt, doch ebenso gut hätte ich gegen diese Wand hier reden können. Aber so ist es nun mal mit den Menschen: Keiner will von seinen vorgefassten Meinungen abrücken.«

Zu dieser Eigenart des Menschen äußerte sich Mr. Worby nun sehr ausführlich – fast bis zu dem Augenblick, als er mit Lake zusammen ins Haus zurückkehrte. Da das Kaminfeuer in Lakes Wohnzimmer ausgegangen war, schlug Worby vor, den Rest des Abends lieber in seiner eigenen guten Stube zu verbringen, in der es wärmer war.

Wie üblich holte Mr. Worby bei der angekündigten Geschichte sehr weit aus und erzählte auch nicht der Reihe nach, deshalb will ich sie hier nicht in seinen Worten wiedergeben. Lake hat das Wesentliche noch am selben Abend schriftlich festgehalten und hier und da durch wörtliche Zitate aus Worbys Bericht ergänzt, die sich ihm eingeprägt hatten. Aber auch Lakes Niederschrift gebe ich hier nicht wörtlich, sondern in zusammengefasster Form wieder.

Wie Lake schreibt, kam Worby 1828 zur Welt. Schon sein Vater und Großvater waren ihr Leben lang eng mit der Kathedrale verbunden gewesen. Einer von ihnen oder sogar beide waren zunächst Chorsänger gewesen und hatten später als Handwerker für das Domkapitel gearbeitet, der Großvater als Steinmetz, der Vater als Schreiner. So verstand es sich fast von selbst, dass der kleine Worby bereits ab dem zehnten Lebensjahr im Kirchenchor mitsingen musste, obwohl er keine gute Singstimme hatte, wie er offen zugab.

Im Jahre 1840 erfasste die neue Welle der Begeisterung für den gotischen Baustil auch das Domkapitel von Southminster. »Und deshalb mussten damals viele wunderbare Dinge weichen«, erklärte Worby und seufzte tief. »Mein Vater erhielt von dem neuen Dekan namens Burscough die Anweisung, den Chorraum vollständig zu ›entrümpeln‹, wie es hieß. Mein Vater hatte seine Ausbildung zum Schreiner in einer Werkstatt von ausgezeichnetem Ruf gemacht und konnte gute Arbeit sehr wohl von Pfusch unterscheiden. Er nannte es geradezu barbarisch, dass all die Täfelungen aus Eichenholz, die nicht die geringsten Schäden aufwiesen, genau wie die geschnitzten Laub- und Früchtegirlanden und die vergoldeten Wappen und Orgelpfeifen auf dem Holzplatz landen sollten – ausnahmslos alles, bis auf einige kleinere Teile aus der Marienkapelle und das, was hier noch auf dem Kaminsims steht. Mag ja sein, dass ich mich irre, aber ich wage zu behaupten, dass unser Chorraum nie wieder so gut ausgesehen hat wie vordem.

Nun ja, bei der sogenannten Entrümpelung fand man natürlich auch viele bislang unbekannte Dinge der Kirchengeschichte heraus, und eine gründliche Renovierung der Kathedrale war auf jeden Fall nötig. Fast in jedem Winter hatten wir ja Schäden an den Türmchen.«

Mr. Lake gab Worby zwar recht, sofern es dessen Ansichten zu der drastischen ›Entrümpelung‹ betraf, schreibt aber, er habe befürchtet, Worby werde nie zur eigentlichen Geschichte vorstoßen. Gut möglich, dass es ihm auch anzumerken war, denn Worby versicherte ihm hastig, er könne zwar noch stundenlang über dieses Thema reden (und tue das auch stets bei passender Gelegenheit), werde nun aber auf die eigentliche Geschichte zu sprechen kommen.

»Der neue Dekan Burscough«, fuhr er fort, »war wirklich völlig versessen auf die Gotik, und alles und jeder musste sich dieser Vorliebe unterordnen. Eines Morgens bestellte er meinen Vater nach dem Frühgottesdienst zu sich in den Chorraum.

Nachdem sich Burscough in der Sakristei umgezogen hatte, kehrte er mit einer Papierrolle zurück und ließ sich vom damaligen Küster ein Tischchen bringen. Mein Vater half ihm, die Papierrolle darauf auszubreiten und mit Gebetbüchern zu beschweren. Dabei erkannte er schnell, dass es sich um den Plan eines Chorraums in einer Kathedrale handelte. Der Dekan, der nie lange um den heißen Brei herumredete, fragte ihn: ›Also, Worby, was halten Sie davon?‹

›Gute Frage‹, erwiderte mein Vater, ›ich glaube nämlich nicht, dass ich diese Innenansicht schon mal gesehen habe. Stellt sie den Chorraum der Kathedrale von Hereford dar?‹

›Nein, Worby, das ist der Chorraum unserer Kathedrale, wie er hoffentlich in wenigen Jahren aussehen wird‹, bekam er zur Antwort.

›Ach ja?‹ Das war alles, was mein Vater dazu sagte, zumindest zum Dekan. Aber mir hat er dann erzählt, dass ihm ganz mulmig wurde, als er sich im Chorraum umblickte. Damals sah der Chor ja noch so aus, wie ich ihn im Gedächtnis behalten habe: sehr angenehm ausgestattet, verglichen mit diesem hässlichen, nüchternen Plan, der dagegen geradezu armselig wirkte, wie mein Vater fand. Den hatte ein Londoner Architekt entworfen. Nun ja, ich meckere schon wieder. Aber Sie werden selbst merken, was ich meine, wenn Sie sich mal diese Ansicht vom früheren Chorraum anschauen.«

Worby holte einen gerahmten Stich von der Wand. »Jedenfalls lief es darauf hinaus, dass der Dekan meinem Vater die Abschrift einer Anweisung des Domkapitels aushändigte. Sie besagte, er müsse den Chorraum unverzüglich bis auf die nackten Mauern ausräumen, um Platz für die neue Ausstattung zu schaffen, denn die werde in London bereits entworfen. Sobald er genügend Arbeiter für den Abriss besorgt habe, solle er mit der Räumung anfangen.

Wenn Sie sich den alten Stich vornehmen, werden Sie sehen, wo die Kanzel vormals gewesen ist. Bitte achten Sie besonders darauf.«

Die alte Kanzel fiel tatsächlich ins Auge. Sie bestand aus einer ungewöhnlich großen Holzkonstruktion mit einer überkuppelten Schalldecke und befand sich rechts von der ersten Reihe des Chorgestühls, dem Bischofsstuhl unmittelbar gegenüber.

Worby erklärte, die Gottesdienste seien während des Umbaus im Mittelschiff abgehalten worden, deshalb hätten die Chorsänger auf die erhofften freien Tage verzichten müssen. Den Organisten habe man übrigens verdächtigt, die zu hohen Kosten aus London angemietete Ersatzorgel mutwillig beschädigt zu haben.

Mit den Abrissarbeiten begann man an der Trennwand zum Chorraum sowie an der Orgelempore und rückte nach und nach zur Ostseite vor. Dabei kamen einige interessante Arbeiten aus früherer Zeit zum Vorschein.

Selbstverständlich wollten sich auch viele Mitglieder des Domkapitels ansehen, wie es mit Abriss und Umbau voranging, und hielten sich in dieser Zeit häufig im Chorraum auf. Zwangsläufig bekam der Schreiner Worby einige ihrer Gespräche mit. Offenbar waren besonders die älteren Domherren von den nun durchgesetzten Baumaßnahmen alles andere als begeistert. Manche von ihnen befürchteten, sich in den neuen Gebetsstühlen den Tod zu holen, denn wenn die Trennwand zum Chorraum wegfiel, würden sie der Zugluft und Kälte des Kirchenschiffs voll ausgesetzt sein. Und auch den Blicken aller Kirchgänger, wie andere Domherren bemerkten. Und das war ihnen keineswegs recht, schon gar nicht während der langen Predigten, denn denen pflegten sie in einer Haltung zu lauschen, die manche Gläubigen womöglich falsch deuten würden.

Den heftigsten Widerstand gegen die Neuerungen leistete der älteste Domherr. Bis zum letzten Moment wehrte er sich gegen die Entfernung der alten Kanzel. »An der dürfen Sie sich nicht vergreifen, Herr Dekan«, sagte er sehr nachdrücklich, als er eines Morgens zusammen mit Burscough davor stand. »Sie haben ja keine Ahnung, was Sie damit möglicherweise anrichten!«

»Anrichten? Die Kanzel hat doch gar keinen besonderen historischen Wert, verehrter Domherr.«

»Nennen Sie mich gefälligst nicht *verehrter Domherr*«, gab der alte Mann barsch zurück. »Seit 30 Jahren bin ich für alle hier *Doktor Ayloff*, und ich wäre Ihnen sehr verbunden,

Herr Dekan, wenn auch Sie sich daran halten würden. Und was diese Kanzel betrifft – auf der ich 30 Jahre lang gestanden und gepredigt habe, auch wenn ich auf dieser Tatsache nicht herumreiten will –, so will ich Ihnen nur eines sagen: Ich weiß mit Sicherheit, dass Sie einen großen Fehler machen, wenn Sie die abreißen lassen!«

»Aber wieso sollten wir sie stehen lassen, lieber Doktor Ayloff, wenn wir doch den ganzen übrigen Chorraum in einem völlig anderen Stil gestalten? Wie würde das denn aussehen?! Das ist doch wider jede Vernunft.«

»Vernunft, Vernunft!«, erwiderte der alte Doktor Ayloff. »Würdet ihr jungen Leute – nichts für ungut, Herr Dekan – nur ein wenig mehr auf die Stimme der Vernunft *hören*, als sie ständig heraufzubeschwören, wäre schon viel geholfen. Aber genug davon, das ist mein letztes Wort in dieser Sache.«

Der alte Mann humpelte davon und betrat die Kathedrale nie wieder.

Die Jahreszeit, es war ein sehr heißer Sommer, machte vielen Menschen zu schaffen und brachte plötzlich auch auffällig viele Krankheiten mit sich. Doktor Ayloff war eines der ersten Opfer. Er litt unter einer sehr schmerzhaften Rippenfellentzündung, die ihn besonders nachts quälte. Nach und nach lichteten sich bei den Gottesdiensten auch die Reihen der Chorsänger.

Die alte Kanzel mit der überkuppelten Schalldecke war längst abgerissen; das war schon zwei Stunden nach Dr. Ayloffs heftigem Protest geschehen. Übrigens dient ein Teil der Schalldecke im Gartenhaus des bischöflichen Palastes bis zum heutigen Tag als Tisch. Der mit beträchtlichen Mühen verbundene Abriss des Kanzelfußes brachte zum großen Jubel der Restauratoren eine Grabstätte am Altar zum Vorschein – das Grab, das Worby Lake gegenüber schon erwähnt hatte.

Immer wieder versuchte man, den Namen des dort Beigesetzten herauszufinden, doch der ist bis heute nicht bekannt. Ursprünglich war diese Grabstätte so sorgfältig in die hölzerne Verschalung des Kanzelfußes eingefügt worden, dass sogar die sparsamen Verzierungen der steinernen Grabplatten erhalten geblieben waren. Nur an der nördlichen Seite klaffte ein zwei oder drei Zoll breiter Riss zwischen zwei Seitenplatten. Der Steinmetz Palmer, der sowieso einige kleinere Arbeiten in diesem Teil des Chorraums durchführen sollte, wurde damit beauftragt, den Schaden binnen einer Woche zu beheben.

Mehr und mehr belastete der heiße Sommer die Menschen im Umkreis der Kathedrale körperlich und drückte ihnen auch auf Seele und Gemüt. Ob es daran lag (wie manche vermuteten), dass die Kirche ursprünglich auf feuchtem Marschboden errichtet worden war, oder ob es andere Gründe hatte: Jedenfalls konnten viele Anwohner des Domplatzes die wunderbar sonnigen Tage und die stillen Nächte im August und September kaum oder gar nicht genießen. Mehrere ältere Menschen, darunter Dr. Ayloff, starben in dieser Zeit. Aber auch von den Jüngeren kam kaum jemand davon, ohne wochenlang das Bett zu hüten. Andere fühlten sich ständig unter Druck und hatten grässliche Albträume. Und der bloße Verdacht, die Umbauten in der Kathedrale müssten irgendetwas mit diesen Dingen zu tun haben, verfestigte sich bei vielen Anwohnern zur Überzeugung.

Die Witwe eines früheren Küsters, die jetzt eine Leibrente vom Domkapitel erhielt, erzählte im Freundeskreis von Träumen, die sie regelmäßig heimsuchten. In diesen Träumen sah sie, wie sich bei Einbruch der Dunkelheit irgendeine Gestalt aus der kleinen Tür des südlichen Querschiffs schlich. Nacht für Nacht huschte dieses Wesen über den Domplatz, jedes Mal in eine andere Richtung, und verschwand dann in einem der anliegenden Häuser, wobei auch die Häuser jeweils wechselten. Im Morgengrauen tauchte es dann wieder auf und zog sich in die Kathedrale zurück.

Nie konnte sie die Gestalt deutlich sehen, sie erkannte nur deren Umriss, der sich vorwärtsbewegte. Dieser wiederkehrende Traum endete stets damit, dass die Gestalt bei der Rückkehr zur Kirche den Kopf noch einmal zum Domplatz drehte, und dann blitzten dem Eindruck der Frau nach rot glühende Augen auf.

Worby wusste noch, dass er dabei gewesen war, als die alte Dame diesen Traum bei einer Teegesellschaft, zu der der Sekretär des Domkapitels eingeladen hatte, der Runde erzählt hatte. Er meinte, vielleicht sei dieser wiederkehrende Traum schon ein Anzeichen für eine beginnende Krankheit gewesen. Jedenfalls war die alte Dame noch im September gestorben.

Das Interesse an der Restaurierung der eindrucksvollen Kathedrale hatte sich nicht auf die Grafschaft beschränkt. Irgendwann im Sommer tauchte ein bekanntes Mitglied der Gesellschaft für Altertumsforschung im Domkapitel auf, um einen Bericht über die beim Umbau gemachten Entdeckungen zu schreiben. Ihn begleitete seine Frau, die diesen Bericht mit Zeichnungen illustrieren wollte. Vormittags fertigte sie eine Gesamtansicht des Chorraums an, nachmittags widmete sie sich Einzelheiten. Als Erstes zeichnete sie die freigelegte Grabstätte, und als das erledigt war, wies sie ihren Mann auf ein wunderschönes unversehrtes Stück Fries mit Rautenmuster an der Wand unmittelbar dahinter hin. Die Kanzel hatte es früher völlig verdeckt, genau wie das Grab.

Natürlich müsse man diesen Fries abzeichnen, meinte ihr Mann. Deshalb setzte sie sich auf die Grabplatten und fertigte eine sehr genaue Zeichnung davon an, mit der sie bis zum Einbruch der Dunkelheit beschäftigt war. Auch ihr Mann war bis dahin mit seinen Vermessungen und Beschreibungen fertig geworden, und so beschlossen sie, in ihren Gasthof zurückzukehren.

»Kannst du mir vorher bitte noch den Rock abklopfen, Frank?«, bat sie. »Der ist sicher voller Staub.«

Kurz nachdem er damit angefangen hatte, bemerkte er: »Ich weiß ja nicht, ob dir besonders viel an diesem Kleid liegt, meine Liebe, aber meiner Meinung nach hat es die besten Tage hinter sich. Da ist ja ein ganzes Stück Stoff herausgerissen.«

»Herausgerissen? Wie soll denn das passiert sein?«

»Keine Ahnung, aber hinten fehlt am Saum eindeutig ein Stück.«

Als sie den Saum nach vorn zog, sah sie zu ihrem Schrecken, dass sich vom Saum bis zum oberen Teil des Rocks ein zackenförmiger Riss zog, so als hätte ein Hund daran gezerrt. Jedenfalls konnte sie das Kleid so auf keinen Fall mehr tragen, vielleicht auch nicht mehr flicken, denn das fehlende Stoffstück konnten sie nirgendwo finden, sosehr sie die Umgebung des Grabes auch absuchten.

Natürlich konnte dieser Schaden überall im Chorraum entstanden sein, denn an vielen Stellen ragten Nägel aus Balken und Holzteilen hervor. Sie konnten nur vermuten, dass der Rock an einem dieser Nägel hängen geblieben war und die tagsüber im Chorraum beschäftigten Arbeiter das Holzstück zusammen mit dem Stofffetzen zum Abfall getan hatten.

Worby meinte, es müsse in jenen Tagen gewesen sein, dass sein kleiner Hund kurz vor der Schlafenszeit Anzeichen von Furcht zu zeigen begann. Zum Schlafen wurde er stets in den Hofschuppen gesperrt, da Worbys Mutter strikt dagegen war, dass das Tier im Haus nächtigte. Eines Abends, fuhr er fort, habe er den Hund gerade auf den Arm nehmen wollen, um ihn nach draußen zu tragen. »Doch dann hat mich der Hund fast so flehend wie ein Mensch in Not angesehen und die … *Hand,* hätte ich fast gesagt, abwehrend hochgestreckt. Na ja, Sie wissen ja, wie sich Hunde manchmal aufführen. Und das Ende vom Lied war, dass ich ihn unter meiner Jacke versteckt und schnell nach oben in mein Zimmer gebracht habe. Leider habe ich meine Mutter dabei geradezu hintergangen. Der Hund hat sich danach übrigens immer sehr schlau verhalten: Mindestens eine halbe Stunde, bevor ich schlafen ging, hat er sich unter meinem Bett verkrochen, und so ist meine Mutter uns nicht auf die Schliche gekommen.«

Natürlich war der kleine Worby froh darüber, dass der Hund ihm nachts Gesellschaft leistete, erst recht, als das begann, was in Southminster heute noch als das »nächtliche Heulen« im Gedächtnis geblieben ist.

»Nacht für Nacht«, sagte Worby, »schien der Hund zu spüren, wann es losgehen würde. Dann kroch er unter dem Bett hervor, sprang hinauf und kuschelte sich zitternd an mich. Und wenn das Heulen anfing, ist er vor Angst fast verrückt geworden und hat seinen Kopf unter meinem Arm vergraben, dabei ging es mir ja ähnlich wie ihm. Jedes Mal war das Heulen sechs- oder siebenmal zu hören, nie öfter. Und wenn der Hund den Kopf wieder herausstreckte, wusste ich, dass es für diese Nacht überstanden war. Wie es geklungen hat, fragen Sie? Nun ja, ein solches Geheul habe ich davor nie gehört und danach auch nie wieder.

Einmal hab ich in dieser Zeit am frühen Morgen zufällig auf dem Domplatz gespielt, als sich dort zwei Domherren begrüßten.

›Haben Sie letzte Nacht gut geschlafen?‹, fragte Mr. Henslow Mr. Lyall.

›Kann ich nicht gerade behaupten‹, erwiderte Mr. Lyall. ›Für meinen Geschmack war das ein bisschen zu viel Jesaja 34,14.‹

›Jesaja 34,14? Was soll das denn heißen?‹, wollte Mr. Henslow wissen.

›Und so was nennt sich nun bibelfest!‹, spottete Mr. Lyall. Dazu müssen Sie wissen, Mr. Lake, dass Mr. Henslow zu einer Gruppe gehörte, die man früher, nach dem frommen alten Propheten im Neuen Testament, *Simeons Leute* nannte. Heute würde man sie wohl eher als *Evangelikale* bezeichnen oder Angehörige der christlichen Erweckungsbewegung.

›Schlagen Sie's nach!‹, riet Mr. Lyall seinem Amtsbruder.

Da ich neugierig war, was Mr. Lyall damit gemeint hatte, rannte ich nach Hause, holte meine Bibel heraus und fand auch gleich Jesaja 34,14, wo es hieß:

Da treffen Wüstentiere mit wilden Hunden zusammen, und Bocksdämonen begegnen einander. Ja, dort rastet die dämonische Bestie Lamia und findet einen Ruheplatz für sich.

Das also haben wir in den letzten Nächten gehört?, fragte ich mich. Und danach warf ich immer mal wieder einen argwöhnischen Blick über die Schulter.

Natürlich hatte ich vorher schon meine Eltern nach diesem Geheul gefragt, doch sie hatten nur kurz angebunden erwidert, es müssten wohl Katzen sein. Allerdings hab ich gemerkt, dass das Geheul auch sie sehr beunruhigte. Glauben Sie mir: Es war ein wirklich verzweifeltes, sehnsüchtiges Aufheulen, so als riefe ein Wesen nach einem anderen, das nicht eintreffen würde.

Nie habe ich mich so sehr nach Gesellschaft gesehnt wie in den Minuten, in denen ich darauf wartete, dass das Geheul wieder losging.

Soweit ich mich erinnere, postierten sich zwei oder drei Nächte lang Männer an verschiedenen Stellen des Domplatzes. Aber sie haben sich alle so nahe wie möglich an der Hauptstraße in einer Ecke zusammengedrängt, und es kam nichts dabei heraus.

Als Nächstes passierte Folgendes: Zusammen mit einem anderen Jungen – er arbeitet jetzt als Lebensmittelhändler in der Stadt, hat den Laden von seinem Vater geerbt – hab ich mich nach dem Frühgottesdienst in den Chorraum der Kathedrale geschlichen und hörte, wie der alte Palmer, der Steinmetz, einen seiner Leute anschnauzte. Also rückten wir Jungen näher an ihn heran, denn wir wussten, dass Palmer leicht in Rage geriet, und dann würden wir sicher unseren Spaß damit haben. Offenbar hatte Palmer einen der Männer angewiesen, den Riss in dem alten Grab zuzumauern. Doch der beteuerte immer wieder, das habe er ja auch so gut wie möglich getan – was Palmer erst recht in Wut brachte.

›Und so was nennst du anständige Arbeit?!‹, brüllte er. ›Hättest du schon deinen Gesellenbrief, würd' ich dich auf der Stelle feuern. Wofür zahl ich dir überhaupt Lohn? Und was soll ich dem Dekan und den Domherren sagen, wenn sie hier vorbeischauen – was jeden Augenblick geschehen kann? Was soll ich denen sagen, wenn sie sehen, wie du hier herumgepfuscht hast? Wie du den Spalt mit Dreck, Gips und weiß Gott was zugekleistert hast?‹

›Ich hab aber doch wirklich mein Bestes getan, Meister‹, gab der junge Mann zurück. ›Und ich weiß doch genauso wenig wie Sie, wieso alles wieder herausgefallen ist. Dabei hab ich den Riss völlig zugestopft. Wieso die Füllung wieder herausgefallen ist, hab ich nicht mitbekommen.‹

›Herausgefallen?‹, fragte der alte Palmer. ›Am Grab liegt sie jedenfalls nirgendwo herum. Du meinst wohl eher explodiert, wie?‹ Bei diesen Worten hob er ein Stück Gips auf (und genau das tat ich auch), das drei oder vier Fuß vom Grab entfernt lag und noch feucht war. Palmer sah sich den Gips verwundert an. Danach drehte er sich zu mir um und fragte: ›Und was ist mit euch beiden? Habt ihr mal wieder dumme Streiche ausgeheckt und die Hand dabei im Spiel gehabt?‹

›Nein, Mr. Palmer, wir sind ja eben erst hier angekommen‹, erwiderte ich. Währenddessen riskierte mein Kumpel Evans einen Blick in den Spalt. Ich hörte, wie er tief Luft holte. Und dann kam er sofort zu uns herüber und sagte: ›Ich glaub, da drinnen ist irgendwas. Hab was funkeln gesehen.‹

›Was du nicht sagst!‹, gab Palmer spöttisch zurück. ›Na gut, ich hab keine Zeit, hier weiter herumzustehen. Du, William, besorgst sofort neuen Gips und verputzt den Riss diesmal anständig, sonst kannst du was erleben!‹

Also ging William gleich los, und auch Palmer verschwand. Nur wir Jungen blieben zurück, und da hab ich Evans gefragt: ›Hast du da drinnen wirklich was gesehen?‹

›Ja, ganz deutlich.‹

Und ich darauf: ›Komm, wir schieben mal irgendwas hinein und scheuchen es auf.‹

Und das haben wir auch versucht, mit mehreren Stöcken, aber sie waren alle zu dick und passten nicht durch den Spalt. Dann hat Evans es mit einem Notenblatt probiert, das er von unseren Chorproben noch dabeihatte. Er rollte es eng zusammen und stocherte damit zwei- oder dreimal in dem Spalt herum, aber es tat sich nichts.

›Lass mich mal‹, sagte ich, hatte aber genauso wenig Erfolg. Dann kam ich – keine Ahnung, wieso – auf die Idee, mich über den Spalt zu beugen und auf zwei Fingern zu pfeifen. Sie wissen ja, wie Jungen das machen, Mr. Lake. Und da meinte ich zu hören, wie sich da unten etwas rührte. ›Nichts wie weg hier‹, bemerkte ich zu Evans. ›Das gefällt mir ganz und gar nicht!‹

›Ach was, gib mir mal die Rolle‹, erwiderte er. Doch nachdem er sie hineingeschoben hatte, wich ihm plötzlich alles Blut aus dem Gesicht. ›Entweder das Blatt steckt fest, Worby‹, meinte er, ›oder irgendjemand da unten hat es sich geschnappt.‹

›Dann zieh sie entweder raus oder lass sie stecken, aber nichts wie weg hier‹, wiederholte ich.

Als er nochmals kräftig an der Rolle zog, bekam er sie frei, zumindest den größten Teil davon. Das letzte Stück fehlte nämlich, es war abgerissen.

Evans sah sich das Notenblatt nur kurz an, krächzte irgendwas und ließ es fallen. Danach verschwanden wir, so schnell wir konnten, aus der Kathedrale. Als wir draußen waren, fragte Evans mich: ›Hast du dir das Blatt mal genauer angesehen?‹

›Nein, mir ist nur aufgefallen, dass ein Stück abgerissen war.‹

›Stimmt, aber es war unten auch feucht und eingeschwärzt.‹

Nun ja, teilweise aus Furcht vor dem, was im Grab sein mochte, teilweise auch deswegen, weil wir das Notenblatt in den nächsten Tagen sicher für eine Chorprobe mit dem Organisten brauchen würden und nicht wagten, den Verlust zu melden, erzählten wir niemandem von dem Vorfall. Vermutlich haben die Arbeiter das Notenblatt, bei dem jetzt der untere Teil fehlte, zusammen mit all dem anderen Abfall und Schutt aufgefegt. Aber Evans würde sicher auch heute noch behaupten, dass das Blatt unten feucht und eingeschwärzt war.«

Da die beiden Jungen nach diesem Vorfall den Chorraum mieden, wusste Worby nicht, ob der zweite Versuch, den Riss in den Grabplatten zu kitten, geklappt hatte. Den Gesprächsfetzen, die er aufschnappte, konnte er nur entnehmen, dass dabei nochmals Probleme aufgetreten waren und der Chef, also Mr. Palmer, die Sache schließlich selbst in die Hand genommen hatte.

Kurz darauf bekam Worby zufällig mit, wie Mr. Palmer an die Haustür des Dekanats klopfte und vom Butler eingelassen wurde. Am Tag darauf schloss Worby aus einer beiläufigen Bemerkung seines Vaters beim Frühstück, dass am nächsten Morgen nach dem Frühgottesdienst etwas Ungewöhnliches in der Kathedrale erledigt werden sollte. ›Und lieber wär's mir, es würde heute noch passieren‹, setzte sein Vater nach. ›Wieso noch länger ein Risiko eingehen?!‹

»Daraufhin«, fuhr Worby in seiner Erzählung fort, »fragte ich meinen Vater, was denn für den folgenden Tag geplant sei. So wütend, wie ich ihn noch nie erlebt hatte, drehte er sich zu mir um. Sonst war er ja wirklich immer ein Gemütsmensch. ›Nun hör mal zu, Bürschlein‹, fuhr er mich an, ›es setzt was, wenn du weiterhin die Gespräche von Erwachsenen, die klüger sind als du, belauschst. Das ist sehr unhöflich und gehört sich nicht! Was ich morgen in der Kathedrale tue oder lasse, geht dich einen feuchten Kehricht an. Und wenn ich dich dabei erwische, dass du nach dem Frühgottesdienst, bei dem du ja singen musst, weiter in der Kirche herumlungerst, zieh ich dir die Ohren lang, merk dir das!‹

Selbstverständlich entschuldigte ich mich bei meinem Vater, und ebenso selbstverständlich ging ich sofort zu Evans, um mit ihm zusammen Pläne für den kommenden Tag zu schmieden. Wir wussten, dass in der Ecke des Querschiffs eine Treppe zu dem zum Mittelschiff hin offenen Gang in der Hochwand führte, dem sogenannten Triforium. Und in jenen Tagen stand die Tür zur Treppe fast immer offen. Und selbst wenn sie zugesperrt war, würde das nichts ausmachen, denn der Schlüssel dazu lag fast immer nahe dabei unter einer Fußmatte. Also machten wir aus, nach dem Frühgottesdienst alle Notenblätter einzusammeln, während die anderen Chorsänger die Kirche verließen, uns danach die Treppe hinaufzuschleichen und vom Triforium aus zu beobachten, was im Chorraum vor sich ging.

Nun ja, abends schlief ich trotzdem so gut und fest ein, wie das kleine Jungen meistens tun. Doch plötzlich weckte mich mein Hund, denn er sprang zu mir ins Bett. Er schien noch mehr Angst zu haben als in früheren Nächten – für mich ein Zeichen, dass es in dieser Nacht wohl wirklich schlimm werden würde.

Und tatsächlich ging das schreckliche Geheul – leider fehlen mir die Worte, es genau zu beschreiben – fünf Minuten später los, und diesmal kam es ganz aus der Nähe. Von so nah hatte ich es noch nie gehört. Seltsam war auch, dass es überhaupt nicht von den Hausmauern widerhallte. Und Sie wissen doch, Mr. Lake, wie laut das Echo sonst auf dem Domplatz ist, besonders zu der Seite hin, auf der wir jetzt sitzen. Und es kam, wie gesagt, von sehr nah. Und nicht nur das machte mir furchtbare Angst: Jetzt hörte ich auf dem Gang vor meiner Schlafzimmertür auch noch ein Rascheln. Ehrlich gesagt dachte ich, nun sei es aus mit mir. Doch dann merkte ich, dass der Hund sich leicht aufrichtete, und als Nächstes hörte ich jemanden vor meiner Tür flüstern. Da hätte ich fast aufgelacht, denn ich erkannte die Stimmen meiner Eltern. Offenbar hatte der Lärm sie aus dem Bett getrieben.

›Was kann das nur sein?‹, fragte meine Mutter.

›Pst! Ich weiß es doch auch nicht‹, erwiderte mein Vater, der ziemlich aufgeregt klang. ›Weck mir bloß nicht den Jungen! Ich hoffe, er hat nichts gehört.‹

Da ich die Eltern vor meiner Tür wusste, wurde ich mutiger, stieg aus dem Bett und trat an das kleine Schlafzimmerfenster, das Blick auf den Domplatz bot, und schaute hinaus. Aber mein Hund verdrückte sich ans Fußende des Bettes und vergrub sich in die Decke.

Zunächst konnte ich gar nichts Besonders entdecken. Doch schließlich konnte ich im Schatten eines Stützpfeilers so etwas wie zwei rote – dunkelrote – Lichtpunkte ausmachen, die aber nicht nach Laternen oder Flammen aussahen. Man konnte sie überhaupt nur erkennen, weil sie sich vom Schatten des

Pfeilers abhoben. Gerade hatte ich diese Lichtpunkte bemerkt, da zeichnete sich in einem Fenster links von mir ein Licht wie von einer Kerze ab, das sich hin und her bewegte. Offenbar waren nicht nur wir von dem Geheul wach geworden. Um mich zu vergewissern, dass auch unsere Nachbarn auf den Beinen waren, wandte ich den Kopf dem erleuchteten Fenster zu. Und als ich danach wieder nach den roten Lichtpunkten Ausschau hielt, waren sie spurlos verschwunden.

Dann bekam ich nochmals einen fürchterlichen Schreck – den letzten für diese Nacht –, denn irgendetwas strich um meine nackten Beine. Aber das war nur mein kleiner Hund. Er war aus dem Bett gesprungen und tanzte jetzt wie ein Wilder um mich herum, aber zum Glück bellte er nicht und beruhigte sich bald wieder, als ich ihn mit zu mir ins Bett nahm. Beide schliefen wir sogar bis zum Morgen durch!

An diesem Morgen rang ich mich dazu durch, meiner Mutter zu beichten, dass der Hund in meinem Zimmer genächtigt hatte. Nach allem, was sie vorher dazu gesagt hatte, wunderte ich mich darüber, wie gelassen sie das aufnahm. ›Ach ja?‹, sagte sie nur. ›Eigentlich müsste ich dich nun ohne Frühstück zum Gottesdienst schicken, weil du so was hinter meinem Rücken machst. Aber es hat wohl niemandem groß geschadet. Nur frag mich nächstes Mal vorher, hörst du?‹

Kurz darauf erzählte ich meinem Vater, ich hätte nachts wieder die Katzen gehört. *›Katzen?‹*, fragte er. Dann sah er zu meiner Mutter hinüber, die vielsagend hüstelte, und sagte: ›Ach ja, natürlich, die Katzen. Ich glaube, ich hab sie auch gehört.‹

Das war überhaupt ein seltsamer Morgen. Nichts schien richtig zu klappen. Der Organist hatte verschlafen und der junge Domherr vergessen, dass wir schon den 19. Tag des Kirchenmonats hatten, deshalb wartete er auf das *Venite*. Nach einer peinlichen Pause begann der Hilfsorganist dann die

Melodie für den Abendsegen zu spielen, und die war in Moll. Und das brachte die Chorjungen so zum Lachen, dass keiner mehr singen konnte. Beim Choral bekam auch der Solist einen Lachanfall, tat aber so, als hätte er Nasenbluten, und schob mir das Gesangbuch zu, damit ich für ihn einsprang. Aber ich hatte das Solo ja gar nicht geübt, und selbst wenn es so gewesen wäre, war ich ja kein guter Sänger. Nun ja, vor 50 Jahren herrschten bei uns Chorsängern noch recht raue Sitten. Jedenfalls zog mir der Countertenor von hinten so eins über, dass es noch lange wehtat.

Irgendwie brachten wir's hinter uns. Aber weder die erwachsenen Sänger noch die Chorjungen waren darauf aus, erst noch abzuwarten, dass der diensthabende Domherr – in diesem Fall Mr. Henslow – uns nach dem Gottesdienst in der Sakristei zusammenstauchte. Doch er hat wohl gar nicht daran gedacht, weil er zum ersten Mal in seinem Leben einen unpassenden Abschnitt aus der Bibel vorgelesen hatte und es auch wusste.

Jedenfalls konnten Evans und ich uns wie geplant und ohne jede Mühe die Treppe zum Triforium hochschleichen. Und als wir oben waren, legten wir uns bäuchlings hin und streckten die Köpfe so weit vor, dass wir die alte Grabstätte unter uns genau sehen konnten. Gerade noch rechtzeitig, denn jetzt hörten wir, wie der damalige Küster erst das schwere Eisenportal schloss und danach zuerst den südwestlichen Eingang und danach den zum Querschiff verriegelte. Daraus schlossen wir, dass tatsächlich gleich etwas passieren würde, bei dem die da unten keine Zuschauer haben wollten.

Als Nächstes kamen der Dekan und der Domherr Henslow zur Nordtür herein, und nun sah ich da unten auch meinen Vater sowie den Steinmetz Palmer und einige seiner besten Leute. Mitten im Chorraum blieb Palmer stehen und unterhielt sich kurz mit dem Dekan. Palmer hatte ein zusammengerolltes

Seil dabei, seine Leute waren mit Brechstangen ausgerüstet, und alle wirkten ein bisschen nervös.

Sie stehen also da und reden miteinander, und schließlich höre ich den Dekan sagen: ›Ich habe nicht viel Zeit, Palmer. Wenn Sie glauben, dass es die Gemeinde von Southminster beruhigen wird, werde ich diese Maßnahmen zulassen. Allerdings muss ich sagen, dass ich in meinem ganzen Leben noch keinen so himmelschreienden Unsinn aus dem Mund eines so lebenstüchtigen Mannes wie Ihnen gehört habe. Meinen Sie nicht auch, Henslow?‹

Soweit ich es verstehen konnte, erwiderte Mr. Henslow etwas wie ›Na ja, in der Bibel heißt es wohl: *Richtet nicht, auf dass ihr nicht gerichtet werdet,* stimmt's, Herr Dekan?‹

Daraufhin schnaubte der Dekan verächtlich, marschierte wortlos zum Grab hinüber, stellte sich dahinter und lehnte sich gegen die Kirchenmauer, während die anderen vorsichtig näher kamen. Henslow blieb auf der Südseite des Grabes stehen und kratzte sich am Kinn. Schließlich fragte der Dekan: ›Wie ist es denn am einfachsten für Sie, Palmer? Wollen Sie lieber die obere Grabplatte entfernen oder eine der Seitenplatten herausnehmen?‹

Der alte Palmer und seine Männer hantierten ein Weilchen herum, besahen sich die Ränder der Deckplatte und klopften alle Seitenplatten ab, bis auf die an der Nordseite. Henslow meinte, es sei wohl am besten, es mit der südlichen Seitenwand zu versuchen, denn da sei mehr Licht und mehr Platz, die Brechstangen anzusetzen.

Mein Vater hatte bis jetzt nur zugesehen, aber jetzt wechselte er zur Nordseite, kniete sich hin und tastete die Platte neben dem Spalt ab. Dann stand er auf, klopfte sich den Staub von den Knien und sagte, zum Dekan gewandt: ›Entschuldigung, aber ich glaube, wenn Mr. Palmer es bei dieser Platte probiert, wäre es wohl am leichtesten. Sieht mir so aus, als könnte sogar ein einzelner Mann das Grab aufstemmen, wenn er die Brechstange am Spalt ansetzt.‹

›Aha, vielen Dank, Worby‹, erwiderte der Dekan. ›Das ist ein guter Vorschlag, Palmer. Lassen Sie das einen Ihrer Männer machen, ja?‹

Also kommt ein Mann herüber, setzt seine Brechstange am Spalt an und versucht, die Platte herauszuwuchten. Und genau in diesem Moment, als sich alle über den Spalt beugen und wir Jungen die Köpfe weit vorstrecken, kracht es an der Westseite des Chorraums so fürchterlich, als wäre dort ein großer Balken hinabgestürzt und schlitterte jetzt ein paar Stufen hinunter.

Ich kann natürlich gar nicht alles erzählen, was sich da blitzschnell innerhalb einer einzigen Minute abspielte. Jedenfalls herrschte große Aufregung. Ich hörte, wie die Seitenplatte des Grabs herausfiel, die Brechstange scheppernd auf dem Boden landete und der Dekan ausrief: ›O Gott!‹ Gleich darauf sah ich, dass der Dekan zu Boden gefallen war und Palmers Leute durch den Chorraum davonrannten. Henslow machte sich daran, dem Dekan aufzuhelfen, denn auch Palmer war weggelaufen (›um die Leute aufzuhalten‹, sagte er später), und mein Vater hockte auf den Altarstufen, das Gesicht in den Händen vergraben.

Der Dekan war sehr wütend. ›Sie sollten wirklich mal darüber nachdenken, wie Sie sich hier aufführen, Henslow‹, schimpfte er. ›Es ist mir schlicht unerklärlich, wieso ihr alle davonrennt, nur weil irgendwo ein Brett herunterkracht!‹ Und als Henslow dagegenhielt, er sei ja gar nicht davongerannt, sondern habe die ganze Zeit über auf der anderen Grabseite gestanden, überging der Dekan das einfach.

Dann kehrte Palmer zurück und berichtete, er wisse nicht, was diesen Lärm verursacht habe, anscheinend sei gar nichts heruntergefallen. Nachdem sich der Dekan davon überzeugt hatte, dass alle seine Knochen heil geblieben waren, sammelten sich alle um ihn, bis auf meinen Vater, der auf den

Altarstufen sitzen blieb. Schließlich zündete irgendjemand einen Kerzenstummel an und alle blickten ins Grab.

›Was hab ich euch gesagt? Das Grab ist leer!‹, verkündete der Dekan. ›Nein, halt: Da liegt irgendetwas. Ein Teil von einem Notenblatt und ein Stofffetzen – der hat wohl mal zu einem Kleid gehört. Offenbar beides aus jüngerer Zeit, also nicht von historischem Interesse. Künftig hört ihr wohl besser auf einen gescheiten Menschen …‹ Und mit diesen Worten ging er leicht humpelnd davon, um durch die nördliche Kirchentür zu verschwinden. Dabei schnauzte er Palmer laut an, der habe mal wieder vergessen, die Tür zu schließen.

›Tut mir sehr leid, Sir‹, erwiderte Palmer, zuckte aber nur ratlos mit den Achseln.

Daraufhin meinte Henslow: ›Der Dekan muss sich geirrt haben. Ich hab die Tür doch selbst hinter mir zugezogen. Na ja, er ist im Moment wohl ein bisschen durcheinander.‹

Plötzlich fragte Palmer: ›Wo steckt eigentlich Worby?‹ Da erst merkten sie, dass er auf den Altarstufen saß, und gingen zu ihm hinauf. Er hatte sich offenbar schon etwas erholt, wischte sich aber immer noch über die Stirn. Palmer half ihm wieder auf die Beine, wie ich zu meiner Erleichterung sah.

Sie waren so weit weg, dass ich nicht mitbekam, was sie sagten. Aber ich sah, dass mein Vater quer durch das Seitenschiff auf die nördliche Tür deutete und Palmer und Henslow darauf sehr erschrocken und verblüfft reagierten.

Eine Weile später verließen mein Vater und Henslow die Kirche, und die anderen beeilten sich, die herausgefallene Seitenplatte wieder einzusetzen und zu vermauern. Beim Glockenschlag zwölf wurde die Kathedrale schon wieder geöffnet, und wir Jungen machten, dass wir nach Hause kamen.

Ich wollte unbedingt erfahren, was meinem Vater einen solchen Schrecken eingejagt hatte. Als ich zu Hause meinen

Vater in einem Sessel sitzen und einen Schnaps trinken sah, während meine Mutter mit besorgtem Blick bei ihm stand, platzte ich einfach damit heraus, wo ich gewesen war.

Aber mein Vater schien sich darüber gar nicht aufzuregen, zumindest verlor er nicht die Beherrschung, sondern fragte nur: ›Du warst also dabei? Und? Hast du alles gesehen?‹

›Ich hab alles mitbekommen, Vater‹, erwiderte ich, ›nur nicht das, was passiert ist, als der Lärm losgegangen ist.‹

›Du hast also gar nicht gesehen, was den Dekan umgeworfen hat? Das, was aus dem Grab gehuscht kam? Da bin ich aber froh.‹

›Wieso? Was war es denn, Vater?‹

›Komm schon, du musst es doch gesehen haben! Nein? Wirklich nicht? Es war ein menschenähnliches Wesen, über und über mit Haar bedeckt. Und es hatte zwei riesige Augen.‹

Nun ja, mehr konnte ich damals nicht aus ihm herausbringen. Und später war es meinem Vater offenbar peinlich, dass er sich so hatte einschüchtern lassen. Denn wenn ich ihn nach seinem Erlebnis fragte, wehrte er jedes Mal ab.

Aber Jahre später, ich war schon erwachsen, sprachen wir hin und wieder ausführlicher darüber, und stets sagte mein Vater dasselbe: ›Das Geschöpf war schwarz, hatte jede Menge Haare und ging auf zwei Beinen. Und in seinen Augen fing sich das Licht.‹

Ja, das ist die Geschichte dieses Grabes, Mr. Lake, aber unseren Besuchern erzählen wir sie nicht«, schloss Worby. »Und ich wäre Ihnen sehr verbunden, wenn auch Sie diese Geschichte nicht weitererzählen oder veröffentlichen, solange ich noch da bin. Vermutlich wird Mr. Evans derselben Meinung sein, wenn Sie ihn fragen.«

Damit sollte Worby recht behalten. Doch mittlerweile sind mehr als zwei Jahrzehnte vergangen, und längst liegen Worby und Evans unter der Erde. Deshalb hatte Mr. Lake keine Bedenken, mir seine Notizen, die aus dem Jahre 1890 stammen, zur Verfügung zu stellen. Außerdem überließ er mir auch eine Skizze von der alten Grabstätte und eine Abschrift der kurzen Inschrift auf dem Metallkreuz. Das Kreuz hat der Domherr Dr. Lyall auf eigene Kosten an der Nordseite des Grabes anbringen lassen, genau in der Mitte. Die Inschrift ist ein Zitat aus Jesaja 34,14 und umfasst nur drei Wörter:

IBI CUBAVIT LAMIA

Eine Abendunterhaltung

Nichts ist in altmodischen Büchern ein so verbreitetes Klischee wie die winterliche Kaminrunde, in der die betagte Großmutter den Kindern, die an ihren Lippen hängen, eine Geschichte nach der anderen über Feen und Gespenster erzählt und ihren Zuhörern einen wohligen Schrecken einjagt. Doch niemals dürfen wir erfahren, was das für Geschichten sind. Zwar hören wir von in Laken gehüllten Geistern mit Augen so groß wie Untertassen oder, noch spannender, vom Kinderschreck namens Bi-Ba-Butzemann, doch in welchem historischen Zusammenhang diese erstaunlichen Fantasiegebilde jeweils entstanden sind, wird uns vorenthalten.

Dieses Problem beschäftigt mich schon seit Langem. Ich sehe jedoch keine Möglichkeit, es ein für alle Mal zu lösen. Denn mittlerweile sind die betagten Großmütter gestorben, und die Sammler volkstümlicher Überlieferungen begannen ihr Werk zumindest in England zu spät, um einen Großteil der von den Großmüttern erzählten Geschichten der Nachwelt zu bewahren. Und doch sterben solche Dinge wie abendliche Erzählstunden nicht so leicht aus. Vielleicht kann man sich mit viel Fantasie (und gestützt auf einzelne Hinweise) solche lehrreichen Abendunterhaltungen wie die in Mrs. Marcets *The Work-Table, or Evening Conversations, designed for the improvement and instruction of young persons* (aus dem Jahre 1823), Jeremiah Joyce' *Dialogues on Chemistry* (1809) oder John Ayrton Paris' *Philosophy in Sport Made Science in Earnest; being an attempt to illustrate the first principles of*

Natural Philosophy (1827) tatsächlich ausmalen. Alle diese wohlmeinenden Ratgeber zur Erziehung und Bildung der Jugend zielen darauf ab, Irrlehren und düsteren Aberglauben auszulöschen und sie durch das Licht der Wahrheit und Nützlichkeit zu ersetzen. Und das liest sich dann etwa so:

Charles: Papa, ich glaube, ich verstehe jetzt die Hebelwirkung, die du mir am Samstag freundlicherweise erklärt hast. Allerdings verwirrt mich seitdem der Gedanke an die Wirkung eines Pendels. Beispielsweise frage ich mich, wieso die Standuhr stehen bleibt, wenn man das Pendel anhält.

Papa: Du Nichtsnutz, hast du dich etwa an der Standuhr in der Diele zu schaffen gemacht? Komm sofort her! *(Nein, diese Randbemerkung muss sich wohl ungewollt in den Text geschlichen haben. Stattdessen sollte es heißen:)* Also gut, mein Junge. Mir ist es zwar nicht ganz recht, wenn du solche Experimente, die möglicherweise die Funktionsfähigkeit eines wertvollen Chronometers beeinträchtigen könnten, ohne meine Aufsicht durchführst. Trotzdem will ich mein Bestes versuchen, dir Arbeitsweise und Wirkung eines Pendels zu erklären. Hol mir eine starke Schnur aus der Schublade in meinem Arbeitszimmer. Und bitte die Köchin, dir eines der Gewichte auszuleihen, die sie in der Küche benutzt.

Und damit verabschieden wir uns von Vater und Sohn und überlassen sie ihren Versuchen.

Doch wie ganz anders geht es in einer Familie zu, bis zu der das Licht wissenschaftlicher Aufklärung noch nicht vorgedrungen ist! Der Gutsherr, erschöpft von der stundenlangen Jagd auf Rebhühner, dem anschließenden üppigen Mahl und dem reichlichen Genuss geistiger Getränke, schnarcht auf einer Seite des Kamins. Seine betagte Mutter sitzt ihm gegenüber und strickt, und die lieben Kinder Charles und Fanny (nicht etwa so wilde Kinder wie Harry und Lucy, die das gar nicht ausgehalten hätten) lehnen an ihrem Knie.

Großmutter: Und jetzt, meine Lieben, müsst ihr sehr brav und still sein, sonst weckt ihr euren Vater auf. Und ihr wisst ja, was dann passiert.

Charles: Ja, das weiß ich. Er wird stinksauer und schickt uns sofort ins Bett.

Großmutter (hört zu stricken auf und sagt mit strenger Stimme): Was sagst du da? Schäm dich, Charles. Solche Wörter nimmt man nicht in den Mund. Eigentlich wollte ich euch ja eine Geschichte erzählen, aber wenn du solche Dinge sagst, erzähle ich euch heute keine mehr. *(Leises Gejammer:* Ach, Großmutter, bitte, bitte!) Still jetzt! Ich glaube, ihr habt euren Vater geweckt!

Gutsherr (mit schwerer Stimme): Hör mal, Mutter, wenn du diese Gören nicht zur Ruhe bringen kannst …

Großmutter: Ja, John, weiß ich doch. Ist wirklich schlimm mit ihnen. Ich hab ihnen gesagt, sie müssen ins Bett, wenn das noch mal vorkommt.

Der Gutsherr lehnt sich zurück, um weiterzuschlafen.

Großmutter: Seht ihr, Kinder? Was hab ich euch gesagt? Ihr müsst brav sein und still sitzen! Wisst ihr was? Morgen geht ihr Brombeeren sammeln, und wenn ihr mit einem schönen großen Korb voller Beeren zurückkommt, koch ich euch Marmelade daraus.

Charles: O ja, Omi! Ich weiß sogar, wo die besten Brombeeren wachsen, hab's heute gesehen.

Großmutter: Wo denn, Charles?

Charles: Na, in der Gasse oben, die am Häuschen von den Collins vorbeiführt.

Großmutter (legt ihr Strickzeug nieder): Charles! Wage es bloß nicht, in dieser Gasse auch nur eine einzige Brombeere zu pflücken! Weißt du denn nicht … Nun ja, wie solltest du auch … Was wollte ich gerade sagen? Jedenfalls merk dir, was ich gerade gesagt habe!

Charles und Fanny, gleichzeitig: Aber warum denn nicht, Omi? Wieso sollen wir dort keine Brombeeren pflücken?

Großmutter: Still jetzt! Also gut, ich erzähle es euch gleich, aber ihr dürft mich dabei nicht unterbrechen. Wartet mal … Ja, als ich noch ein kleines Mädchen war, hatte diese Gasse einen schlechten Ruf, auch wenn sich die Leute heute anscheinend nicht mehr daran erinnern. Eines Tages, es war genau so ein Sommerabend wie heute, erzählte ich meiner Mutter – Gott hab sie selig! –, als ich zum Abendessen heimkam … Also ich erzählte ihr, wo ich spazieren gewesen war, und auch, dass ich durch diese Gasse zurückgegangen war. Und ich fragte sie, wieso ganz oben an der Gasse auf einem so kleinen Fleck so viele Johannisbeeren und Stachelbeeren wüchsen. Oje, war sie da wütend! Sie schüttelte mich, gab mir eine Ohrfeige und schimpfte: »Du böses, böses Kind! Hab ich dir nicht 20 Mal verboten, auch nur einen Fuß in diese Gasse zu setzen? Und dann trödelst du dort herum, dazu noch abends!« Und als sie endlich damit aufhörte, war ich fast zu verblüfft, um irgendetwas darauf zu erwidern. Aber schließlich konnte ich sie davon überzeugen, dass sie mit mir noch nie darüber gesprochen hatte, und das stimmte auch. Natürlich tat es ihr nun leid, dass sie so aus der Haut gefahren war. Und um mich dafür zu entschädigen, erzählte sie mir nach dem Abendessen die ganze Geschichte. Seitdem habe ich sie auch oft von den alten Leuten im Ort gehört. Außerdem hatte ich meine eigenen Gründe dafür zu glauben, dass etwas an dieser Geschichte dran war. Aber dazu später.

Ganz oben an der Gasse – war das nun auf der rechten oder auf der linken Seite, wenn man von unten heraufkommt? Ja, auf der linken Seite, jetzt weiß ich's wieder, stößt man auf ein kleines Gebüsch, und dahinter liegt ein früherer Acker, umgeben von Resten einer alten Hecke. Und dazwischen wachsen uralte Stachelbeer- und Johannisbeersträucher. Jedenfalls war das früher so; ich bin schon seit Jahren nicht mehr dort gewesen.

Man kann sich selbst zusammenreimen, dass dort früher mal ein Haus gestanden hat, und so war es auch. Darin wohnte, ehe ich geboren wurde und an mich noch nicht einmal zu denken war, ein Mann namens Davis. Wie ich gehört habe, stammte er nicht aus unserer Gemeinde, und zeit meines Lebens hat auch niemand namens Davis in unserem Dorf gewohnt. Wie dem auch sei: Mr. Davis lebte sehr zurückgezogen und ging auch nur selten ins Wirtshaus. Er arbeitete auch nicht bei einem der Bauern. Offenbar hatte er eigenes Vermögen und war auf das Geld nicht angewiesen. Doch an Markttagen ging Mr. Davis in den Ort und brachte dann auch seine Briefe zur Post. Als er eines Tages vom Markt zurückkam, hatte er einen jungen Mann dabei. Und mit diesem jungen Mann wohnte er lange zusammen und war auch immer gemeinsam mit ihm unterwegs. Ob dieser Junge nur die Hausarbeit für ihn erledigte oder ob Mr. Davis ihn ausbildete oder unterrichtete, wusste keiner im Dorf so recht.

Vom Hörensagen weiß ich, dass dieser Junge ein blasser, hässlicher Kerl gewesen sein soll, der nicht gerade sympathisch wirkte. Also fragten sich die Dorfbewohner, was diese beiden Männer eigentlich den lieben langen Tag mit sich selbst und miteinander anfingen. Natürlich will ich nicht den ganzen Unsinn wiederholen, den sich die Leute im Dorf ausmalten. Schließlich wissen wir ja, dass wir nichts Böses über Menschen verbreiten sollten, wenn wir uns nicht sicher sind, ob es überhaupt stimmt. Und das gilt auch noch nach deren Tod.

Wie gesagt waren diese zwei immer zusammen, von morgens bis abends, ob oben auf den Hügeln oder unten in den

Wäldern. Einmal im Monat machten sie stets denselben Spaziergang, und zwar dorthin, wo ihr die in den Hügel geschnittene uralte Gestalt gesehen habt. Und es wurde bekannt, dass sie, wenn sie diesen Spaziergang im Sommer machten, die ganze Nacht draußen kampierten, entweder unmittelbar auf dem Hügel oder irgendwo in der Nähe.

Ich weiß noch, dass mein Vater – euer Urgroßvater – mir einmal erzählte, er habe darüber mit Mr. Davis gesprochen. Sie kannten sich, denn er wohnte auf einem Grundstück, das meinem Vater gehörte. Als mein Vater ihn fragte, wieso er so gern dorthin gehe, erwiderte er nur: »Oh, es ist ein wunderbarer alter Ort, Sir, und ich habe Dinge aus längst vergangenen Zeiten immer schon gemocht. Wenn ich mit ihm zusammen dort bin«, er meinte den jungen Mann, der bei ihm lebte, »kommt's mir so vor, als kehrten die alten Zeiten zurück.«

»Nun ja«, sagte mein Vater, »Ihnen mag das ja gefallen, aber ich würde mich nicht gern mitten in der Nacht an einem so einsamen Ort aufhalten.«

Daraufhin lächelte Mr. Davis nur, und der junge Mann, der zugehört hatte, warf ein: »Oh, in solchen Nächten mangelt es uns nicht an Gesellschaft.«

Später meinte mein Vater, er habe das Gefühl gehabt, Mr. Davis habe dem Jungen irgendein Zeichen gegeben, denn dieser berichtigte sich unverzüglich: »Damit will ich nur sagen, dass mir die Gesellschaft von Mr. Davis völlig genügt, und umgekehrt ist es genauso, stimmt's, Meister? In einer solchen Sommernacht herrscht da oben eine wunderbare Atmosphäre. Man hat Aussicht auf die ganze in Mondlicht getauchte Umgebung, und sie sieht irgendwie ganz anders aus als bei Tageslicht, mit all diesen Eggen auf dem Hügel …«

Offenbar ärgerte sich Mr. Davis über das Geplapper des Jungen, denn er fiel ihm ins Wort: »Ach ja, dieser Hügel zählt wirklich zu den uralten Orten, nicht wahr, Sir? Welchem Zweck haben sie Ihrer Meinung nach gedient?«

Und mein Vater erwiderte … Meine Güte, schon komisch, dass mir das jetzt alles wieder einfällt, nicht? Aber damals hat es meine Fantasie beschäftigt. Und auch wenn's für euch langweilig klingen mag, muss ich es jetzt bis zum Ende erzählen. Also, mein Vater erwiderte: »Solche Stätten sind immer Grabstätten, wie ich gehört habe, Mr. Davis. Und seitdem ich gelegentlich welche umgepflügt habe, weiß ich, dass dort immer alte Knochen und Tontöpfe auftauchen. Aber wessen Gräber es sind, ist mir nicht bekannt. Man sagt ja, dass sich früher überall in unserem Land die alten Römer niedergelassen haben, aber ob sie ihre Leute auf diese Weise bestattet haben, weiß ich nicht.«

Mr. Davis schüttelte nachdenklich den Kopf. »Nun ja, meinem Eindruck nach sehen sie sogar noch älter als die alten Römer aus und tragen auch andere Kleidung – ich meine, den Abbildungen nach haben die Römer Rüstungen getragen. Und nach dem, was Sie sagen, Sir, sind Sie doch nie auf Rüstungen gestoßen, oder?«

Das verblüffte meinen Vater. »Kann mich gar nicht erinnern, dass ich irgendetwas von Rüstungen erwähnt habe. Aber es stimmt: Meines Wissens habe ich niemals welche entdeckt. Nur klang es bei Ihnen eben so, als hätten Sie die dort Bestatteten mit eigenen Augen gesehen, Mr. Davis.«

Daraufhin lachten Mr. Davis und der junge Mann. »Mit eigenen Augen gesehen, Sir?«, fragte Mr. Davis. »Wohl kaum, nach all den Jahren. Aber ich würde wirklich gern mehr über diese alten Zeiten und die Menschen, die damals gelebt haben, erfahren. Und auch, wen oder was sie angebetet haben.«

»Angebetet haben? Vermutlich die uralte Männergestalt auf dem Hügel«, erwiderte mein Vater.

»Mag sein«, meinte Mr. Davis. »Es würde mich nicht wundern.«

Mein Vater erzählte den beiden anschließend, was er über die Heiden und ihre Opferrituale gelesen und gehört hatte. Das wirst auch du, Charles, irgendwann erfahren, wenn du zur Schule gehst und der Lateinunterricht beginnt. Beide Männer schienen sich sehr dafür zu interessieren. Aber mein Vater sagte, es sei ihm so vorgekommen, als wäre ihnen fast alles, was er ihnen erzählte, bereits bekannt gewesen.

Das war das einzige Mal, dass er sich so lange mit Mr. Davis unterhielt, und es blieb ihm stets in Erinnerung – insbesondere das, was dem jungen Mann herausgerutscht war: »In solchen Nächten mangelt es uns nicht an Gesellschaft.« Denn damals wurde in den Dörfern unserer Gegend viel über nächtliche Zusammenkünfte getratscht. Hätte mein Vater nicht eingegriffen, hätten die Dorfbewohner eine alte Dame, die sie als Hexe verdächtigten, wohl sogar einer Wasserprobe unterzogen.

Charles: Was meinst du mit Wasserprobe, Großmutter? Und gibt es hier heute noch Hexen?

Großmutter: Aber nein, Liebes. Wieso bin ich überhaupt auf das Thema gekommen? Das hat mit dieser Geschichte gar nichts zu tun. Ich wollte nur sagen, dass Leute in anderen Dörfern der Umgebung glaubten, nachts würden auf dem Hügel, wo diese riesige männliche Gestalt zu sehen ist, irgendwelche Treffen stattfinden. Und sie meinten, wer dort hingehe, führe nichts Gutes im Schilde. Aber unterbrecht mich jetzt nicht mehr, es ist schon ziemlich spät.

Mr. Davis und dieser junge Mann haben meines Wissens insgesamt drei Jahre zusammengelebt. Und dann ist plötzlich etwas Schreckliches passiert. Ich bin mir nicht sicher, ob ich es euch überhaupt erzählen soll. *(Empört rufen die Kinder: Doch, Großmutter, du musst es uns erzählen, bitte, bitte!)* Na, dann müsst ihr mir aber versprechen, euch nicht zu ängstigen und dann mitten in der Nacht loszubrüllen! *(Nein, bestimmt nicht, Großmutter!)*

Eines Morgens, als es auf den Herbst zuging, ich glaube, es war im September, hatte einer der Förster oben auf dem Hügel im Unterholz zu tun. Er ging hinauf, als es gerade hell wurde. Und dort, wo einige hohe Eichen in einer Lichtung tief im Wald stehen, sah er von fern etwas Weißes durch den Morgennebel blitzen. Er meinte eine männliche Gestalt zu erkennen. Nun war er hin- und hergerissen, ob er weitergehen sollte oder nicht. Doch schließlich ging er weiter auf die Gestalt zu und sah, dass es tatsächlich ein Mann war, der ein weißes Gewand trug. Sein Hals steckte in irgendeiner Schlinge und er baumelte leblos von der großen Eiche herunter. Vor seinen Füßen lag eine Axt, an der geronnenes Blut klebte.

Was für ein entsetzlicher Anblick muss das gewesen sein! Es hätte wohl jeden schockiert, an diesem einsamen Ort plötzlich auf so etwas zu stoßen. Jedenfalls war der Förster fast zu Tode erschrocken, ließ alles fallen, was er bei sich hatte, und rannte, so schnell er konnte, zum Pfarrhaus. Dort weckte er die Bewohner und berichtete, was er dort oben gesehen hatte.

Der alte Mr. White, der damals Pfarrer in unserem Dorf war, schickte ihn mit dem Auftrag fort, zwei oder drei zuverlässige Männer zu holen – den Dorfschmied, außerdem einen der Kirchenältesten und vielleicht auch noch einen anderen Dorfbewohner. In der Zwischenzeit kleidete sich der Pfarrer an. Bald darauf brachen alle zu dem schrecklichen Ort auf. Sie nahmen auch ein Pferd mit, um den Leichnam darauf zurück zum Pfarrhaus zu befördern.

Als sie oben auf dem Hügel ankamen, fanden sie alles genau so vor, wie der Förster es beschrieben hatte. Trotzdem waren sie sehr bestürzt, als sie sahen, welche Kleidung der Tote trug. Besonders nahm es den alten Pfarrer mit, denn ihm kam das Gewand wie die heidnische Nachäffung eines kirchlichen Chorhemdes vor, wie er meinem Vater später erzählte.

Als sie den Leichnam von der Eiche herunternehmen wollten, merkten sie, dass um den Hals des Toten eine Kette aus irgendeinem Metall lag. Und daran hing ein Anhänger in der Form eines winzigen Rades. Der Anhänger habe sehr alt ausgesehen, erzählten sie später.

Inzwischen hatten sie einen Jungen aus dem Dorf zum Haus von Mr. Davis geschickt. Er sollte nachsehen, ob er zu Hause war, denn natürlich hatten sie bestimmte Vermutungen. Pfarrer White, der zugleich Amtmann war, sagte, man müsse auch nach dem Wachtmeister der Nachbargemeinde schicken und einen weiteren Amtmann benachrichtigen. Also eilte der eine hierhin, der andere dorthin. Mein Vater war an diesem Abend zufällig auswärts beschäftigt, sonst hätte man ihn als Ersten geholt.

Den Leichnam legten die Männer über das Pferd. Später berichteten sie, sie hätten nur mit Mühe verhindern können, dass der Gaul durchging, denn als der Baum in sein Blickfeld geriet, war er vor Angst wie verrückt. Schließlich schafften sie es, ihm die Augen zu verbinden und ihn durch den Wald zurück zur Dorfstraße zu führen. Und dort, nahe bei dem großen Baum, wo auch die Rosenstöcke stehen, stießen sie auf zahlreiche Frauen. Sie umringten den Jungen, den die Männer zum Haus von Mr. Davis geschickt hatten. Er lag leichenblass auf dem Boden, und sie konnten kein Wort aus ihm herausbringen. Da sahen die Männer noch Schlimmeres auf sich zukommen und eilten die Gasse zu Mr. Davis' Haus hinauf. Als sie sich ihm näherten, spielte das Pferd, das sie am Zügel führten, vor Angst erneut verrückt. Es bäumte sich auf, wieherte laut und schlug mit den vorderen Hufen aus. Fast hätte es den Mann, der es führte, schwer verletzt oder getötet. Und natürlich fiel der Leichnam dabei vom Pferderücken herunter.

Pfarrer White befahl den Männern, das Pferd so schnell wie möglich aus dem Weg zu schaffen. Den Leichnam trugen sie sofort ins Wohnzimmer von Mr. Davis, denn die Haustür stand offen. Dort sahen sie, was dem armen Jungen solche Angst eingejagt und das Pferd so verrückt gemacht hatte. Bekanntlich können Pferde den Geruch geronnenen Blutes ja nicht ertragen.

Auf dem Tisch, der mehr als menschliche Länge hatte, lag der Leichnam von Mr. Davis. Die Augen waren mit einem Streifen Leinen verbunden, die Arme auf dem Rücken gefesselt und die Füße mit einer anderen Schnur zusammengebunden. Doch noch entsetzlicher war, dass der Brustkorb fast offen dalag, denn das Brustbein war von oben bis unten von einer Axt gespalten.

Der Anblick war so grausig, dass es allen Anwesenden schwindelig und übel wurde und sie unverzüglich an die frische Luft gehen mussten. Selbst dem Pfarrer White, der, wie man so sagt, hart im Nehmen war, machte diese Szenerie so zu schaffen, dass er im Garten um Kraft betete.

Schließlich legten die Männer den anderen Toten so vorsichtig wie möglich auf den Fußboden des Wohnzimmers und sahen sich darin um, um herauszufinden, wie etwas so Schreckliches hatte passieren können. In den Schränken entdeckten sie zahlreiche Kräuter und Krüge mit Flüssigkeiten. Später, als Leute, die sich in solchen Dingen auskannten, diese Flüssigkeiten untersuchten, stellte sich heraus, dass einige davon Schlafmittel enthielten. Kaum jemand zweifelte daran, dass der junge Mann, den sie immer schon für hinterhältig gehalten hatten, etwas davon in Mr. Davis' Getränk gemischt und ihn danach auf so grausige Art getötet hatte. Offenbar war ihm später das Ausmaß seiner Schuld bewusst geworden, sodass er sich das Leben genommen hatte.

Ihr Kinder würdet wohl kaum verstehen, wie viele rechtliche Dinge danach von dem Untersuchungsrichter und den Amtmännern abzuklären waren. Jedenfalls herrschte in den folgenden zwei Tagen ein reges Kommen und Gehen, weil sich viele Leute mit diesen Todesfällen beschäftigen mussten. Danach hielten die Dorfbewohner eine Versammlung ab und waren sich darin einig, dass ihnen der Gedanke, diese beiden Toten auf dem kirchlichen Friedhof zu bestatten, unerträglich sei.

Denn in den Schubladen und Schränken von Mr. Davis war man auf gewisse Schriften und Dokumente gestoßen, die Pfarrer White gemeinsam mit anderen Geistlichen durchsah. Anschließend setzten sie ihre Unterschriften unter eine Erklärung, die besagte, die beiden Toten hätten sich aus freien Stücken der furchtbaren Sünde der Götzenanbetung schuldig gemacht. Als Geistliche befürchteten sie nun, andere Menschen in der Umgebung könnten ebenfalls diesem Kult anhängen, und riefen sie dazu auf, ihre Sünden zu bereuen, um dem schrecklichen Schicksal der beiden Toten zu entgehen. Dann verbrannten sie die in dem Haus gefundenen Schriftstücke.

Aus diesen Gründen stimmte Pfarrer White der Forderung seiner Gemeinde zu, den Toten kein christliches Begräbnis zu gewähren. Eines späten Abends begleiteten ihn zwölf ausgewählte Männer zu dem Haus, in dem das Böse geherrscht hatte. Sie nahmen zwei grob gezimmerte Totenbahren mit und zwei schwarze Leichentücher. An der Kreuzung, an der man nach Bascombe und Wilcombe abbiegt, warteten schon weitere Männer auf sie. Sie hatten eine Grube ausgehoben und Fackeln dabei. Dort versammelte sich nun eine Menschenmenge aus der ganzen Umgebung.

Pfarrer White und die zwölf Leichenträger betraten Mr. Davis' Haus, ohne ihre Hüte abzusetzen, legten die Toten auf die Bahren und hüllten sie in die schwarzen Tücher ein. Dabei wurde kein Wort gesprochen. Danach trugen sie die Bahren bis zu der Grube, warfen die Toten hinein und füllten den

Aushub mit Erde und Steinen. Anschließend sprach Pfarrer White zu den Versammelten.

Mein Vater war auch dabei, denn als er von den Ereignissen im Dorf gehört hatte, war er unverzüglich zurückgekehrt. Er sagte, die seltsame Szene sei ihm stets im Gedächtnis geblieben – die brennenden Fackeln, die beiden in schwarze Tücher gehüllten Toten, die eng aneinandergedrückt in der Grube lagen, und die völlige Stille ringsum, abgesehen von einem Kind oder auch einer Frau, die hin und wieder vor Angst wimmerten.

Als Pfarrer White seine Ansprache beendet hatte, wandten sich alle von der Grube ab und ließen die Toten dort liegen.

Angeblich scheuen Pferde immer noch vor der Stelle an der Kreuzung zurück. Außerdem ist mir zu Ohren gekommen, dass über der Grube noch lange ein seltsamer Nebel, vielleicht auch ein Licht schwebte, aber ich weiß nicht, ob es wirklich so war.

Doch etwas weiß ich mit Sicherheit: Als mein Vater am folgenden Tag wegen geschäftlicher Dinge an der Abzweigung zu der Gasse, an der das Haus von Mr. Davis lag, vorbeimusste, sah er dort an drei oder vier Stellen kleine Menschengruppen stehen, offenbar in erregte Gespräche vertieft. Also ritt er hinüber und fragte sie, was los sei. Sie umringten ihn und riefen: »Da ist Blut, Sir! Sehen Sie doch nur!«

Nachdem er vom Pferd abgestiegen war, zeigten sie es ihm: An vier Stellen der Gasse hatten sich große Blutlachen gesammelt. Nur konnte man das inzwischen geronnene Blut kaum erkennen, denn jede Lache war mit riesigen schwarzen Fliegen übersät, die dort reglos verharrten. Es war das Blut von Mr. Davis, das auf die Gasse gesickert war, als sie seinen Leichnam zur Grube hinübergetragen hatten.

Nun ja, meinem Vater war der Anblick so zuwider, dass er nur kurz hinüberschaute und zu einem der Anwesenden sagte:

»Holen Sie schnell einen Korb oder einen Schubkarren voll sauberer Erde vom Friedhof und streuen Sie die Erde über die Blutflecken. Ich warte hier, bis Sie zurück sind.«

Bald darauf war der Mann wieder da, begleitet von dem Kirchendiener. Sie hatten einen Schubkarren mit Friedhofserde gefüllt und eine Schaufel dabei. Nachdem sie die Karre an der ersten Blutlache abgesetzt hatten, machten sie sich daran, Erde darüberzuschaufeln. Und was glaubt ihr, was daraufhin geschah? Die bis dahin reglosen Fliegen stiegen in einer dichten Wolke in die Luft und flogen auf das Haus von Mr. Davis zu.

Da hielt der Kirchendiener, der sowohl Küster als auch Friedhofswärter war, inne, sah den Fliegen nach und sagte zu meinem Vater: »Da ist der Herr der Fliegen am Werk, Sir«, ohne irgendetwas hinzuzusetzen.

Und genau dasselbe war auch bei allen anderen Blutlachen zu beobachten.

Charles: Aber was meinte der Kirchendiener damit, Großmutter?

Großmutter: Nun ja, mein Lieber, du fragst am besten Mr. Lucas danach, wenn du morgen bei ihm Unterricht hast. Ich kann es dir jetzt nicht erklären, das würde zu lange dauern. Eigentlich müsstet ihr beide ja schon längst im Bett sein.

Als Nächstes kam mein Vater zu dem Schluss, dass das Haus von Mr. Davis nicht mehr bewohnbar sei und man auch keines der Dinge, die dort noch lagerten, weiter benutzen dürfe. Obwohl es eines der stattlichsten Häuser an der Gasse war, ließ mein Vater im Dorf verbreiten, es müsse unverzüglich zerstört werden. Jeder, der wolle, könne ein Reisigbündel mitbringen, um das Haus niederzubrennen. Und daran hielten sich die Dorfbewohner.

Im Wohnzimmer stapelten sie Holz und dazwischen lockeres Stroh auf, damit der Stapel schnell Feuer fing, und zündeten ihn an. Da das Haus nicht aus Ziegelsteinen gebaut war, dauerte es nicht lange, bis es in Schutt und Asche lag. Nur der aus Steinen gemauerte Schornstein und der Kachelofen blieben übrig. Ich glaube, als kleines Mädchen habe ich den Schornstein noch gesehen, aber auch er zerfiel schließlich.

Und nun komme ich zum letzten Teil meiner Geschichte.

Ihr könnt mir glauben, dass sich die Dorfbewohner noch lange erzählten, man habe Mr. Davis und den jungen Mann umgehen sehen – einen von ihnen im Wald und beide dort, wo ihr Haus gestanden hatte, oder auch gemeinsam auf der Gasse unterwegs, und zwar vor allem im Frühling und im Herbst.

Ich kann dazu nichts sagen. Aber wenn wir mit Sicherheit wüssten, dass es so etwas wie Gespenster gibt, könnte man wohl davon ausgehen, dass solche Menschen wie diese beiden Männer wohl kaum in Frieden geruht haben dürften.

Aber eines weiß ich noch genau: Kurz bevor euer Großvater und ich heirateten, haben wir an einem frühen Abend im März einen langen Spaziergang durch den Wald gemacht. Unterwegs haben wir Blumen gepflückt, uns so miteinander unterhalten, wie es junge Liebespaare tun, und waren so sehr miteinander beschäftigt, dass wir gar nicht auf den Weg achteten. Doch plötzlich schrie ich auf, und euer Großvater fragte besorgt, was denn los sei. Irgendetwas hatte mich in die Rückseite meiner rechten Hand gestochen, und der Stich war sehr schmerzhaft. Auf der Hand saß eine schwarze Fliege, die ich sofort mit der anderen Hand erschlug.

Da sich euer Großvater für Insekten interessierte, zeigte ich ihm die tote Fliege, und er sagte: »So eine wie diese hab ich noch nie gesehen.« Mir kam sie zwar gar nicht so ungewöhnlich vor, aber er hatte zweifellos recht, wie die Folgen dieses Stichs später zeigten.

Als wir uns umsahen, stellten wir zu unserem Schrecken fest, dass wir uns genau an der Stelle befanden, wo früher das Haus von Mr. Davis gestanden hatte. Später erfuhr ich, dass die Leichenträger hier, vor dem früheren Gartentor, kurz die Totenbahren abgesetzt hatten.

Wir liefen so schnell wie möglich weiter – das heißt, ich drängte euren Großvater dazu, weil ich sehr erschrocken war, als ich merkte, wo wir hingeraten waren. Wäre es nach ihm gegangen, hätte er sich dort aus Neugier sicher noch weiter umgesehen. Wer weiß, vielleicht hätten wir dann noch mehr entdeckt.

Aber ich fühlte mich unwohl, vielleicht auch deswegen, weil sich das Gift dieses grässlichen Insekts mittlerweile in meinem Körper ausgebreitet hatte. Meine Hand und mein Arm waren inzwischen furchtbar angeschwollen und taten sehr weh. Kein Umschlag und keine Salbe, die meine Mutter mir draufschmierte, konnten diesen Schmerz lindern. Erst als unsere alte Kinderschwester sie dazu überredete, den weisen Mann aus Bascombe kommen zu lassen, damit er sich meine Hand und meinen Arm ansah, fand ich wieder ein bisschen Ruhe. Denn er schien sich mit solchen Stichen auszukennen und sagte, ich sei nicht die Erste, der so etwas zugestoßen sei.

»Wenn der Sonnengott an Stärke gewinnt und bei der Tag-und-Nacht-Gleiche, zu Beginn des Frühlings und des Herbstes, den Höhepunkt seiner Kraft erreicht, um danach wieder schwächer zu werden, sollten sich diejenigen, die diese Gasse aufsuchen, sehr in Acht nehmen«, sagte er. Aber was der Weise um meine Hand und meinen Arm wickelte und was er dabei murmelte, wollte er uns nicht verraten.

Danach erholte ich mich schnell. Doch seitdem habe ich oft von Leuten gehört, die Ähnliches wie ich erleiden mussten. Erst seit wenigen Jahren scheinen solche Dinge nur noch äußerst selten vorzukommen – mag sein, dass sie im Laufe der Jahre völlig verschwinden.

Doch aus all diesen Gründen, Charles, möchte ich auf keinen Fall, dass ihr auf dieser Gasse Brombeeren für mich sammelt oder euch welche pflückt und esst. Und da ihr nun die ganze Geschichte kennt, werdet ihr auch wohl kaum noch Lust dazu haben.

Aber jetzt ab ins Bett!

Was sagst du da, Fanny? In deinem Zimmer schwebt ein Licht? Unsinn! Zieh dich auf der Stelle aus und sprich dein Nachtgebet. Dann komme ich später noch zum Gute-Nacht-Sagen herauf, falls euer Vater mich nicht braucht, wenn er aufwacht.

Und was dich betrifft, Charles: Wenn ich auch nur ein Wörtchen davon mitbekomme, dass du deiner kleinen Schwester auf dem Weg nach oben Angst einjagst, erzähle ich es sofort deinem Vater, und du weißt ja noch vom letzten Mal, was dir dann blüht.

Die Tür schließt sich hinter den Kindern. Nachdem die Großmutter noch ein Weilchen nach oben gelauscht hat, greift sie wieder zu ihrem Strickzeug, während der Gutsherr immer noch friedlich schlummert.

Die Hexe von Fenstanton

Nicholas Hardman und Stephen Ashe waren zwei Stipendiaten des King's College in Cambridge. Wie alle ihre Kommilitonen hatten sie vom sechsten bis zum 16. Lebensjahr das mit der Hochschule in Cambridge verbundene Internat in Eton besucht. Zu jener Zeit, von der wir hier erzählen, waren beide etwa 30 Jahre alt. Hardman war der Sohn eines Landpfarrers aus Lincolnshire, der in Thorganby-on-the-Wolds lebte. Ashes Vater war selbstständiger Bauer in Ospringe, einem Dorf in der Grafschaft Kent.

Hardman war ein mürrischer schwarzhaariger Mann, der recht finster wirkte. Er hatte eine schnarrende Stimme und sprach den Dialekt der Menschen in Lincolnshire – und zwar so ausgeprägt, dass wir ihn hier nicht wiedergeben können. Ashe hingegen wirkte ziemlich stur und hatte von seinen Vorfahren in Kent eine gewisse Begriffsstutzigkeit geerbt. Was seine Studienkollegen von ihm hielten, lässt sich am besten mit dem Satz wiedergeben: »Gut, ihn zum Freund, schlecht, ihn zum Feind zu haben.«

Beide waren bereits ordinierte Geistliche, und jedem von ihnen könnten wir wohl unterstellen, dass er sich darauf freute, irgendwann eine Festanstellung an der Universität zu ergattern, dann auch zu heiraten und Kinder großzuziehen – mindestens einen Sohn, vielleicht auch zwei. Ein Sohn würde dann in beruflicher Hinsicht vermutlich in die Fußstapfen seines Vaters treten, der andere vielleicht aufs Land ziehen und ein ehrbarer, wenn auch nicht unbedingt wohlhabender Bauer werden.

Diese Zukunftswünsche *könnten* wir den beiden insofern unterstellen, als die Mehrheit der Geistlichen, die sich an der Hochschule weiterbildeten, zu jener Zeit solche Lebenspläne hegten. Doch ein Buch namens *Alumni,* in dem Thomas Harwood die Lebensläufe aller Schüler am Eton College und Studierenden am King's College von 1443, dem Gründungsjahr dieser Schulen, bis zum Jahre 1797 zusammengetragen hat, enthält einen Eintrag, der unsere Unterstellungen widerlegt. Er zeigt, dass den beiden Männern völlig andere Dinge im Kopf herumspukten. Genau deshalb kam mir die Idee, es könne sich lohnen, davon zu erzählen, was die beiden riskierten und was es ihnen einbrachte.

Mehrmals habe ich hier »jene Zeit« erwähnt, ohne zu präzisieren, wann genau Hardman und Ashe lebten. Damals regierte bereits Anne, die letzte britische Königin aus dem Hause der Stuarts, über England, Schottland, Irland und zeitweilig auch Frankreich. Dem King's College stand Dr. James Roderick als Provost vor, denn die Gemeinschaft der Gelehrten hatte ihn in dieses Amt gewählt und nicht etwa Sir Isaac Newton, den der 1702 verstorbene König Wilhelm III. von Oranien gern auf diesem Platz gesehen hätte. Aber die Gelehrten hatten ihr Wahlrecht geltend gemacht und den Mann mit geringeren akademischen Verdiensten und Würden – an der Universität bekannt als einer der vier »Smoking Heads« – Newton vorgezogen. Und so residierte Roderick im Amtssitz des Provost, während Sir Isaac Newton im 1704 gebauten astronomischen Observatorium oberhalb des Trinity Great Gate wohnte, des Haupttors des Trinity College, zu Beginn des 16. Jahrhunderts als Eingang von King's Hall errichtet. Dort hielt sich Sir Isaac einen Hund namens Diamond, mit dem er häufig nachsichtig schimpfte, und erlaubte seiner Katze und ihren Jungen freien Zugang zum Observatorium, indem er Löcher in die Holztür sägte. Jedenfalls erzählte man sich das in Cambridge.

Man könnte meinen, die Universität sei in jenen Tagen eine wahre Idylle gewesen, die vor sich hin dämmerte. Aber man darf nicht vergessen, dass damals der Kirchenkampf tobte und es viel Aufregung um Dr. Richard Bentley, den Rektor des Trinity College, gab. Mehrmals kam es zu – vorübergehend erfolgreichen – Versuchen, Dr. Bentley seine akademischen Titel abzuerkennen und ihn seines Amtes zu entheben.

Vermutlich herrschte innerhalb der Universitätsmauern also kein Mangel an Hahnenkämpfen und anderem sportlichen Kräftemessen. Und nicht nur dort, sondern auch unmittelbar vor der Haustür war viel los – jedenfalls mehr als heutzutage. Auf Parker's Piece, der Gemeindewiese im Zentrum von Cambridge, ging man auf Schnepfenjagd; dieser trostlose Streifen Sumpfland diente vielen seltsamen Vögeln als Schlupfwinkel, ganz zu schweigen von anderen Bewohnern, deren Geschichte ich vielleicht irgendwann bei passender Gelegenheit erzählen werde.

Doch genug der allgemeinen Vorbemerkungen. Wenden wir uns wieder den beiden Schäfchen der frommen Herde zu, die man wohl leider als schwarze Schafe bezeichnen muss. Hardman und Ashe waren enge Freunde. Doch an der Universität von Cambridge und selbst am King's College hätte kaum jemand von sich behaupten können, die beiden besser als flüchtig zu kennen. Sie teilten sich ein Zimmer in der Old School of King's, nördlich der Kapelle, und wenn sie es verließen, schlossen sie es stets ab. Dabei wäre in der damaligen Zeit niemand, weder Studierende noch Lehrkräfte, auf die Idee gekommen, einfach so ins Domizil eines anderen hineinzuplatzen, um gemeinsam mit den Bewohnern ein Pfeifchen zu rauchen oder Alkohol zu trinken. Das Gemeinschaftsleben beschränkte sich seinerzeit mehr oder weniger auf Örtlichkeiten wie die Kapelle, den Speisesaal und den gemeinsamen Aufenthaltsraum der Studierenden.

Von Hardman und Ashe wusste man nur, dass sie ihre Freizeit gern damit verbrachten, lange Spaziergänge zu machen und bei ihrer Rückkehr Tabak zu rauchen – offenbar sehr billigen.

Es war an einem schönen Oktobernachmittag, als die Ereignisse ihren Lauf nahmen, genauer gesagt: sich zuspitzten und den wahren Charakter von Nicholas Hardman und Stephen Ashe enthüllten. Wie üblich begann der Gottesdienst in der Kapelle der Hochschule um drei Uhr, und unsere beiden Freunde nahmen daran teil. Von einander gegenüberliegenden Kirchenbänken aus tauschten sie Blicke. Die schrille Orgel, die keine Pedale hatte, unterstützte den kraftlos und schleppend singenden Chor beim Vortrag eines neuen, von Dr. Blow in Reimen verfassten Kirchenliedes, der das Schnarchen des Provost Roderick kaum übertönen konnte. Gegen vier Uhr spielte der Organist Mr. Tudway zum Ausklang und Auszug der spärlichen Gottesdienstbesucher einen von ihm selbst komponierten Marsch. Gleich darauf eilten die erwachsenen Chorsänger zu einem ähnlichen Auftritt in der Kapelle des Trinity College, während die Chorjungen zu den jeweiligen Schlupfwinkeln im Ort huschten, aus denen sie kurzzeitig aufgetaucht waren.

Der Provost schlenderte zu seinem Amtssitz hinüber, der damals östlich an die Kapelle angrenzte, und die Gelehrten und Studierenden machten sich auf den Weg zum Essen, der über einen Streifen Land nördlich der Kapelle führte. Dabei mussten sie ihre Kopfbedeckungen festhalten, denn ein starker Westwind trieb die gelben Blätter vor sich her. Gegessen wurde im Speisesaal des Old Court. Vermutlich wurde eine sehr einfache Mahlzeit serviert, die schweigend verzehrt wurde. Der Stellvertreter des Provost und drei oder vier Höhergestellte der Universitätsverwaltung thronten oberhalb der anderen Tische auf einem Podest. Die Masters of Art, zu denen auch Hardman und

Ashe zählten, nahmen gemeinsam mit den Fellow-Commoners einen langen Tisch ein. Im Unterschied zu den Stipendiaten stammten Letztere in der Regel aus adligem Hause und kamen selbst für ihre Studiengebühren auf. An zwei weiteren langen Tischen saßen die Bakkalaureaten und die jüngeren Studierenden ohne akademischen Grad. Insgesamt mochten sich etwa 50 Leute im Saal befinden.

Während des Essens, das etwa 40 Minuten dauerte, geschah nichts Besonderes. Danach zogen sich fast alle Studierenden in ihren Aufenthaltsraum und die Gelehrten auf ihre Privatzimmer zurück. Auf die Letzteren brauchen wir hier nicht weiter zu achten, doch den Kreis der Höhergestellten sollten wir noch ein wenig im Auge behalten.

Im Moment sitzen sie an einem großen Tisch ohne Überdecke, vor sich einige Karaffen von Wein. (Ich weiß nicht, ob es Portwein ist oder ein roter Bordeaux; das hängt vor allem davon ab, wann genau Lord Methuen, der britische Botschafter in Portugal, den wechselseitigen Handelsvertrag mit Portugal abgeschlossen hat.)

Nach dem Essen ist nun so etwas wie eine Unterhaltung aufgekommen.

»Wohin sind Sie heute geritten, Mr. Bates?«, fragte Mr. Glynne.

»Ach, nur bis Fenstanton.«

»Fenstanton, aha. Ist das dieses Dorf, in dem man letzte Woche eine Hexe der Wasserprobe unterzogen hat? Lord Blandford ist offenbar gerade zu der Zeit vorbeigeritten.« (Lord Blandford war der Sohn und Erbe des jüngst verstorbenen Herzogs von Marlboro, studierte nun am King's College und zahlte selbstverständlich selbst die Gebühren.)

»Seine Lordschaft war empört über diese Wasserprobe und hat mit viel Tamtam versucht, die Alte zu retten«, fuhr Mr. Glynne fort. »Hat das irgendein Nachspiel für die Dörfler gehabt? Solche Dinge zu untersuchen, fällt doch eigentlich in die Zuständigkeit von Dodgson, dem Pfarrer von St. Magdalene. Doch wenn er nichts unternommen hat, wird's wohl keiner tun. Fenstanton ist ein Ort, den man vergessen kann, auch wenn er an der Huntington Road liegt.« So weit Mr. Glynne, der dazu neigte, Gespräche an sich zu reißen.

»Nun ja, ehrlich gesagt hatte ich vorher gar nichts von dieser Geschichte gehört«, sagte Mr. Bates. »Aber als ich durch das Dorf ritt, läutete die Totenglocke. Und zufällig traf ich Dodgson, der im Gasthof vermutlich gerade ein Bier getrunken und eine Pfeife geraucht hatte, auf dem Weg zum Friedhof. Und dabei ließ er etwas fallen, das zu Ihrem Bericht passen könnte. Sagen Sie, kommen Ihnen die Namen Glynne, Galpin oder Gibson in diesem Zusammenhang irgendwie bekannt vor? Irgendeiner, der mit einem G anfängt?«

»Ja, Gibson! Mutter Gibson! Ich könnte wetten, dass die Alte so hieß. Also hat diese Wasserprobe das Ende für die arme Frau bedeutet«, bemerkte der gutmütige Glynne. »Diese Hinterwäldler in den *Fens* sind wirklich ziemlich rohe Menschen. Eigentlich hätte man doch einen Untersuchungsrichter hinzuziehen und ein Dutzend Leute hängen lassen müssen, und das wäre auch in jeder anderen als Dodgsons Gemeinde passiert. Aber, mein Gott! Der Mann hat doch nichts als seine Pfründe und sein Bier im Kopf.«

»Vor Dodgson hatte Matthews die Pfarrstelle inne«, sagte Mr. Bates. »Und schon zu seiner Zeit haben die Dörfler viermal versucht, die Alte einer Wasserprobe zu unterziehen. Wie er mir erzählt hat, gab es in der Gemeinde kaum einen Jungen oder erwachsenen Mann, der nicht bereit gewesen wäre zu beschwören, die Frau habe ihre Seele dem Teufel verschrieben. Aber Matthews hat ihnen damit gedroht, den Richter kommen zu lassen, und das hätte er auch getan, deshalb haben sie zu seiner Zeit eingelenkt.«

»Und trotzdem weiß ich noch«, warf Mr. Glynne ein, »dass Matthews in diesem Raum mal geäußert hat, wenn er sich die Alte so ansehe, sei er fast geneigt, den Gerüchten zu glauben. Einmal hat er mir die Frau gezeigt. Zweifellos hätte sie Porträt für unseren Erzfeind sitzen können, jedenfalls soweit es ihre Augen betraf. Sie waren so rot wie Blut und die Pupillen ähnelten denen einer Ziege.« Bei diesen Worten lief Mr. Glynne ein leichter Schauer über den Rücken und er fügte nichts mehr hinzu.

»Hat man die Alte auf dem Kirchhof begraben, Bates?«, erkundigte sich Dr. Morell, der stellvertretende Provost.

»Offenbar ja. Jedenfalls fiel mir ein frisch ausgehobenes Grab auf der Nordseite auf, das war vermutlich für sie bestimmt.«

»Bei diesem ganzen Gerede über Hexen und deren Bestattung fällt mir diese alte Geschichte von William of Malmesbury ein, die Dr. Gale jüngst hat drucken lassen«, mischte sich nun auch Mr. Newborough – der spätere Schulleiter von Eton – ins Gespräch ein; im Unterschied zu vielen seiner Kollegen war er sehr belesen. »Ist sie Ihnen bekannt, Mr. Glynne? Falls nicht, sollten Sie sich die historische Sammlung von Malmesbury mal vornehmen.« Gleich darauf erzählte er die Geschichte, die der Dichter Robert Southey später unter dem Titel ›Die Alte von Berkeley‹ in gereimte Verse gefasst hatte. Danach sprachen sie kurz über die Hexe von Endor – die Totenbeschwörerin im 1. Buch Samuel der Bibel.

Anschließend schweifte das Gespräch ab und wandte sich Humfred Hodys gelehrter Abhandlung aus dem Jahre 1764 über die unterschiedlichen griechischen und lateinischen Übersetzungen der Bibel zu. Schließlich hechelten sie wieder einmal das ungeheuerliche Verhalten Dr. Bentleys durch, der nach wie vor dem Trinity College als Rektor vorstand. Von da aus war es nicht weit zum Thema der Besetzung von Universitätsstellen und möglichen Vakanzen.

Mitten in diesem Gespräch tauchten Hardman und Ashe auf, verbeugten sich pflichtschuldig vor dem stellvertretenden Provost und verließen den Saal. Seit dem Abendessen hatte keiner von beiden irgendeine Bemerkung gemacht, doch Dr. Morell, der ein scharfer Beobachter war, war nicht entgangen, dass sie sich in auffälliger Weise für das anfängliche Thema der Unterhaltung interessiert hatten.

»Da gehen zwei Einfaltspinsel«, meinte Mr. Glynne, als sich die Tür hinter Hardman und Ashe schloss. »Mir tun deren Ehefrauen leid, sollten sie jemals heiraten, und auch deren Gemeinden, sollten sie jemals irgendwo amtieren dürfen.«

»Aber wenigstens verhalten sich diese Einfaltspinsel ruhig«, erwiderte Newborough.

»Da bin ich mir nicht so sicher, Newborough«, entgegnete Morell. »Der Mann, der unter ihnen wohnt, schläft nicht immer besonders gut. Was kann die beiden nur so beschäftigen, dass sie die ganze Nacht durchs Zimmer trampeln, wie man mir erzählt hat? Und was geht ihnen durch den Kopf, dass sie ständig wie zwei kranke Eulen seufzen und stöhnen, wie Burton behauptet? Sie kennen doch jeden hier im College, Glynne. Haben Sie eigentlich jemals das Zimmer von Hardman und Ashe betreten?«

»Nein, niemals. Ich weiß aber noch, dass ich irgendwann im letzten Jahr mal bei ihnen geklopft habe. Ehe sie die Tür geöffnet haben, hat's im Zimmer so gerumpelt, wie ich's nie zuvor gehört hatte. Ich kann nur sagen, dass Hardman so bleich wie ein Gespenst war, als er mir endlich aufmachte. Und im Zimmer roch es so ekelhaft süßlich, als hätten sie dort alte Lumpen und Knochen verbrannt. Hardman fragte mich hastig, um welche Angelegenheit es sich handele, und schlug mir gleich darauf die Tür vor der Nase zu!«

»Na ja, diese Frage hätte er sich wohl sparen können, Glynne. Hab noch nie erlebt, dass Sie im College eine wichtige

Angelegenheit hätten regeln müssen«, bemerkte der stellvertretende Provost trocken. »Aber was soll's? Zeit, ins Kaffeehaus hinüberzuwechseln, meine Herren. Ich habe Dr. Cotes gesagt, dass wir kurz vor acht dort sind, und jetzt ist es Viertel vor.«

Unverzüglich begab sich die ganze Gruppe ins Kaffeehaus am Marktplatz und setzte sich mit Dr. Roger Cotes und einigen anderen Herren des Trinity, des Queen's und des Benet College bis zehn Uhr zu einem Tabakkolleg zusammen, bei dem alle Tonpfeifen rauchten.

II

An diesem schönen Abend läutete die Glocke gerade zum Zapfenstreich, als Hardman und Ashe, jeder mit einem Beutel und einem Spazierstock ausgerüstet, aus den Toren des King's College traten. Dem alten Pförtner – einem Grobian, der gern einen hob, wie die meisten niederen Bediensteten der Hochschulen in jenen Tagen – teilten sie mit, sie würden in dieser Nacht wahrscheinlich nicht mehr ins College zurückkehren. Danach schwiegen beide, bis sie Cambridge hinter sich gelassen hatten und sich auf der Straße nach Huntington befanden.

»Wenn heute Nacht alles so wie vorgesehen läuft, Ashe«, sagte Nicholas Hardman schließlich, »erfahren wir etwas, das zu wissen sich lohnt.«

»Ja, Nick, und wir werden auch etwas in einem dieser Beutel nach Hause tragen, das zu besitzen sich lohnt. Allerdings habe ich das sichere Gefühl, dass sich nicht alle unsere Wünsche erfüllen werden. Newboroughs Geschichte von der alten Hexe hat mir zu denken gegeben. Hast du das Buch mitgenommen?«

»Welches Buch? Du meinst wohl Dr. Gales Nachdruck von Malmesburys Sammlung, wie? Einen dicken, schweren Band? Wieso sollte ich den mit mir herumschleppen?«

»Nein, den doch nicht! Ich meine *unser* Buch, *das* Buch.«

»Du kannst mich ja gern für einen Schwachkopf halten, Stephen, aber stell mir bitte nicht derart blöde Fragen. Bin ich etwa ohne meinen Kopf losgegangen? Das ist genauso wahrscheinlich wie die Vorstellung, ich hätte das Buch in unserem Zimmer zurückgelassen. Aber wieso hat dir diese alte Geschichte von diesem Arschloch Newborough zu denken gegeben?«

»Na ja, wenn dieselbe feine Gesellschaft, die in dieser Geschichte ihre Freundin holen kommt, heute Nacht *unserer* Freundin in Fenstanton die Aufwartung macht, werden wir wohl Probleme bekommen.«

Hardman schnaubte verächtlich. »Selbst wenn sie dort sein sollten: Glaubst du wirklich, ein magischer Kreis ließe sich so leicht durchbrechen? Hab ich etwa nichts dabei, das sie zwingt, von dem Leichnam abzulassen? Trotzdem hast du wie immer in gewisser Hinsicht recht, Stephen. Falls wir später als diese Gesellschaft auf dem Friedhof ankommen, könnte es schwierig, sogar gefährlich für uns werden. Aber das, was wir haben wollen, ist nicht das, was diese Wesen begehren. Wenn es uns gelingt, die drei Haarlocken und das Leichentuch an uns zu bringen, können wir die Elemente beherrschen. Die *anderen* sind auf die Seele der Frau aus.«

Dieser Gedanke bestürzte beide offenbar so, dass sie einen Augenblick schwiegen. Und während sie wortlos auf das schlafende Dorf Fenstanton zugingen, legten sich zügig dahintreibende Wolken vor den Mond, fegte der Wind über die kahlen Felder und drangen schwach die Glocken von Cambridge herüber.

III

Wer sich noch an die Straße zwischen Cambridge und Fenstanton erinnern kann, wird mir bestätigen, dass sie elf Meilen lang ist und wenig Abwechslung bietet. Hin und wieder taucht am Straßenrand ein Wirtshaus auf, etwas abseits des Weges liegen ein paar Bauernhöfe, und an klaren Tagen kann man in der Nähe viele Kirchtürme und in der Ferne sogar die Laternen und den Westturm des Städtchens Ely erkennen. Am nächsten an der Straße, nur fünf oder sechs Meilen entfernt, steht linker Hand der Kirchturm von Lolworth. Dort ging irgendetwas vor sich, wie Hardman und Ashe sehen konnten, als sie näher kamen. Die Kirchenglocke läutete und die Fenster waren erleuchtet. Zu Zeiten Königin Annes waren nächtliche Bestattungen bei sogenannten hochherrschaftlichen Familien fast die Regel, deshalb überraschte es die beiden nicht, dass sich zwei Reihen von Fackelträgern langsam durch das Gehölz an der Kirche bewegten. Nun entdeckten sie auch eine weiß gekleidete Gestalt, die aus dem Südtor huschte, um den Trauerzug zu empfangen: Es war der Pfarrer. Wenig später erreichte die Prozession die Kirche, hielt dort kurz an, trat hinein und zog anschließend weiter.

Nicht weit vor den beiden Freunden zweigte ein Weg, der zur Kirche von Lolworth führte, von der Landstraße ab. Von dort her näherte sich jetzt im Eilschritt eine Menschengruppe und kam, als sie die Straße erreicht hatte, direkt auf die Wanderer zu. Das versetzte Hardman und Ashe einen leichten Schrecken, denn sie wollten zu dieser Nachtstunde nicht als Geistliche aus Cambridge erkannt werden. Offenbar waren es sieben Leute, die in ihrer Mitte einen Mann führten. Ihrem Verhalten und ihrer Gangart nach wirkten sie wie Wachmänner, die einen Gefangenen gemacht hatten. Als die Gruppe sie fast erreicht hatte, schienen sich die Vermutungen von Hardman und Ashe zu bestätigen. Denn der umzingelte Mann widersetzte sich den anderen eindeutig, und genauso eindeutig zerrten sie ihn vorwärts. Die beiden Freunde zogen sich zur Hecke zurück, um die Männer vorbeizulassen, und richteten den Blick auf das Gesicht des Gefangenen – das sie nicht so leicht vergessen sollten. Nicht oft sieht man das Gesicht eines Menschen, der jegliche Hoffnung verloren und im Gehirn dennoch Raum für unsägliche Furcht hat. Und ein solches Gesicht hatten die beiden unglückseligen Geistlichen nun vor sich. Und sie bemerkten auch, dass es der Gefangene trotz aller Furcht und Verzweiflung nicht fertigbrachte, den Blick in eine andere Richtung als vor die eigenen Füße zu richten, denn alles war ihm offenbar erträglicher, als die Gesichter der sieben ihn umringenden Männer anzuschauen.

Erst als sich Hardman und Ashe die Szene später ins Gedächtnis riefen, wurde ihnen bewusst, dass sie nur das Gesicht des Gefangenen wahrgenommen hatten. Es kam ihnen sogar so vor, als wären die anderen Männer gesichtslose Wesen gewesen.

Jedenfalls verschlug es den beiden den Atem, und das hielt auch noch längere Zeit an, als die Gruppe wortlos an ihnen vorbeigezogen war. Am liebsten wären sie auf der Stelle geflüchtet, standen aber zugleich kurz vor einer Ohnmacht. Ihnen war klar, dass sie etwas gesehen hatten, das keiner im Trauerzug gesehen hatte. Beiden ging durch den Kopf, dass offene Augen für den Sehenden nicht immer segensreich sind. Manchen Menschen kann es passieren, dass ihnen Berge von Knochen oder, wie dem Propheten Elischa in der Bibel, feurige Streitwagen offenbart werden, während andere völlig andere Dinge vor Augen haben. Doch Hardman und Ashe waren so sturköpfig und besessen von ihrem unglückseligen Vorhaben, dass keiner dem anderen vorschlagen wollte, auf der Stelle umzudrehen und zum College zurückzukehren. Schließlich zogen sie weiter.

Bald darauf geriet die Turmspitze von Fenstanton in ihr Blickfeld. Nach einer weiteren halben Meile verließen sie die Landstraße und gingen querfeldein zu jener Seite des Friedhofs, die von der Straße abgewandt war. Das Tor war verschlossen. An sich wäre es für sie ein Leichtes gewesen, über die Einfriedungsmauer zu klettern, aber da beide sehr durcheinander waren, brauchten sie dazu mehrere Minuten.

Danach bereiteten sie sich innerlich auf die finsteren Rituale und Zeremonien vor, die sie vor jenen Mächten schützen sollten, die sie für ihre Verbündeten hielten. Allerdings darf man solchen Mächten niemals vollständig trauen, wie jene sagen, die sich in solchen Dingen angeblich auskennen.

Nördlich der dunklen Kirche, dazu noch in deren Schatten, entdeckten sie nicht viel mehr als zehn Schritte von ihnen entfernt ein frisch zugeschüttetes Grab. Es war das einzige Grab auf dieser Seite des Friedhofs. Dort, wo das Gras am kürzesten war, zogen sie zwei große Kreise, einen inneren und einen äußeren. Und in deren Zwischenraum ritzten sie mit einiger Mühe die Symbole der Planeten und einige hebräische Buchstaben, die für die Namen von Engeln und für die höhere Macht standen, in der sie ihren Verbündeten sahen. Von dieser Macht – und das ist einer der sonderbaren Widersprüche innerhalb der schwarzen Magie – versprachen sie sich Hilfe für ihr Vorhaben.

Nachdem sie diese Sicherheitsmaßnahmen durchgeführt hatten, hielten sie inne. Ashe sah auf seine Uhr. Bis Mitternacht waren es noch ungefähr 15 Minuten, also mussten sie noch etwas warten.

Und nun zu der Frage, was sich die beiden keineswegs ungebildeten Geistlichen von ihrem Vorhaben erwarteten. Wie kam es dazu, dass sie etwas unternehmen wollten, das man gemeinhin (wenn auch nicht immer zutreffend) mit dem finstersten mittelalterlichen Aberglauben und einer höchst rückständigen Gesellschaftsordnung verbindet?

Sicher haben Sie bereits erraten, dass sich diese beiden ernsthaft und vertrauensselig mit der Kunst der Magie befassten. Doch wieso waren solche Männer zur Regierungszeit Königin Annes ausgerechnet in Cambridge gelandet? Ich kann dazu nur sagen, dass es in jenen Tagen auffällig viele solcher Männer in Deutschland gab. Doch der Trieb, der Menschen dazu bringt, mit den unsichtbaren Wesen der Luft Kontakt aufzunehmen, kann sich in jeder Zivilisation und in jedem Jahrhundert Bahn brechen. Viele Menschen glauben insgeheim, dass es ihnen hier und da gelungen ist, mit solchen Wesen zu verkehren, aber das sei hier nur nebenbei bemerkt.

Denn Hardman und Ashe ging es um etwas anderes: Sie wollten sich eine Substanz aneignen, die künftig die Wirkkraft ihrer Zauberformeln gewährleisten würde. Letztendlich erhofften sie sich davon, die Kräfte der Natur so zu beherrschen, wie es ihrer Ansicht nach schon vielen Menschen vor ihnen gelungen war. Und sie waren zuversichtlich, dass sie es schaffen würden. In dieser Nacht wollten sie durch bestimmte Beschwörungsformeln den Leichnam der an diesem Tag bestatteten alten Frau dazu zwingen, aus dem Grab zu steigen, zu ihnen zu kommen und ihnen das Leichentuch und die Haarlocken auszuhändigen, die Hardman unterwegs erwähnt hatte – eine grauenhafte Vorstellung. Danach sollte der nunmehr unverhüllte Leichnam ins Grab zurückkehren, und sie würden es wieder so mit Erde bedecken, dass es unangetastet aussah. Am folgenden Tag wollten sie zum College zurückwandern. Und nach einer Frist von sieben Tagen würden die Herren Nicholas Hardman und Stephen Ashe dann solche Macht und so viele Gaben besitzen wie sonst kaum jemand.

Mit sonderbarem Hochgefühl zog Hardman kurz vor Mitternacht ein Buch unter seinem Hemd hervor. Es war etwa 100 Jahre alt, nur mit Mühe zu entziffern und enthielt zahlreiche Schaubilder wie diejenigen, die sie gerade zwischen den beiden Kreisen auf den Boden geritzt hatten. Als sie im Zentrum der Kreise standen, begann Hardman eine lateinische Beschwörungsformel abzulesen, genauer gesagt: zu intonieren. Es war eine perverse Art von Gottesanbetung, bei der schamlos die heiligsten Namen verwendet wurden. Und Ashe antwortete in der vorgeschriebenen Weise darauf. Es war eine keineswegs stille, sondern stürmische Nacht, in der es bislang jedoch nicht geregnet hatte. Immer wieder legten sich dünne Wolken vor den Mond, der inzwischen niedrig über dem Horizont stand. Der Wind rüttelte an den Fensterläden des Kirchturms und ließ gelegentlich die Klöppel der Glocken anschlagen, sodass sie schwach und wie aus weiter Ferne läuteten.

Nicholas Hardman las immer schneller und immer lauter vor, und Ashe antwortete ihm in immer kürzeren Abständen. Inzwischen waren sie beim 91. Psalm angekommen, der mit *Qui Habitat* beginnt (»Wer unter dem Schirm des Höchsten sitzt«). Gerade zitierten sie den Vers »dass du nicht erschrecken musst vor dem Grauen der Nacht«, da löste sich eine auffällig düstere Wolke vom Antlitz des Mondes. In diesem Augenblick fiel Stephen Ashe seinem Freund Hardman wie ein gefällter Baum vor die Füße. Offenbar hatte das Schicksal, die Vorsehung oder was auch immer beschlossen, diesen Dummköpfen eine passende Antwort auf ihre Torheiten zu erteilen.

Wie gesagt lag das Grab der unglückseligen frevlerischen Alten, die von Männern aus dem Dorf umgebracht worden war, kaum mehr als zehn Schritte von den beiden Geisterbeschwörern entfernt. Häufig hatten Hardman und Ashe während ihrer Rituale den Blick diesem Grab zugewandt, dem ihre Beschwörungen galten. Als Hardman nun erneut hinübersah, bemerkte er eine darauf kauernde Gestalt (und diesen Anblick sollte er zeit seines Lebens nicht mehr vergessen). Auf den ersten Blick ähnelte sie einer riesigen Fledermaus. Die Flügel waren eingeklappt und der im Verhältnis zum Körper winzige Kopf hatte eine fast menschliche Form. Gleich darauf fielen Hardman die unterhalb der Wangen baumelnden runzligen, fast ledernen Hautlappen auf, außerdem die großen durchsichtigen Ohren, durch die das Mondlicht schimmerte, und die zwei dunkelroten Schlitze, die die fast geschlossenen Augen markierten. Außerdem sah er (wie er später erklärte), dass sich unter dem kleinen Erdhügel, auf dem dieses Wesen hockte, etwas rührte und hin und her bewegte. Aber zum Beobachten blieb ihm nicht viel Zeit; denn nun richtete sich dieses furchterregende Wesen zu voller Größe auf und sah sich gründlich um, so als hielte es nach einem Opfer Ausschau, das es in seiner Nähe wusste.

Hardman befand sich zwar am Rande der Verzweiflung, setzte aber immer noch einen Rest von Vertrauen auf die magischen Kreise. Doch plötzlich wandte sich das Geschöpf in seine Richtung und kam mit schnellem Schritt direkt auf ihn zu, ohne vor den auf dem Boden eingeritzten Namen der Engel oder den Symbolen der Planeten auch nur einen Moment zurückzuweichen. Als es gleich darauf die Krallen zu Hardmans Gesicht ausstreckte, verlor er das Bewusstsein.

Es war Ashe, der ihn am folgenden Morgen zurück nach Cambridge schleppte. Und Ashe war es auch, der seinen Freund Hardman die 20 Jahre hindurch, die dieser noch lebte, im Pfarrhaus von Willoughton unterbrachte und versorgte, obwohl auch er ein gebrochener Mann war. Doch Hardman war nach diesem Erlebnis nie wieder bei klarem Verstand.

Im King's College erfuhr kaum jemand, was tatsächlich geschehen war. Zwei Tage nach dem schrecklichen Vorfall fragte Mr. Glynne den stellvertretenden Provost Morell: »Und? Was haben Sie heute Morgen auf der Vorstandssitzung beschlossen?«

»Wir haben den Bericht mit versiegeltem Brief nach Weedon Lois geschickt und eine Erklärung entgegengenommen, Glynne.«

»Etwa eine Erklärung der Krone?«

»Nein, Glynne. Vielleicht teilt Ihnen der Provost Näheres mit, wenn Sie ihn danach fragen.«

Also geht Mr. Glynne schnurstracks zum Amtssitz des Provost hinüber. Doch Roderick ist ungewöhnlich blass, raucht auch nicht, was ihm beides gar nicht ähnlichsieht, wirkt verstört und wenig mitteilsam. Mr. Glynne bringt aus ihm lediglich heraus, dass der Vorstand des College beschlossen hat, diese ganze fürchterliche Geschichte unter Verschluss zu halten.

Während der folgenden Woche werden jede Menge Dinge aus einem gewissen Zimmer des King's College entfernt und nach Barton in Cambridgeshire befördert, ohne dass sie jemals die Rückreise antreten. Und die meisten Angehörigen des Vorstands besuchen einige Monate lang auffällig regelmäßig den Gottesdienst in der Kapelle des King's College.

Zwangsläufig sehe ich einen Zusammenhang zwischen den hier berichteten Ereignissen und einem ungewöhnlichen Eintrag in Harwoods Kompendium, in dem die Lebensläufe ehemaliger Eton-Schüler und Studenten am King's College dokumentiert sind. In diesem Eintrag heißt es, man habe zwei Stipendiaten des College zugestanden, in schriftlicher Form eine eidesstattliche Erklärung abzugeben, in der sie sich von ihrem früheren sündhaften Treiben lossagen. Dieses Treiben habe auf äußerst schwerwiegende Weise gegen die Regeln der Hochschule verstoßen. Zudem seien der Provost und der Vorstand des King's College übereingekommen, strengstes Stillschweigen über diese Angelegenheit zu bewahren.

Die sonderbare Erbschaft des Mr. Humphreys

Vor rund 15 Jahren, es war Ende August oder Anfang September, fuhr ein Zug auf dem kleinen Bahnhof von Wilsthorpe ein, das in einer ländlichen Gegend im Osten Englands liegt. Zusammen mit anderen Reisenden stieg ein hochgewachsener, gut aussehender junger Mann aus, der eine Reisetasche und zu einem Paket verschnürte Dokumente bei sich hatte. Er sah sich so um, als wartete er darauf, dass ihn jemand abholte. Offenbar wurde er erwartet.

Der Stationsvorsteher ging einige Schritte auf ihn zu, schien es sich jedoch plötzlich anders zu überlegen, drehte sich um und winkte einem korpulenten wichtigtuerischen Mann mit kurzem Backenbart zu, der nervös die Aussteigenden musterte. »Mister Cooper«, rief er ihm zu, »Mister Cooper, ich glaube, hier ist der junge Mann, den Sie erwarten.«

Danach fragte er den Fahrgast: »Sie sind doch Mr. Humphreys, stimmt's? Herzlich willkommen in Wilsthorpe! Das Gutshaus hat einen Wagen für Ihr Gepäck geschickt. Und hier kommt auch Mr. Cooper, der Ihnen namentlich bekannt sein dürfte.«

Mr. Cooper, der herübergeeilt war, zog seinen Hut und schüttelte Mr. Humphreys die Hand. »Sehr erfreut, Sie hier willkommen zu heißen – um mich Mr. Palmers freundlichen Worten anzuschließen. Eigentlich hätte ich Sie ja als Erster begrüßen sollen, nur wusste ich leider nicht, wie Sie aussehen, Mr. Humphreys. Wir alle werden Ihre Ankunft bei uns bestimmt als Freudentag im Kalender anstreichen.«

»Vielen Dank für die herzliche Begrüßung, Mr. Cooper«, erwiderte Humphreys auf diese etwas schwülstigen Worte. »Und ich danke auch Ihnen, Mr. Palmer. Ich hoffe wirklich sehr, dass dieser … Besitzerwechsel auf dem Gut, den Sie alle sicher bedauern, nicht zum Schaden derjenigen sein wird, die mit mir zu tun haben, und …«

Er brach ab, weil er selbst merkte, wie ungeschickt er sich ausgedrückt hatte, doch Mr. Cooper warf sofort ein: »Ach, da können Sie völlig beruhigt sein, Mr. Humphreys. Ich kann Ihnen versichern, dass Sie überall bei uns herzlich willkommen sind. Und falls Sie befürchten, der Besitzerwechsel könne in der Nachbarschaft schlecht aufgenommen werden, kann ich nur sagen, dass Ihr verstorbener Onkel …«

Jetzt brach Mr. Cooper ebenfalls mitten im Satz ab – vielleicht durch eine innere Stimme gewarnt, vielleicht aber auch, weil Mr. Palmer sich nachdrücklich räusperte und Humphreys um die benutzte Fahrkarte bat, wie es seine Dienstvorschriften verlangten. Gleich darauf verließen Cooper und Humphreys den Bahnhof. Auf Humphreys' Vorschlag hin nahmen sie nicht den Wagen, sondern gingen zu Fuß zu Coopers Haus hinüber, wo ein Mittagessen vorbereitet war.

Welche Beziehung zwischen den beiden bestand, ist schnell erklärt: Völlig unerwartet hatte ein Onkel Humphreys seinen Landsitz vermacht, obwohl der junge Mann weder den Onkel noch dessen Gut kannte. Humphreys stand völlig allein in der Welt, er hatte keine noch lebenden Angehörigen. Er war ein intelligenter, fleißiger Mensch, ziemlich zurückhaltend, dabei aber freundlich und zuvorkommend; allerdings hatten die vier oder fünf Jahre im Staatsdienst ihn nicht gerade auf das Leben eines Gutsherrn vorbereitet. Als Städter, der in London wohnte und arbeitete, war er auch den Aufenthalt im Freien kaum gewohnt, mal davon abgesehen, dass er hin und wieder Golf spielte und ein Hobbygärtner war.

Bei diesem ersten Besuch in Wilsthorpe ging es ihm vor allem darum, mit Mr. Cooper, dem Gutsverwalter, die unmittelbar drängenden Angelegenheiten zu besprechen. Sein erster Besuch? Hatte er als Erbe denn nicht einmal den Anstand besessen, an der Beerdigung seines Onkels teilzunehmen? Die Antwort liegt auf der Hand: Als sein Onkel gestorben war, hatte sich Humphreys gerade auf einer Dienstreise im Ausland befunden, und man hatte ihn nicht rechtzeitig benachrichtigen können. Nach seiner Rückkehr hatte er beschlossen, die Reise nach Wilsthorpe vorerst zu verschieben und die Nachricht des Gutsverwalters abzuwarten, dass dort alles für den Besitzerwechsel vorbereitet sei.

Und jetzt wird er also als Erstes in Mr. Coopers stattlichem Haus gegenüber der Pfarrei empfangen und dort mit freundlichem Lächeln und einem Händedruck von Mrs. und Miss Cooper begrüßt.

Bis das Mittagessen serviert wurde, nahmen er und die Coopers auf bequemen Sesseln im Wohnzimmer Platz. Allerdings trieb der Gedanke, dass sie ihn nun genau unter die Lupe nehmen würden, dem jungen Mann den kalten Schweiß auf die Stirn.

An seine Frau gewandt bemerkte Mr. Cooper: »Gerade habe ich zu Mr. Humphreys gesagt, dass wir uns seine Ankunft in Wilsthorpe bestimmt als Freudentag im Kalender anstreichen werden.«

»Ja, da bin ich mir sicher«, sagte Mrs. Cooper herzlich. »Und ich hoffe, nicht nur diesen Tag, sondern auch viele, viele kommende.«

Miss Cooper stimmte leise zu, und Humphreys meinte scherzhaft, man könne sich nun wohl alle restlichen Tage des Jahres im Kalender anstreichen, worauf die Damen zwar kicherten, den Witz aber offensichtlich nicht ganz verstanden. Gleich darauf setzten sie sich zu Tisch.

»Kennen Sie diese Gegend eigentlich, Mr. Humphreys?«, fragte Mrs. Cooper in das kurze Schweigen hinein und eröffnete damit ein unverfängliches Gespräch.

»Nein, leider nicht«, erwiderte Humphreys. »Doch nach dem, was ich vom Zug aus sehen konnte, scheint es eine sehr schöne Gegend zu sein.«

»O ja, das stimmt. Ich sage oft, dass ich überhaupt keine schönere Gegend kenne. Nicht nur wegen der Landschaft, sondern auch wegen der Menschen. Dauernd ist hier irgendetwas los. Leider haben Sie für dieses Jahr die schönsten Gartenfeste knapp verpasst, Mr. Humphreys.«

»Ja, wie schade!«, erwiderte Humphreys, in Wirklichkeit eher erleichtert. Und mit dem Gefühl, im eigenen Interesse noch mehr aus dem Thema herausholen zu können, setzte er nach: »Doch selbst wenn ich früher hier angekommen wäre, hätte ich an diesen Festen wohl kaum teilnehmen können, Mrs. Cooper. So kurz nach dem Tode meines Onkels … Das werden Sie sicher verstehen.«

»Oje, Mr. Humphreys, da haben Sie natürlich recht. Wie konnte ich nur so was Dummes sagen!« (Ehemann und Tochter murmelten irgendetwas, das in die gleiche Richtung ging.) »Was müssen Sie nur von mir gedacht haben. Es tut mir wirklich leid. Ich bitte vielmals um Entschuldigung!«

»Nicht nötig, Mrs. Cooper. Ehrlich gesagt kann ich nicht behaupten, dass mir der Tod meines Onkels sehr nahegegangen ist. Ich habe ihn ja nie kennengelernt. Mit meiner Bemerkung meinte ich nur, dass man von mir sicher erwartet, solchen Festen eine Weile fernzubleiben.«

»Also es ist wirklich sehr nett von Ihnen, dass Sie's mir nicht übel nehmen, Mr. Humphreys, nicht wahr, George? Und Sie sind mir tatsächlich nicht böse? Aber kaum zu fassen, dass Sie den armen alten Mr. Wilson niemals kennengelernt haben!«

»Ja, und ich habe auch niemals einen Brief von ihm erhalten. Übrigens gibt es auch etwas, das Sie *mir* verzeihen müssen. Ich habe mich – außer in einem Brief – noch gar nicht dafür bedankt, welche Mühe Sie auf sich genommen haben, geeignetes Personal für mich und den Gutshof zu finden.«

»Ach, das war doch gar keine Mühe, Mr. Humphreys. Aber ich glaube, Sie werden mit den Leuten sehr zufrieden sein. Das Ehepaar, das wir als Butler und als Haushälterin eingestellt haben, kennen wir schon seit vielen Jahren. Es sind nette, anständige Menschen, und das gilt auch für das Personal, das sich um die Stallungen und den Park kümmert. Für die kann mein Mann die Hände ins Feuer legen.«

»Ja. Mr. Humphreys, das sind alles gute Leute. Der Obergärtner ist übrigens der Einzige, der nach Mr. Wilsons Tod geblieben ist. Wie Sie dem Testament sicher entnommen haben, hat der alte Herr fast alle Angestellten mit Erbschaften bedacht, deshalb haben sie ihre Stellungen gekündigt. Wie meine Frau schon sagte, werden Sie auch mit der neu eingestellten Haushälterin und dem Butler bestimmt sehr zufrieden sein.«

»Es ist alles so vorbereitet, Mr. Humphreys, dass Sie noch heute einziehen können, was Sie ja auch vorhaben, wenn ich Sie richtig verstanden habe«, sagte Mrs. Cooper. »Sie werden dort alles Nötige vorfinden, mal abgesehen von Gesellschaft. Die werden Sie wohl fürs Erste entbehren müssen. Aber wenn Sie Ihr Haus doch nicht gleich beziehen möchten, würden wir uns wirklich sehr freuen, Sie noch einige Tage bei uns zu haben, das können Sie mir glauben.«

»Das glaube ich Ihnen aufs Wort, Mrs. Cooper, und ich danke Ihnen sehr für das Angebot. Aber ich finde, ich sollte mich am besten sofort in mein neues Leben stürzen. Und ich bin ja gewohnt, allein zu leben, und werde in den nächsten Wochen abends mit allem Möglichen beschäftigt sein – etwa damit, die Unterlagen und Geschäftsbücher des Guts durchzusehen. Vielleicht könnte sich Mr. Cooper heute Nachmittag die Zeit nehmen, mit mir einen Rundgang durch das Haus und das ganze Anwesen zu machen …«

»Selbstverständlich gern, Mr. Humphreys. Ich stehe Ihnen jederzeit zur Verfügung – so lange, wie Sie wollen.«

»Genauer gesagt bis zum Abendessen, Papa«, warf Miss Cooper ein. »Vergiss nicht, dass die Brasnetts uns zu sich eingeladen haben. Und hast du alle Schlüssel zum Park bei dir?«

»Sind Sie eine begabte Gärtnerin, Miss Cooper?«, fragte Mr. Humphreys. »Vielleicht können Sie mir sagen, was mich in dieser Hinsicht auf dem Gut erwartet?«

»Ach, ich weiß nicht, ob man mich als begabte Gärtnerin bezeichnen kann. Aber ich liebe Blumen und habe oft gesagt, man könnte aus dem Garten und dem Park des Gutshofs etwas wirklich Schönes machen. Derzeit wirkt dort alles sehr altmodisch; es gibt fast nur Sträucher, mal abgesehen von einem uralten Tempel und einem Irrgarten.«

»Ach ja? Haben Sie den Irrgarten schon mal erkundet?«

»Nein, nein.« Miss Cooper biss sich auf die Lippen und schüttelte den Kopf. »Ich wollte es schon oft, aber der alte Mr. Wilson hielt ihn immer unter Verschluss. Selbst Lady Wardrop wollte er nicht hineinlassen. Sie wohnt hier in der Nähe, in Bentley, und ist tatsächlich das, was man eine Gartenexpertin nennen könnte. Da der Irrgarten die ganze Zeit über durch ein Schloss gesichert war, hab ich meinen Vater ja auch gefragt, ob er wirklich alle Schlüssel zum Park hat.«

»Verstehe. Na, dann muss ich auf jeden Fall bald hineinschauen und Sie im Irrgarten herumführen, sobald ich mir die Wege gemerkt habe.«

»Oh, vielen Dank, Mr. Humphreys, dann bin ich Miss Foster nämlich eine Nasenlänge voraus. Sie ist die Tochter unseres Pfarrers. Im Moment macht die Familie Ferien – wirklich nette

Leute. Zum Spaß haben Miss Foster und ich immer gewettet, wer wohl als Erste von uns den Irrgarten zu sehen bekommt.«

»Ich glaube, die Schlüssel zum Garten sind im Gutshaus«, meinte Mr. Cooper, der gerade einen großen Schlüsselbund durchgesehen hatte. »In der Bibliothek hängen ziemlich viele. Wenn Sie jetzt so weit sind, Mr. Humphreys, sollten wir uns wohl von den beiden Damen verabschieden und zu unserer kleinen Entdeckungstour aufbrechen.«

Als sie aus Mr. Coopers Tor traten, begann für Humphreys ein wahres Spießrutenlaufen. Die Einheimischen hatten sich zwar nicht zu einer regelrechten Versammlung verabredet, aber es waren ungewöhnlich viele Menschen auf der Dorfstraße unterwegs, Frauen wie Männer (die die Hüte zogen). Alle musterten Humphreys eingehend. Am Tor zum Park musste der frischgebackene Gutsherr ein paar Worte mit der Frau des Pförtners wechseln und auch mit dem Pförtner selbst, der gerade den Hauptweg säuberte. Es ist jedoch nicht nötig, im Einzelnen auf Humphreys' erste Eindrücke einzugehen. Den mehrere Hundert Meter langen Weg vom Pförtnerhäuschen zum Gutshaus nutzte Humphreys dazu, durch einige Fragen das Gespräch auf seinen verstorbenen Onkel zu bringen, und Mr. Cooper holte auch gleich zu einer längeren Erklärung aus.

»Wie meine Frau schon sagte, ist es wirklich ein sonderbarer Gedanke, dass Sie den alten Herrn nie persönlich kennengelernt haben. Allerdings habe ich – bitte missverstehen Sie das nicht – das sichere Gefühl, dass Sie beide von Ihrer Art her wenig miteinander gemein gehabt hätten. Nicht dass ich auch nur ein einziges abfälliges Wort über Ihren Onkel verlieren würde. Aber, kurz gesagt«, Cooper blieb plötzlich stehen und sah Humphreys direkt an, »war er ein durch und durch kränklicher Mensch, der sich ständig Sorgen um seine Gesundheit machte. Das war sehr typisch für ihn. Er nahm keinerlei Anteil an dem, was in seiner Umgebung vor sich ging. Ich glaube, ich habe Ihnen einen Ausschnitt aus unserer Lokalzeitung geschickt – den Nachruf, den ich auf ihn verfasst habe. Wenn ich mich recht erinnere, war das, was ich eben sagte, auch der Kern meines Nachrufs. Aber ich hoffe, Sie nehmen nun nicht den Eindruck mit, ich hätte damit etwas Abwertendes über Ihren sehr verehrten Onkel, meinen verstorbenen Arbeitgeber, ausdrücken wollen.« (Bei diesen Worten stieß er Humphreys mit dem Zeigefinger nachdrücklich gegen die Brust.) »Ihr Onkel war ein aufrechter Mensch, offen wie ein aufgeschlagenes Buch, und allen Menschen gegenüber großherzig. Er hatte viel Mitgefühl und war sehr freigiebig. Nur war ihm seine Gesundheit ständig im Weg, genauer gesagt: seine schlechte gesundheitliche Verfassung.«

»Der Arme«, erwiderte Humphreys. »Litt er denn unter einer bestimmten chronischen Krankheit, ehe er dann später, wie ich vermute, einfach an allgemeiner Altersschwäche starb?«

»Ja, er starb an Altersschwäche, so als ob eine Flamme nach und nach erlischt.« (Cooper versuchte, es mit einer Geste zu verdeutlichen.) »Oder als ob der Kelch des Lebens langsam zur Neige geht. Aber auf Ihre Frage nach einer chronischen Krankheit kann ich nur antworten, dass er nicht unter etwas ganz Bestimmtem litt. Er besaß nur wenig Lebenskraft, ja. Aber besondere Beschwerden? Nein, die hatte er nicht, abgesehen von einem hartnäckigen Husten. – Oh, wir sind ja fast schon da. Ein schönes Herrenhaus, Mr. Humphreys, oder?«

Vom Gesamteindruck her konnte man das Gebäude wohl so nennen, nur hatte es sonderbare Proportionen. Es war ein großer, hoher Backsteinbau, dessen Zinnen das Dach fast verbargen. Auffällig waren die Existenz eines Kellergeschosses und eine ziemlich imposante Freitreppe, die zum Eingang hinaufführte. Bei dieser Höhe hätten dem Gebäude zum Ausgleich der Proportionen Seitenflügel gutgetan, aber die fehlten. So wirkte es, als hätte man ein Stadthaus mitten aufs Land gestellt. Dieser Eindruck wurde noch dadurch verstärkt, dass Bäume die Stallungen und andere Wirtschaftsgebäude verbargen. Humphreys vermutete, dass das Haus aus den 1770er-Jahren stammte.

Das ältere Ehepaar, das Cooper als Butler und als Haushälterin eingestellt hatte, wartete hinter der Eingangstür und machte sie sofort auf, als sich ihr neuer Arbeitgeber dem Haus näherte. Ihr Nachname war Calton, wie Humphreys schon erfahren hatte. In den wenigen Minuten, die er sich mit beiden unterhielt, machten sie in ihrem Erscheinungsbild und Verhalten einen sehr guten Eindruck auf ihn. Man einigte sich darauf, dass Mr. Calton Humphreys am kommenden Tag durch die Lager- und Kellerräume führen würde. Mit Mrs. Calton wollte er danach über den Bestand und Bedarf an Tisch- und Bettwäsche und ähnliche hauswirtschaftliche Dinge sprechen.

Danach verabschiedeten sich Humphreys und Cooper fürs Erste von den Caltons und begannen mit der Besichtigung des Hauses. (Dessen Raumaufteilung spielt in dieser Geschichte keine Rolle.) Die geräumigen Zimmer im Erdgeschoss gefielen Humphreys, insbesondere die Bibliothek, die so groß wie das Esszimmer war und drei hohe Fenster zur Ostseite hin hatte. Unmittelbar darüber lag das bereits für Humphreys hergerichtete Schlafzimmer. Alle Räume waren mit schönen Gemälden ausgestattet, darunter hingen auch ein paar wirklich interessante alte. Es gab hier kein Mobiliar aus neuerer Zeit und kaum ein Buch, das nach den Siebzigerjahren erschienen war.

Nachdem Humphreys von Cooper gehört und mit eigenen Augen gesehen hatte, wie wenig sein Onkel das Haus nach seinem Einzug verändert hatte, und als er im Wohnzimmer das in glänzenden Ölfarben gemalte Porträt des Verstorbenen musterte, gab er Cooper innerlich recht: Höchstwahrscheinlich wäre ihm sein Onkel nicht besonders sympathisch gewesen.

Es machte ihn irgendwie traurig, dass er kein Mitgefühl für diesen Mann empfinden konnte. Ihm fiel dabei die lateinische Redensart von der Trauer darüber, dass man nicht trauern kann, ein: *Dolebat se dolere non posse.* Schließlich hatte der alte Mr. Wilson – ob nun aus Zuneigung zu seinem unbekannten Neffen oder nicht – ihm durch die Erbschaft zu einem wunderbaren Leben verholfen. Denn jetzt schon hatte Humphreys den Eindruck, dass er sich in Wilsthorpe sehr wohlfühlen würde, und sicher ganz besonders in der Bibliothek des Gutshauses.

Inzwischen war es an der Zeit, sich Garten und Park anzusehen; die leeren Ställe und das Waschhaus konnten noch warten. Als sie nach draußen gingen, wurde Humphreys schnell klar, dass man aus dem Garten etwas Schönes machen konnte, genau wie Miss Cooper gesagt hatte, und auch dass Mr. Cooper gut daran getan hatte, den Obergärtner weiterhin zu beschäftigen.

In moderner Gartengestaltung hatte sich der verstorbene Mr. Wilson eindeutig nicht ausgekannt; aber was hier getan worden war, verriet den Blick und die Aufsicht eines begabten Gärtners, und die Anlage und der Pflanzenbestand wirkten sehr gepflegt.

Cooper freute sich darüber, dass Humphreys der Garten so gut gefiel und er hin und wieder sogar Verbesserungsvorschläge machte. »Ich merke schon«, sagte der Gutsverwalter in seiner bewusst gehobenen Redeweise (in die er gern auf nicht sonderlich korrekte Art französische Brocken einstreute), »dass Sie hier ganz in Ihrem *Mitier* sind, Mr. Humphreys. Über kurz oder lang werden Sie aus dem Park sicher einen wahren *Signosier* machen. Schade, dass unser Obergärtner Clutterham jetzt nicht hier ist. Aber leider ist sein Sohn gerade sehr *malad* und hat Fieber, der arme Junge! Bestimmt hätte Clutterham gern selbst gehört, wie angetan Sie von seinem Park sind.«

»Ja, Sie haben mir ja gesagt, dass er heute aus bedauerlichem Grund nicht hier sein kann, aber das hat ja auch noch Zeit bis morgen. Was ist das für ein weißes Gebäude am Ende des Rasens? Ich meine das da drüben, auf dem Hügel. Ist das der Tempel, den Ihre Tochter erwähnt hat?«

»Ja, das ist der sogenannte Tempel der Freundschaft. Der Großvater Ihres verstorbenen Onkels hat ihn aus italienischem Marmor errichten lassen. Sollen wir einen kleinen Abstecher dorthin machen? Von da aus hat man einen wunderbaren Blick auf die gesamte Parkanlage.«

In groben Zügen ähnelte der Tempel dem der Sybille in Tivoli – ergänzt durch eine Kuppel –, nur war er viel kleiner als sein Vorbild. Die Reliefs an den Außenmauern waren Nachbildungen antiker Grabkunst, sodass man sich wie auf einer Bildungsreise zu den uralten Sehenswürdigkeiten Italiens vorkommen konnte.

Cooper holte den Schlüssel heraus und schaffte es mit einiger Mühe, die schwere Tür zu öffnen. Der Innenraum hatte eine schöne Decke, aber kaum irgendeine Ausstattung. Den größten Teil des Fußbodens nahmen kreisrunde Steinblöcke mit leicht gewölbten Oberflächen ein, in die jeweils ein einzelner Buchstabe eingemeißelt war.

»Was bedeuten diese Buchstaben?«, wollte Humphreys wissen.

»Bedeuten? Na ja, es heißt ja immer, alle Dinge erfüllten einen bestimmten Zweck, Mr. Humphreys, und das wird auch wohl für diese Blöcke gelten. Aber welcher das in diesem Fall war oder ist«, hier fiel Cooper in den Ton eines Oberlehrers, »kann ich für meinen Teil leider nicht sagen. Ich weiß nur, dass Ihr verstorbener Onkel sie angeblich aus dem Irrgarten hat entfernen und hierher hat bringen lassen. Aber das war vor meiner Zeit auf dem Gut und …«

»Ach ja, der Irrgarten!«, rief Humphreys. »Den hatte ich ja ganz vergessen. Wir müssen ihn uns unbedingt ansehen. Wo liegt er überhaupt?«

Cooper führte ihn zur Eingangstür des Tempels, deutete mit seinem Spazierstock hinüber und sagte so gewichtig, als hätte er die Partie des Zweiten Ältesten in Händels Oratorium *Susanna* übernommen (»Sieh dort, wo dicht die Zitterpappel rankt / gewahr ich sie, lass uns in Eile hin …«): »Sehen Sie dorthin, wohin mein Stock weist, und verlängern Sie die Linie bis zu dem Punkt uns genau gegenüber. Dann entdecken Sie den Torbogen über dem Eingang des Irrgartens. Er liegt am Ende des Pfads, der entgegengesetzt zum Tempelweg verläuft. Möchten Sie den Irrgarten jetzt gleich besichtigen? Dann muss ich nämlich erst noch zum Haus und den Schlüssel holen. Gehen Sie ruhig schon vor, ich komme gleich nach.«

Also schlenderte Humphreys den Tempelweg wieder hinunter, danach an der Ostseite des Gutshauses vorbei und über den mit Gras überwucherten Pfad bis zum Torbogen am Eingang des Irrgartens. Er wunderte sich darüber, dass der ganze Irrgarten mit einer hohen Mauer umgeben war und der Eingang aus einem schmiedeeisernen Tor bestand, das durch ein Vorhängeschloss gesichert war. Doch dann fiel ihm ein, was Miss Cooper erzählt hatte: Sein Onkel hatte nicht gewollt, dass irgendjemand diesen Teil des Parks betrat.

Als er das Tor erreicht hatte, war von Cooper noch immer nichts zu sehen. Ein paar Minuten beschäftigte sich Humphreys mit der Inschrift über dem Eingang, die lautete: *Secretum meum mihi et filiis domus meae* – »Dieses Geheimnis ist mir und den Söhnen meines Hauses vorbehalten« –, und er versuchte, sich an die Quelle des Zitats zu erinnern. Schließlich wurde er ungeduldig und überlegte, ob er über die Mauer klettern sollte. Doch das schien ihm die Mühe nicht wert. Vielleicht hätte er es getan, hätte er irgendeinen älteren Anzug getragen. War es vielleicht möglich, dieses uralte Vorhängeschloss aufzubrechen? Wohl kaum. Doch als er verärgert gegen das Tor trat, gab irgendetwas nach, und das Vorhängeschloss fiel ihm vor die Füße. Unverzüglich stieß er das Tor auf, schob dabei jede Menge Brennnesseln zur Seite und trat ein.

Der Irrgarten war kreisförmig angelegt und ringsum von Eiben gesäumt. Die lange nicht beschnittenen Hecken waren völlig aus der Form geraten und hatten sowohl in der Höhe als auch in der Breite wild gewuchert. Die Pfade waren fast nicht mehr begehbar.

Ohne Rücksicht auf Kratzer, Brennnesselstiche und Feuchtigkeit bahnte sich Humphreys den Weg durch das Dickicht und hinterließ dort eine deutlich sichtbare Spur. *Zumindest finde ich auf diese Weise leicht wieder zum Eingang zurück*, dachte er.

Soweit er sich erinnerte, war er noch nie in einem Irrgarten gewesen. Allerdings hatte er jetzt auch nicht den Eindruck, viel verpasst zu haben. Die Nässe, das Zwielicht, der Modergeruch der abgestorbenen Kletten und Brennnesseln waren alles andere als angenehm. Und es schien sich auch nicht um ein besonders ausgeklügeltes Labyrinth zu handeln.

Ohne besonders auf den Weg zu achten, hatte er schon fast die Mitte erreicht. (Nebenbei gefragt: War Cooper nun endlich zu ihm gestoßen? Nein!) Ah, da lag ja tatsächlich das Zentrum des Labyrinths, und er hatte keine Mühe gehabt, es zu finden! Offenbar hatte sich der Weg sogar gelohnt!

Auf den ersten Blick hielt er das Objekt in der Mitte für eine Sonnenuhr, doch nachdem er einen Teil des wild darüber wuchernden Brombeer- und Windengestrüpps zur Seite gedrückt hatte, sah er, dass es sich um etwas nicht ganz so Gewöhnliches handelte. Es war eine mehr als ein Meter hohe Steinsäule, gekrönt von einer Kugel, die, der grünlichen Patina nach zu urteilen, aus Kupfer bestand. Und auch ein Kupferstecher war hier am Werk gewesen: In die Kugel waren auf kunstvolle Weise Figuren und Buchstaben eingeritzt.

Nach einem kurzen Blick auf die Figuren meinte er, hier einen jener rätselhaften Himmelsgloben vor sich zu haben, die vermutlich noch nicht einem einzigen Menschen zu einschlägigen Kenntnissen der Astronomie verholfen haben.

Leider war es mittlerweile zumindest in diesem Irrgarten so dunkel, dass er diese Kuriosität nicht mehr gründlich untersuchen konnte. Außerdem hörte er jetzt Cooper rufen und so lärmen, als trampelte ein Elefant durch den Dschungel. Humphreys rief ihm zu, er solle dem ausgetretenen Pfad durch das Dickicht folgen, und bald darauf tauchte Cooper völlig aus der Puste im mittleren Kreis des Labyrinths auf.

Wortreich entschuldigte er sich für die Verspätung. Er habe den Schlüssel zum Irrgarten nirgendwo im Gutshaus auftreiben können. »Aber nun sind Sie ja schon auf eigene Faust ins Herz der Finsternis vorgedrungen«, bemerkte er. »Vermutlich ist es mindestens 30 oder 40 Jahre her, dass irgendein Mensch diese Einfriedung betreten hat. Ich jedenfalls war noch nie hier. Ach ja, das erinnert mich an die alte Redensart, dass selbst Engel manche Orte nicht zu betreten wagen, während Narren blindlings vorpreschen.«

Humphreys kannte Cooper zwar erst seit kurzer Zeit, war sich aber sicher, dass er keine böswillige Anspielung hatte machen wollen. Deshalb verkniff er sich die Bemerkung, die ihm schon auf der Zunge gelegen hatte, und schlug nur vor, sofort zum Gutshaus zurückzukehren und noch zusammen Tee zu trinken, ehe Cooper zu seiner abendlichen

Verabredung aufbrechen musste. Mithilfe des Trampelpfads fanden sie problemlos zum Eingangstor zurück.

»Wissen Sie eigentlich«, fragte Humphreys auf dem Rückweg zum Haus, »wieso mein Onkel den Irrgarten unbedingt unter Verschluss halten wollte?«

Cooper blieb daraufhin abrupt stehen, und Humphreys dachte schon, gleich werde er etwas Wichtiges enthüllen, doch er sagte nur: »Ich müsste lügen, wollte ich behaupten, irgendetwas darüber zu wissen. Als ich hier vor 18 Jahren anfing, sah der Irrgarten schon genauso aus wie heute. Soweit ich weiß, kam das Thema Irrgarten nur ein einziges Mal zur Sprache, wie meine Tochter ja schon erzählt hat. Das war, als die ehrenwerte Lady Wardrop schriftlich um die Erlaubnis bat, den Irrgarten besichtigen zu dürfen. Ihr Onkel zeigte mir den – selbstverständlich ausgesucht höflichen – Brief der Dame mit den Worten: ›Bitte beantworten Sie ihn in meinem Namen.‹

›Selbstverständlich, Mr. Wilson‹, erwiderte ich, schließlich war ich es ja gewohnt, auch als Sekretär für ihn zu arbeiten. ›Was soll ich ihr denn schreiben?‹

›Na ja, grüßen Sie Lady Wardrop herzlich von mir und teilen Sie ihr mit, dass der Irrgarten schon seit vielen Jahren nicht mehr genutzt wird und zugesperrt ist. Falls dieser Teil des Parks aber jemals wieder erschlossen wird, sei sie die Erste, die ihn sehr gern besichtigen könne. Ich bitte Lady Wardrop jedoch, mich in dieser Sache nicht zu drängen, und bin ihr dankbar für ihr Verständnis.‹

Das war das letzte Wort Ihres Onkels dazu, und mehr kann ich dazu wohl auch nicht sagen.« Cooper zögerte. »Höchstens noch dies: Soweit ich es beurteilen kann, erinnerte sich Ihr Onkel aus irgendeinem Grund nicht gern an seinen Großvater. So was kommt ja in den besten Familien vor. Ich habe ja schon erwähnt, dass es dieser Großvater war, der den Irrgarten hat anlegen lassen. Er hing offenbar sonderbaren Lehren an und ist auf seinen Reisen viel auf der Welt herumgekommen. Sie können sich am kommenden Sonntag in unserer kleinen Pfarrkirche die Gedenktafel für ihn ansehen. Sie wurde dort erst lange nach seinem Tod angebracht.«

»Oh, von einem so an Architektur interessierten Mann hätte ich eher erwartet, dass er ein Mausoleum für sich entwirft.«

»Nein, von solchen Plänen weiß ich nichts. Wenn ich's recht überlege, weiß ich nicht einmal, ob er auf dem Gutsgelände bestattet wurde. Aber ich bin mir ziemlich sicher, dass sein Grab nicht in der Gruft liegt. Ist schon seltsam, dass ich Ihnen nichts darüber sagen kann. Aber letztlich spielt es ja auch keine große Rolle, wo die sterblichen Überreste eines Menschen verbleiben, meinen Sie nicht auch, Mr. Humphreys?« Mr. Cooper führte seine diesbezüglichen Überlegungen nicht weiter aus, da sie nun das Haus betraten.

Den Tee nahmen sie in der Bibliothek ein, wo Mr. Cooper sogleich zu Themen wechselte, die er dem Ort angemessen fand. »Eine wunderbare Büchersammlung! Eine der besten in diesem Landesteil, wie mir Kenner versichert haben. Und einige Werke enthalten auch großartige Abbildungen. Ich weiß noch, wie Ihr Onkel mir einmal ein Buch mit Ansichten fremder Städte zeigte – äußerst interessant und in erstklassigem Stil ausgeführt. Und auch ein anderes, von Hand geschriebenes Werk. Die Tinte wirkte so frisch, als wäre es erst gestern verfasst worden. Dabei war es die Arbeit irgendeines alten Mönches vor Hunderten von Jahren, wie mir Ihr Onkel erzählte. Ich habe mich schon immer sehr für Literatur interessiert. Kann mir nach einem harten Arbeitstag kaum etwas Schöneres vorstellen, als mich mindestens eine Stunde in ein gutes Buch zu vertiefen. Es gibt einem viel mehr, als wenn man den ganzen Abend bei Freunden herumsitzt. Oh, dabei fällt mir die Einladung heute Abend ein. Meine Frau würde es mir sehr übel nehmen, wenn ich nicht auf schnellstem Weg nach Hause gehe und mich fertig mache, um wieder mal einen Abend auf diese Art zu verplempern. Ich muss jetzt leider los, Mr. Humphreys.«

»Und mir fällt dabei ein, dass wir den Irrgarten ein bisschen säubern müssen, ehe ich Ihre Tochter morgen darin herumführe. Können Sie irgendjemanden damit beauftragen?«

»Aber ja, selbstverständlich. Ein paar Männer können morgen früh mit Sensen einen richtigen Weg freischlagen. Ich werde gleich Bescheid sagen, wenn ich am Pförtnerhaus vorbeikomme, und auch Anweisung geben, dass die Männer Stöcke und Schnur mitbringen, um den Weg zu markieren. Sonst müssen Sie womöglich noch selbst hingehen und die Leute wieder herausholen.«

»Gute Idee! Ja, bitte tun Sie das. Ich erwarte Ihre Frau und Tochter dann nachmittags und Sie selbst vormittags, gegen halb elf.«

»Wird mir ein Vergnügen sein, genau wie den beiden Frauen. Ich wünsche Ihnen noch einen schönen Abend, Mr. Humphreys.«

Um acht Uhr abends nahm Humphreys sein Abendessen ein. Gern hätte er den Roman zu Ende gelesen, den er sich für die Reise gekauft hatte. Aber es war sein erster Abend im Gutshaus, und der Butler Calton wollte sich offensichtlich gern ein wenig mit ihm unterhalten. Also musste er sich Caltons Bemerkungen zur Umgebung und Jahreszeit anhören und gelegentlich etwas darauf erwidern. Das Wetter, fand Calton, sei der Jahreszeit durchaus angemessen. Hingegen habe sich die Umgebung seit seiner Kindheit, die er in Wilsthorpe verbracht habe, auffällig verändert, aber nicht unbedingt zum Schlechteren. Besonders der Dorfladen habe sich seit 1870 sehr gemacht. Hier konnte man sich laut Calton jetzt mit allem

Gewünschten eindecken – natürlich in vernünftigem Rahmen. Und das sei ein großer Vorteil, denn falls man plötzlich etwas brauche (was früher oft genug vorgekommen sei), könne man einfach hinübergehen, sofern der Laden noch geöffnet habe, und es dort bestellen, ohne es sich in der Pfarrei ausleihen zu müssen.

»In den alten Zeiten«, sagte er, »bekam man im Dorfladen nur Kerzen, Seife, Rübensirup oder vielleicht noch ein billiges Bilderbuch für Kinder. Aber in neun von zehn Fällen haben die Kunden dort eine Flasche Whisky oder Ähnliches verlangt, zumindest …«

Nach diesem Wortschwall nahm sich Humphreys vor, sich künftig doch besser mit einem Buch zu wappnen.

Als angenehmer Aufenthaltsort für die Stunden nach dem Abendessen bot sich die Bibliothek an. Mit der Kerze in der Hand und der Pfeife im Mund machte Humphreys dort zunächst einen Rundgang entlang der Bücherregale, um sich einen Überblick über die dort versammelten Werke zu verschaffen. Von seiner ganzen Art her war er genau der Mensch, der sich für alte Bibliotheken interessierte, und hier hatte er jede Möglichkeit, sich systematisch mit einer vertraut zu machen. Denn wie er von Cooper wusste, gab es nur eine sehr oberflächliche Bestandsaufnahme der Bücher, die man im Zusammenhang mit der Testamentsvollstreckung vorgenommen hatte.

Die Arbeit an einem *catalogue raisonné* stellte er sich als wunderbaren Zeitvertreib für den Winter vor. Vermutlich würde er dabei auch Schätze entdecken, vielleicht sogar uralte Handschriften, wenn man Cooper glauben konnte.

Während des Rundgangs beschäftigte ihn der Gedanke (der bestimmt vielen von uns an solchen Orten kommt), wie viele dieser Bücher wohl ungelesen bleiben würden. Für die Ausgaben der antiken Klassiker und Kirchenväter, Picarts *Religiöse Gebräuche* und Harleys *Gesammelte Schriften* war das weniger zu befürchten, aber wer würde je *Tostatus Abulensis,* Pinedas Abhandlung über Hiob oder ein Buch wie das hier lesen?

Er zog einen schmalen Band im Quarto-Format heraus, dessen Bindung sich gelockert hatte und dessen Titelblatt fehlte. Da ihm plötzlich auffiel, dass jemand ihm unbemerkt Kaffee serviert hatte, zog er sich mit dem Buch auf einen Sessel an den Tisch zurück und schlug es bald darauf auf. Bisher hatte er es nur nach seinem zerfledderten Äußeren beurteilt, das nichtssagend und nicht gerade ansprechend wirkte. Es hätte alles Mögliche sein können, zum Beispiel eine Sammlung außergewöhnlicher Dramen, entpuppte sich jedoch als Sammlung von Predigten oder Andachten, die zudem noch unvollständig war, da auch das erste Innenblatt fehlte. Er schätzte das Erscheinungsjahr auf Ende des 17. Jahrhunderts.

Humphreys blätterte das Bändchen durch, bis sein Blick auf eine Randnotiz fiel, die *Ein Gleichnis für unser unglückseliges Dasein* überschrieben war. Neugierig geworden, beschloss er, den kurzen Text zu lesen. Vielleicht besaß der Verfasser ja Fantasie und ein Talent zur schöpferischen Gestaltung. Er las:

Ich überlasse meinem Leser das Urteil darüber, ob es sich im Folgenden um ein Gleichnis oder um eine wahre Begebenheit handelt. Jedenfalls habe ich von einem Mann gelesen oder gehört, der sich wie Theseus in der attischen Sage in ein Labyrinth, genauer gesagt in einen Irrgarten wagte. Dazu noch in einen solchen, der nicht so angelegt war, wie es die heutigen Künstler des Heckenschnitts bevorzugen. Vielmehr bestand dieser Irrgarten aus einem Kreis von gewaltigen Ausmaßen, in dem, wie man munkelte, Fallgruben und Fallstricke sowie böswillige Bewohner lauerten. Wer hier eintrat, spielte also mit seinem Leben.

Natürlich fehlte es nicht an wohlmeinenden Stimmen, die den Mann von diesem Vorhaben abbringen wollten. »Denk an den Jungen«, sagte einer seiner Brüder, »der den Weg einschlug, den du jetzt einschlagen willst. Man hat ihn nie wieder gesehen.«

»Oder an den«, sagte die Mutter, »der sich nur ein kleines Stück hineintraute. Doch seit diesem Tag ist er so verwirrt im Kopf, dass er nicht einmal sagen kann, was er dort gesehen hat, und er findet nachts keinen Schlaf mehr.«

»Hast du denn nie von den Gesichtern gehört«, rief ein Nachbar, »die man dabei beobachtet hat, wie sie über den Zaun und durch die Stäbe des Eingangstors nach draußen spähen?«

Doch all diese Warnungen fruchteten nichts – der junge Mann hatte sich dieses Vorhaben nun mal in den Kopf gesetzt. Offenbar erzählte man sich in diesem Landstrich abends am Feuer, in der Mitte des Irrgartens sei ein sehr seltener, kostbarer Edelstein verborgen, der seinen Finder zu einem so reichen Mann machen werde, dass er sein Leben lang ausgesorgt hätte. Denn dieser Edelstein sei rechtmäßiger Besitz desjenigen, der bis zu ihm vordringe.

Und was geschah? Wie ging es weiter? Der Abenteurer schritt durch das Tor, und einen ganzen Tag lang hörten seine Lieben nichts mehr von ihm. Allerdings vernahmen sie nachts in der Ferne seltsames Geheul, sodass sie sich unruhig in ihren Betten herumwälzten und ihnen der Angstschweiß ausbrach. Denn sie waren davon überzeugt, dass ihr Sohn und Bruder nun auch zu den Unglückseligen zählte, die auf ihrer abenteuerlichen Reise Schiffbruch erlitten hatten.

Am folgenden Morgen machten sie sich schluchzend auf den Weg zum Kirchendiener der Gemeinde, damit er die Totenglocke für die arme Seele läutete. Dabei kamen sie nahe am Tor zum Irrgarten vorbei, und sicher wären sie voller Angst und Entsetzen daran vorbeigehuscht, hätten sie an der Straße nicht den Körper eines Mannes liegen sehen. Ihre schlimmen Befürchtungen kann man sich leicht ausmalen. Und sie stellten fest, dass es tatsächlich der junge Mann war, den sie verloren geglaubt hatten. Aber er war nicht tot, sondern nur in eine todesähnliche Ohnmacht gefallen.

Also kehrten sie, die als Trauernde ausgezogen waren, guten Mutes nach Hause zurück und taten alles ihnen Mögliche, den verlorenen Sohn ins Leben zurückzuholen. Als er wieder zu sich gekommen war, erzählten sie ihm von ihren Befürchtungen und auch, sie hätten für ihn schon die Glocke läuten lassen wollen. »Was ihr vorhattet, könnt ihr ebenso gut zu Ende bringen«, erwiderte er. »Denn ich habe zwar den Edelstein mitgebracht« – er zeigte ihn vor, und er war tatsächlich von seltener Schönheit – »aber auch etwas anderes. Und das wird mich nachts um den Schlaf und tags um die Lebensfreude bringen.« Als sie in ihn drangen, was und wo denn dieses Ding sei, das ihm so sehr zu schaffen mache, antwortete er: »Oh, das steckt in meiner Brust. Und ich kann tun, was ich will: Niemals werde ich ihm entkommen.«

Da erkannten sie, dass es die Erinnerung an das Erlebte war, das ihn auf so rätselhafte Weise quälte. Doch lange Zeit konnten sie bis auf gelegentliche Andeutungen nichts aus ihm herausbekommen.

Trotzdem gelang es ihnen im Laufe der Zeit, sich ein ungefähres Bild von seinen Erlebnissen zu machen. Demnach war er anfangs bei strahlender Sonne und mit großer Zuversicht in den Irrgarten vorgedrungen, hatte auch mühelos dessen Mitte erreicht und den Edelstein gefunden. Danach wollte er sich voller Freude auf den Rückweg machen. Doch als es dämmerte und die Zeit kam, da alle wilden Tiere des Waldes zum Leben erwachen, spürte er plötzlich, dass irgendein Lebewesen ihn auf Schritt und Tritt verfolgte. Er hatte das Gefühl, dass es ihn durch die Hecke, die seinen Pfad vom benachbarten Weg trennte, ständig beobachtete. Und wenn er stehen blieb, hielt auch dieser Verfolger an. Das verwirrte und ängstigte ihn.

Mit zunehmender Dunkelheit kam es ihm so vor, als hätte er es nicht nur mit einem einzigen Verfolger, sondern einer ganzen Gruppe zu tun, denn ständig raschelte und knackte es im Dickicht. Außerdem hörte er hin und wieder auch Geflüster, so als beratschlagten sich die Verfolger miteinander. Doch wer oder was diese Verfolger gewesen waren und wie sie ausgesehen hatten, wollte oder konnte er nicht sagen.

Als seine Angehörigen ihn nach den Schreien fragen, die sie nachts vernommen haben, berichtet er Folgendes:

Es muss wohl gegen Mitternacht sein, als er in der Ferne jemanden seinen Namen rufen hört. Er könnte schwören, dass es einer seiner Brüder ist. Also bleibt er stehen und schreit so laut, wie er kann. Diese Rufe oder deren Echo müssen vorübergehend wohl alle leiseren Geräusche der Umgebung übertönt haben. Als er schließlich aufgibt, hört er in seinem Rücken das leise Stampfen zahlreicher Füße, die näher und näher kommen. Das jagt ihm solche Angst ein, dass er zu rennen beginnt und bis zur Morgendämmerung weiter und weiter läuft.

Hin und wieder geht ihm der Atem aus, und dann wirft er sich jedes Mal der Länge nach auf den Bauch – in der Hoffnung, seine Verfolger werden ihn in der Dunkelheit nicht sehen und deshalb überholen. Doch jedes Mal legen auch sie eine Pause ein, und er kann sie in der Nähe aufgeregt hecheln und schnüffeln hören, ganz wie Jagdhunde, die plötzlich ihre Spur verloren haben. Vor Angst fast von Sinnen springt er wieder auf und rennt weiter, um sie von seiner Duftspur abzubringen. Doch damit nicht genug, muss er auch noch fürchten, in irgendeine der Gruben oder Fallen zu geraten, von denen er nicht nur gehört hat: Inzwischen hat er mehrere davon mit eigenen Augen gesehen – manche davon am Rand, andere in der Mitte der Wege.

»Nie hat ein Mensch eine schlimmere Nacht durchstehen müssen als ich in diesem Irrgarten«, schließt er seinen Bericht.

»Weder der Edelstein in meinem Geldbeutel noch das kostbarste Juwel aus Indien können diese Qualen aufwiegen.«

Hier [schreibt der Verfasser] will ich den Bericht über das Schicksal des jungen Mannes abbrechen, denn sicher wird der Leser von sich aus die Parallele ziehen, um die es mir hier ging. Denn ist der Edelstein nicht ein passendes Symbol für die Befriedigung, welche die Menschen in den Annehmlichkeiten dieser Welt suchen? Und steht der Irrgarten nicht für die Welt an sich, die angeblich einen solchen Schatz für uns bereithält?

An dieser Stelle hatte Humphreys genug gelesen und Lust auf eine Partie Patience. Sollte der Verfasser seine Parabel, die überdeutlich darauf abzielte, die Moral seiner Leser zu heben, doch selbst auslegen. Als er das Bändchen zurück an den alten Platz stellte, fragte er sich, ob sein Onkel wohl jemals auf die Stelle mit dem Gleichnis gestoßen war. Und wenn ja, hatte sie in seinem Kopf so sehr herumgespukt, dass ihm Irrgärten für alle Zeiten verhasst waren und er den eigenen zugesperrt hatte?

Bald darauf ging Humphreys zu Bett.

Den nächsten Vormittag verbrachte er damit, dass er sich zusammen mit Mr. Cooper in die anstehenden Arbeiten vertiefte. Trotz seiner geschwollenen Redeweise hatte Cooper die praktischen Angelegenheiten des Gutshofs voll im Griff. An diesem Morgen war er sehr eifrig bei der Sache und hatte auch an den Auftrag gedacht, den Irrgarten säubern zu lassen – was gerade geschah. Seine Tochter, sagte er, könne die Besichtigung kaum noch abwarten. Er hoffe, Humphreys habe den Schlaf der Gerechten geschlafen und das angenehme Wetter werde sie auch weiterhin begünstigen.

Beim Mittagessen ließ er sich über die Gemälde im Esszimmer aus und zeigte Humphreys das Porträt des Mannes, der den Tempel und den Irrgarten hatte errichten lassen. Humphreys betrachtete es höchst interessiert.

Es war das Werk eines italienischen Künstlers, entstanden, als der Großvater seines Onkels – Humphreys' Urgroßvater – als junger Mann Rom besucht hatte. (Tatsächlich war im Hintergrund das Kolosseum zu sehen.) Besonders fielen Humphreys das blasse schmale Gesicht und die großen Augen auf. In der Hand hielt der Porträtierte eine teilweise entfaltete Papierrolle, auf der der Grundriss eines runden Gebäudes, vermutlich der des Tempels, und auch ein Teil des Irrgartens zu erkennen waren.

Humphreys stieg auf einen Stuhl, um sich den Grundriss näher anzusehen, aber er war nicht so präzise ausgeführt, dass sich das Abzeichnen gelohnt hätte. Jedoch kam ihm dabei die Idee, später selbst einen Plan des Irrgartens zu zeichnen und ihn für Gäste des Hauses in der Eingangshalle aufzuhängen.

Ein Vorfall am Nachmittag bestärkte ihn in seinem Vorhaben: Als Mutter und Tochter Cooper voller Vorfreude auf die Führung durch den Irrgarten ankamen, gelang es ihm nicht, sie zu dessen Mittelpunkt zu führen. Die Gartenarbeiter hatten nach der Säuberung nämlich sämtliche Wegmarkierungen entfernt, und Clutterham, den man zu Hilfe holte, war genauso ratlos wie alle Übrigen.

»Es ist nämlich so, Mr. Wilson – Entschuldigung, Mr. Humphreys –, dass diese Wege absichtlich völlig ähnlich angelegt wurden, damit man in die Irre geführt wird«, erklärte er. »Aber wenn Sie mir folgen möchten, kann ich Ihnen den Weg zur Mitte, glaub ich, trotzdem zeigen. Den Ausgangspunkt markiere ich auf diesem Weg hier mit meinem Hut.«

Er stapfte los und führte die kleine Gruppe nach fünf Minuten wieder geradewegs zum Hut zurück, allerdings ohne die Mitte gefunden zu haben. »Na, das ist doch irgendwie seltsam«, sagte er und lachte verlegen. »Ich hab den Hut doch absichtlich gegenüber einem Brombeerstrauch abgelegt. Und jetzt können Sie mit eigenen Augen sehen, dass es an diesem Weg überhaupt keinen Brombeerstrauch gibt. Wenn's recht ist, Mr. Humphreys – so heißen Sie doch? –, ruf ich einen meiner Männer, damit er sich hier als Markierungsposten hinstellt.«

Auf mehrmaliges Rufen hin erschien William Crack am Irrgarten, hatte jedoch Schwierigkeiten, zu dem Trupp vorzustoßen. Zunächst sahen oder hörten sie ihn auf einem Innenweg, doch unmittelbar danach auf einem Außenweg. Als er sie schließlich fand, erkundigten sie sich bei ihm als Erstes nach dem Weg zur Mitte, aber auch er kannte ihn nicht. Als Zweites postierte er sich am Hut, denn Clutterham fand es immer noch nötig, diesen auf dem Boden liegen zu lassen. Trotzdem irrten sie fast eine Dreiviertelstunde ohne jedes Ergebnis umher, bis Humphreys, der sah, wie erschöpft Mrs. Cooper war, den Rückzug zum Eingang vorschlug, um danach im Haus Tee zu trinken.

Wortreich entschuldigte er sich bei Miss Cooper. »Aber wenigstens haben Sie nun Ihre Wette gegen Miss Foster gewonnen«, bemerkte er. »Sie waren tatsächlich im Irrgarten. Und ich verspreche Ihnen, als Erstes einen richtigen Plan davon anzufertigen, auf dem alle Wege eingezeichnet sind, damit Sie sich daran orientieren können.«

»Genau das brauchen wir«, meinte Clutterham. »Jemand muss einen Plan zeichnen und bei sich aufbewahren. Denn wenn dort jemand in einen Wolkenbruch gerät und nicht wieder aus dem Irrgarten herausfindet, könnte es sehr unangenehm für ihn werden. Es könnte ja Stunden dauern, bis er wieder das Tor erreicht. Mit Ihrer Erlaubnis, Mr. Humphreys, könnte ich allerdings auch eine Abkürzung zum Mittelpunkt schaffen. Ich müsste dann eben ein paar Bäume an jeder Hecke abschlagen, damit man vom Tor aus in gerader Richtung bis zur Mitte sehen kann. Natürlich wär's dann kein

Irrgarten mehr, und ich weiß ja nicht, ob Ihnen das gefallen würde.«

»Nein, vorerst möchte ich lieber alles so lassen, wie es ist. Erst einmal werde ich einen Plan zeichnen und Ihnen eine Abschrift davon geben. Später werde ich mir Ihren Vorschlag bei Gelegenheit durch den Kopf gehen lassen.«

Humphreys war das Fiasko des Nachmittags überaus peinlich. Er ärgerte sich so darüber, dass er noch am selben Abend einen weiteren Versuch unternahm, bis zur Mitte des Irrgartens vorzustoßen. Noch mehr ärgerte es ihn, dass er sie diesmal mühelos fand, ohne sich ein einziges Mal zu verirren.

Am liebsten hätte er sofort mit der Aufzeichnung des Grundrisses begonnen, doch es dämmerte bereits, und bis er das nötige Material zusammengesucht hatte, würde ein Arbeiten nicht mehr möglich sein.

Ausgestattet mit einem Zeichenbrett, Bleistiften, Zirkel, Kompass, festem Zeichenpapier und anderen Hilfsmitteln, die er sich bei den Coopers ausgeliehen oder in den Schränken der Bibliothek gefunden hatte, brach er gleich am nächsten Morgen zum Irrgarten auf, fand erneut mühelos bis zur Mitte und breitete dort sein Arbeitsmaterial aus. Allerdings fing er nicht sofort mit dem Zeichnen an, denn nun, da das wuchernde Brombeergestrüpp und das Unkraut von der Steinsäule mit der Kugel entfernt worden waren, konnte er beides endlich genauer untersuchen.

Die Säule wies keine Besonderheiten auf, sie ähnelte den Sockeln von Sonnenuhren. Interessanter war die Kugel, die er auf den ersten Blick für einen Himmelsglobus gehalten hatte. Wie schon erwähnt waren dort Figuren und Inschriften eingraviert. Als er sie nun aus der Nähe betrachtete, stellte er fest, dass er sich geirrt hatte: Es war kein Himmelsglobus. Zwar kam ihm eines der Motive bekannt vor – wie der Äquator einer Erdkugel wand sich eine Schlange mit Flügeln, *Draco,* um diesen Globus –, doch einen großen Teil der oberen Hemisphäre nahmen die ausgebreiteten Schwingen einer großen Gestalt ein. Deren Kopf reichte bis zum Pol oder Scheitelpunkt der Kugel, war aber vollständig durch einen oben befestigten Reif verdeckt. Und um diesen Reif rankte sich die Inschrift *Princeps tenebrarum – Fürst der Finsternis.*

In der unteren Hemisphäre befand sich ein schraffiertes Feld, gekennzeichnet als *Umbra mortis* – Schatten des Todes. In dessen Nähe war ein Gebirgszug zu erkennen, dazwischen ein Tal, aus dem Flammen schlugen, und die Inschrift *Vallis filiorum Hinnom (Tal der Söhne Gehinnoms)* – eine Anspielung auf einen in der Bibel erwähnten Ort, an dem Sünder nach dem Jüngsten Gericht bestraft werden.

Ober- und unterhalb von *Draco* waren verschiedene Figuren zu sehen, die den Darstellungen bekannter Sternbilder ähnelten, jedoch in Details von ihnen abwichen. Zum Beispiel stand unter der Gestalt eines nackten Mannes nicht, wie üblich, *Herkules,* sondern *Kain.* Ein anderer Mann, der bis zur Körpermitte in der Erde versunken war und verzweifelt die Arme nach oben streckte, wurde nicht, wie sonst in solchen Darstellungen üblich, als *Ophiuchus* bezeichnet (der Sage nach ein Schlangenträger, der einen Toten erweckte und wegen dieser Anmaßung von Zeus mit einem Blitz erschlagen wurde), sondern als der Aufrührer gegen Moses namens *Korah* (den die Erde verschlang, wie es in der Bibel heißt). Ein dritter Mann namens *Absalom* – nach dem Alten Testament der rebellische Sohn König Davids – hing an seinem langen Haupthaar vom Ast eines vielfach gewundenen Baums herunter. Neben ihm stand ein Mann in langen Gewändern und mit hohem Hut in einem Kreis und sprach zu zwei zottigen Dämonen, die jenseits des Kreises lauerten. Diese Gestalt, in der Inschrift als *Hostenus magus* bezeichnet, war Humphreys unbekannt.

Insgesamt kamen ihm diese Darstellungen so vor, als hätte der Künstler hier alle Urväter des Bösen versammeln wollen, vielleicht beeinflusst von Dantes *Göttlicher Komödie* und deren Höllenkreisen. Humphreys schloss daraus, sein Urgroßvater müsse wohl sehr ungewöhnliche Vorlieben gehabt haben, soweit es Kunst betraf, doch dann kam ihm der Gedanke, er könne die Kugel aus Italien mitgebracht haben, ohne sie jemals genauer anzusehen. Bestimmt hätte er sie doch nicht Wind und Wetter ausgesetzt, wäre sie ihm sehr wichtig gewesen. Er klopfte gegen die Kugel: Offenbar war sie hohl und hatte nur eine dünne Außenwand.

Danach wandte er sich seiner Arbeit zu, stellte nach einer halben Stunde jedoch fest, dass er ohne Wegmarkierungen nicht weiterkam. Also ließ er sich von Clutterham eine Rolle festen Bindfaden geben, legte damit die Wege vom Eingang bis zur Mitte aus und band das Ende der Schnur am oberen Reif der Kugel fest. Mit diesem Hilfsmittel gelang es ihm, bis zum Mittag einen groben Plan des Irrgartens anzufertigen. Am Nachmittag zeichnete er ihn ins Reine und ergänzte ihn dabei um einige Einzelheiten.

Gegen fünf Uhr gesellte sich Mr. Cooper zu ihm, höchst interessiert an dem, was er bisher gezeichnet hatte. »Und das hier …«, begann er und legte die Hand auf die Kugel, zog sie jedoch gleich wieder zurück. »Autsch! Ist ja unglaublich, wie diese Kugel die Wärme speichert, Mr. Humphreys! Vermutlich ist dieses Material – Kupfer, stimmt's? – ein besonders guter Isolator oder Wärmeleiter oder wie man das nennen mag.«

»Die Sonne hat heute Nachmittag wirklich große Strahlkraft gehabt«, erwiderte Humphreys, ohne auf den physikalischen Aspekt von Coopers Bemerkung einzugehen. »Aber mir ist gar nicht aufgefallen, dass die Kugel heiß geworden ist. Nein – eigentlich kommt sie mir auch jetzt nicht heiß vor«, setzte er nach, während er sie berührte.

»Wie seltsam!«, meinte Cooper. »Ich halte es kaum aus, die Hand daraufzulegen. Muss wohl durch unsere unterschiedlichen Veranlagungen bedingt sein. Vermutlich sind Sie ein Kaltblüter, Mr. Humphreys, während ich ein Warmblüter bin. Darin liegt der Unterschied. Ob Sie's glauben oder nicht: Den ganzen Sommer über habe ich praktisch *in statu quo* geschlafen – so nackt, wie mich der Herrgott geschaffen hat – und jeden Morgen so kalt wie möglich gebadet. Tagaus, tagein. Warten Sie, ich helfe Ihnen dabei, die Schnur wieder aufzuwickeln.«

»Nicht nötig, danke. Aber ich wäre Ihnen sehr dankbar, wenn Sie die Bleistifte und die anderen Utensilien einsammeln könnten, die hier überall herumliegen.«

Bald darauf meinte Humphreys: »So, ich glaube, wir haben jetzt alles beisammen und können ins Haus zurückkehren.«

Auf dem Rückweg zum Tor des Irrgartens wickelte Humphreys den Rest der Schnur auf.

In der Nacht regnete es. Und leider stellte sich am Morgen heraus, dass der Grundriss das Einzige war, was sie am Vorabend im Irrgarten vergessen hatten (ob das nun Coopers Schuld war oder nicht). Wie nicht anders zu erwarten, war der gezeichnete Plan völlig durchnässt und zu nichts mehr zu gebrauchen. Also blieb Humphreys nichts anderes übrig, als noch einmal von vorne anzufangen, wobei er sich damit tröstete, dass es diesmal wesentlich schneller gehen würde.

Erneut legte er die Schnur aus und machte sich ans Zeichnen.

Doch kaum hatte er damit begonnen, wurde er gestört: Calton brachte ihm ein Telegramm. Humphreys ehemaliger Vorgesetzter bat ihn, zu einer kurzen, aber dringenden Besprechung nach London zu kommen. Das empfand Humphreys zwar als ärgerlich, sah darin aber nur eine kurzzeitige Unterbrechung seiner Arbeiten. In einer halben Stunde ging ein Zug nach London, und wenn nicht alles schieflief, konnte er schon um fünf Uhr nachmittags, spätestens aber um acht Uhr abends wieder in Wilsthorpe sein. Den angefangenen Grundriss gab er Carlton zur Aufbewahrung, doch die Schnur zu entfernen lohnte sich nicht.

In London lief alles wie erhofft, sodass er den Abend – einen Abend, den er sehr genoss – in seiner Bibliothek verbringen konnte, wo er in einem bisher nicht beachteten Schrank auf literarische Raritäten stieß.

Als er zu Bett ging, freute er sich, dass das Hausmädchen an seine Bitte gedacht hatte, die Gardinen nicht zuzuziehen und die Fenster weit offen zu lassen. Nachdem er seine Kerze abgestellt hatte, trat er an das Fenster, das Aussicht auf den Park und die Gartenanlagen bot.

Es war eine wunderbar helle Mondnacht. In wenigen Wochen würden die rauen Herbststürme die Stille zerstören, die jetzt über allem lag. Noch hatten sich die fernen Wälder in tiefes Schweigen gehüllt. Auf den Rasenflächen funkelten Tautropfen, und fast meinte er, die Farben mancher Blumen zu erkennen.

Als das Mondlicht auf das Gesims des Tempels fiel und die Wölbung der bleiernen Kuppel hervorhob, musste Humphreys einräumen, dass – so gesehen – solche Nachbildungen aus einer längst vergangenen Epoche tatsächlich etwas Schönes an sich hatten. Kurz gesagt beschworen das Licht, der Duft des Waldes und die absolute Stille bei ihm so angenehme Gedanken und Erinnerungen herauf, das er sich lange darin verlor.

Als er sich schließlich vom Fenster abwandte, hatte er das Gefühl, nie zuvor etwas derart Vollkommenes gesehen zu haben. Das Einzige, was ihm irgendwie störend vorkam, war eine dunkle, mickrig gewachsene Eibe, die sich vom Gesamtbild so abhob, als wäre sie ein Wachposten, der vor dem Gebüsch des Irrgartens strammstand. Diese Eibe würde sicher niemand vermissen, wenn man sie entfernte. Er wunderte sich nur darüber, dass irgendjemand ausgerechnet diesen Standort für sie ausgesucht hatte.

Doch am nächsten Morgen dachte Humphreys nicht mehr an die Eibe, denn er musste dringend einige Briefe beantworten und mit Cooper die Geschäftsbücher durchgehen. Übrigens kam an diesem Tag auch ein Brief an, der hier erwähnt werden soll. Er stammte von Lady Wardrop – der Dame, von der Miss Cooper erzählt hatte – und enthielt erneut die Bitte, den Irrgarten besichtigen zu dürfen. Sie habe vor, schrieb sie, demnächst ein Buch über Labyrinthe zu veröffentlichen, und wolle unbedingt auch den Grundriss des Irrgartens von Wilsthorpe in ihr Werk aufnehmen. Mr. Humphreys' Einverständnis vorausgesetzt, wäre es sehr freundlich von ihm, ihr möglichst bald einen Besichtigungstermin vorzuschlagen, da sie demnächst ins Ausland abreisen werde, um dort die Wintermonate zu verbringen.

Lady Wardrop wohnte nicht weit entfernt, in Bentley, und so ließ Humphreys ihr von einem Boten die Einladung überbringen, ihn schon am nächsten oder übernächsten Tag zu besuchen. Der Bote kehrte mit der Antwort zurück, sie danke ihm vielmals und werde gern schon am folgenden Tag kommen. Ansonsten fiel an diesem Tag nichts Besonderes vor, sodass Humphreys den Grundriss des Irrgartens endlich fertigstellen konnte.

Die Nacht war wieder milde, hell und still, und wieder stellte sich Humphreys lange ans offene Fenster, um auf den Park zu blicken. Als er es dann schließen und die Gardinen zuziehen wollte, dachte er kurz an die Eibe. Doch jetzt sah er keinen Grund mehr, sie herausreißen zu lassen. Entweder hatte ihn am Abend zuvor ein Schatten getäuscht oder er hatte sich nur eingebildet, dass der Baum das Gesamtbild des Parks störte. Was er jedoch entfernen lassen wollte, war ein buschiges großes Gewächs, das sich an der Hauswand ausgebreitet hatte und eines der unteren Fenster zu überwuchern drohte. Die Pflanze sah nicht so aus, als lohnte es sich, sie zu erhalten. Soweit er erkennen konnte, wirkte sie innen feucht und fast schon moderig.

Am nächsten Tag (es war ein Freitag – am Montag war er in Wilsthorpe angekommen) fuhr kurz nach dem Mittagessen Lady Wardrop vor. Sie war eine rundliche Dame in gesetztem Alter, sehr redselig und offensichtlich darauf aus, sich gegenüber Humphreys besonders liebenswürdig zu verhalten, da er ihren Wunsch so bereitwillig erfüllt hatte.

Humphreys zeigte ihr jeden Winkel in Garten und Park, und Lady Wardrops Hochachtung vor ihm stieg in schwindelnde Höhen, als ihr aufging, dass er tatsächlich viel von der Kunst des Gartenbaus verstand. Begeistert ging sie auf all seine Verbesserungspläne ein, stimmte auch darin mit ihm überein, dass es Vandalismus gleichkäme, die besondere Anlage des Gartens in Hausnähe zu verändern.

Geradezu entzückt war sie vom Tempel. »Was diese Steinblöcke mit den Buchstaben betrifft«, sagte sie, »hat Ihr Gutsverwalter vermutlich recht. Sicher lagen sie ursprünglich im Irrgarten. In einem der Irrgärten, die ich mir angesehen habe – leider haben diese Barbaren in Hampshire ihn inzwischen abgerissen –, haben ähnliche Steine den Weg markiert. Dort waren es Ziegelsteine, aber sie waren genau wie die Steinblöcke hier mit einzelnen Buchstaben versehen. Und wenn man die Buchstaben in eine bestimmte Reihenfolge brachte, ergaben sie einen Spruch. Leider habe ich den Wortlaut vergessen, aber es ging dabei um Theseus und Ariadne. Zum Glück besitze ich eine Abschrift des Spruchs und auch den Grundriss des Irrgartens. Wie kann man eine solche Rarität nur dem Erdboden gleichmachen?! Falls Sie Ihrem Irrgarten so etwas antun, werde ich es Ihnen niemals verzeihen! Wissen Sie eigentlich, dass es nur noch sehr wenige gibt? Fast jedes Jahr höre ich, dass wieder einer abgerissen wurde.

Doch nun zu Ihrem Schmuckstück. Ich möchte mir den Irrgarten jetzt gleich ansehen. Falls Sie jedoch zu viel zu tun haben, um mitzukommen, kann ich auch allein gehen. Ich finde mich schon zurecht und habe keine Angst, mich darin zu verlaufen – dazu weiß ich zu viel über solche Anlagen. Allerdings fällt mir gerade ein, dass ich vor gar nicht langer Zeit einmal mein Mittagessen verpasst habe, weil ich aus dem Irrgarten von Busbury nicht so schnell wieder herausfand. Selbstverständlich wäre es mir sehr viel lieber, wenn Sie sich die Zeit nehmen könnten, mich zu begleiten.«

Nach dieser etwas anmaßenden Vorbemerkung von Lady Wardrop wäre es ja eigentlich nur gerecht gewesen, hätte sie sich im Irrgarten von Wilsthorpe hoffnungslos verlaufen. Dank Humphreys' Begleitung geschah das jedoch nicht. Allerdings machte ihr das neue Muster in ihrer Sammlung wohl kaum so viel Vergnügen, wie sie sich davon versprochen hatte.

Selbstverständlich war sie an der Anlage dieses Irrgartens brennend interessiert, wies Humphreys sogar auf mehrere kleinere Bodenvertiefungen hin, wo ihrer Ansicht nach die mit Buchstaben versehenen Steinblöcke gelegen haben mussten, erzählte ihm auch von anderen sehr ähnlichen Irrgärten und erklärte ihm, wie man das Alter einer solchen Anlage anhand des Grundrisses bis auf 20 Jahre genau bestimmen kann. An bestimmten Besonderheiten hatte sie bereits erkannt, dass der Irrgarten von Wilsthorpe etwa 1780 entstanden sein musste. Und die Kugel in der Mitte faszinierte sie geradezu. Nie zuvor, sagte sie, habe sie Ähnliches in einem Irrgarten gesehen.

»Ich hätte gern eine Abschrift des Plans und der Figuren, falls das überhaupt zu machen ist«, sagte sie nach längerem

Grübeln. »Ja, ich weiß, Sie kommen mir da gern entgegen, Mr. Humphreys. Aber ich möchte wirklich nicht, dass Sie meinetwegen die Mühe auf sich nehmen – das wäre wahrhaftig zu viel verlangt. Außerdem habe ich irgendwie das Gefühl, dass die Kugel sich dagegen wehren würde. Sagen Sie«, sie drehte sich zu Humphreys um und sah ihn an, »haben Sie nicht auch den Eindruck, dass man uns seit unserer Ankunft in diesem Teil des Irrgartens beobachtet? Und dass man uns … ja, in unsere Schranken verweisen würde, sollten wir es wagen, sie zu überschreiten? Nein? Ich schon! Eigentlich möchte ich nichts wie weg von diesem Ort!«

Gleich darauf machten sie sich auf den Rückweg zum Gutshaus. »Mag ja sein«, sinnierte Lady Wardrop, »dass mir nur die stickige Luft da drinnen und die brütende Hitze aufs Gemüt geschlagen sind. Aber eine Bemerkung, die ich vorhin gemacht habe, nehme ich jetzt zurück: Vielleicht würde ich es Ihnen doch nicht übel nehmen, sollte ich nach meiner Rückkehr nach England erfahren, dass Sie Ihren Irrgarten haben abreißen lassen.«

»Ob so oder so – auf jeden Fall bekommen Sie den Grundriss, Lady Wardrop. Ich habe einen angefertigt und kann ihn schon heute Abend für Sie durchpausen.«

»Wunderbar. Ich brauche nur eine durchgepauste Bleistiftzeichnung und die Angabe des Maßstabs. Die Druckvorlage wird dann für mich wie bei allen anderen Abbildungen vom Verlag erstellt. Tausend Dank!«

»Abgemacht, morgen haben Sie den Plan. Ich wünschte nur, Sie könnten mir dabei helfen, das Rätsel der Steinblöcke zu lösen.«

»Sie meinen die Steine im Tempel? Ja, die sind tatsächlich mysteriös. Liegen sie da in einer bestimmten Ordnung? Nein, natürlich nicht. Aber die Männer, die diese Steine dort abgeladen haben, müssen doch bestimmt Anweisungen bekommen haben. Vielleicht finden Sie in den Unterlagen Ihres Onkels irgendetwas darüber. Wenn nicht, müssen Sie wohl jemanden zurate ziehen, der sich mit Chiffren auskennt.«

»Da ist noch eine andere Sache, zu der ich gern Ihre Meinung hören würde. Sie betrifft diesen wuchernden Busch unter dem Fenster der Bibliothek. Den würden Sie doch sicher herausreißen lassen, oder nicht?«

»Welchen? Den da drüben? Aus dieser Entfernung kann ich ihn nicht gut sehen, aber hässlich wirkt er eigentlich nicht. Ich glaube, ich würde ihn dort lassen.«

»Vielleicht haben Sie recht. Nur fand ich gestern Abend, als ich aus meinem Schlafzimmerfenster blickte – es liegt unmittelbar darüber –, dass sich der Busch allzu sehr ausgebreitet hat. Von hier aus sieht es allerdings nicht so aus. Also gut, vorerst werde ich die Finger davon lassen.«

Nachdem sie noch zusammen Tee getrunken hatten, verabschiedete sich Lady Wardrop. Doch auf halbem Weg zur Straße ließ sie den Wagen noch einmal halten und winkte Humphreys, der auf der Eingangstreppe stehen geblieben war, zu sich. Als er mit schnellen Schritten bei ihr angekommen war, sagte sie: »Eben ist mir eingefallen, dass Sie sich vielleicht mal die Unterseite dieser Steinblöcke ansehen sollten. Eigentlich müssten sie ja durchnummeriert sein, oder? Nochmals auf ein gesundes Wiedersehen!« Und zum Fahrer gewandt: »Und jetzt nach Hause, bitte.«

Jedenfalls wusste Humphreys nun, womit er nach dem Essen den Abend ausfüllen würde. Das Durchpausen des Grundrisses für Lady Wardrop und der sorgfältige Vergleich mit dem Original würden ihn mindestens zwei Stunden in Anspruch nehmen. Kurz nach neun breitete er seine Zeichenutensilien vor sich aus und machte sich an die Arbeit. Es war ein Abend, an dem kein Lüftchen ging, und so schwül, dass er die Fenster offen lassen musste. Das bescherte ihm mehr als einen unangenehmen Zusammenstoß mit einer Fledermaus, sodass er aus den Augenwinkeln immer wieder zu den Fenstern hinübersah. Ein- oder zweimal kam es ihm so vor, als wollte sich etwas Größeres als eine Fledermaus zu ihm gesellen. Welch widerwärtiger Gedanke, jemand könnte über den Fenstersims lautlos ins Zimmer eingedrungen sein und jetzt in irgendeinem Winkel kauern!

Nachdem er den Grundriss durchgepaust hatte, musste er diesen Plan nur noch mit dem Original vergleichen und prüfen, ob dort alle Wege – sowohl die Sackgassen als auch die weiterführenden Pfade – korrekt und deutlich erkennbar eingetragen waren. Mit dem rechten Zeigefinger auf dem Original und dem linken auf der Pause fuhr er den Weg nach, den man vom Eingangstor aus einschlagen musste. Dabei bemerkte er nur zwei leichte Ungenauigkeiten, doch nahe bei der Mitte war bei der Pause etwas schrecklich durcheinandergeraten, vermutlich bedingt durch seinen Zusammenstoß mit der zweiten oder dritten Fledermaus. Ehe er sich an die Korrekturen machte, verfolgte er auf dem Original aufmerksam die letzten Windungen des Pfades vor der Mitte. Diese zumindest waren fehlerlos eingezeichnet. Doch nun fiel ihm etwas auf, das er auf keinen Fall vom Original auf die Pause übertragen wollte: Direkt in der Mitte befand sich ein hässlicher schwarzer Fleck, etwa so groß wie eine Schillingmünze. Tinte? Nein, es sah eher wie ein Loch oder irgendeine Öffnung aus. Aber wieso tauchte im Original plötzlich eine Öffnung auf? Er starrte sie mit müden Augen an – das Durchpausen war sehr mühselig gewesen, und mittlerweile fühlte er sich schläfrig und so, als lastete ein bleiernes Gewicht auf ihm …

Aber er hatte sich nicht getäuscht: Da war tatsächlich eine Öffnung, dazu noch eine äußerst eigenartige. Denn sie schien nicht nur durch das Papier zu reichen, sondern auch durch den Tisch, auf dem dieses Papier lag. Und sogar noch weiter: durch den Fußboden unter dem Tisch bis in nicht auszulotende Tiefen. Fassungslos beugte er sich darüber.

So wie ein Kind sich manchmal in ein Rechteck seiner Steppdecke vertieft, darin eine Landschaft mit Wald und Hügeln, vielleicht sogar mit Gebäuden entdeckt, die realen Maßstäbe völlig vergisst und sich völlig darin verliert, so verlor sich Humphreys jetzt in diesem Loch. Die ganze Welt schien auf diese seltsame Öffnung ins Unbekannte zusammenzuschrumpfen.

Obwohl sie ihm schon beim ersten Anblick zuwider gewesen war, betrachtete er sie eine ganze Weile, bis sie ihm plötzlich Angst zu machen begann. Und diese Angst wurde immer stärker, verwandelte sich in die Furcht davor, dass etwas aus dieser Öffnung bis zu ihm nach oben steigen könne, und schließlich in die quälende Gewissheit, dass er gleich irgendetwas Grauenhaftes erblicken würde und es für ihn keine Fluchtmöglichkeit mehr gab.

Ja, tatsächlich, in den Tiefen bewegte sich etwas, machte sich auf den Weg zur Oberfläche und kam näher und näher. Etwas Schwärzliches mit mehreren dunklen Löchern, das sich schließlich als Gesicht entpuppte – als *menschliches* Gesicht –, als menschliches Gesicht mit *tiefen Brandwunden*. Und nun kroch die ganze Gestalt heraus, wobei sie sich so abscheulich wand und krümmte wie eine Wespe, die aus einem faulen Apfel krabbelt, und streckte die verkohlten Arme aus, um nach dem Kopf zu greifen, der sich über die Öffnung beugte.

Von Verzweiflung gepackt, fuhr Humphreys zurück, schlug dabei mit dem Kopf gegen eine Hängelampe und stürzte zu Boden.

Der Arzt diagnostizierte eine Gehirnerschütterung sowie einen schweren Schock und verordnete Humphreys für die nächste Zeit Bettruhe. Aber es waren nicht diese Krankheitssymptome, die dem Arzt Rätsel aufgaben; vielmehr verwirrte ihn eine Bitte, die sein Patient ihm gegenüber äußerte, sobald er wieder den Mund aufbrachte: »Könnten Sie sich bitte um diesen großen Ball im Zentrum des Irrgartens kümmern?«

»Dafür dürfte dort wohl kaum genügend Platz sein«, war die erstbeste Antwort, die dem Arzt auf die sonderbare Frage des Kranken einfiel. »Und sowieso ist das wohl eher Ihre Sache als meine – bei mir ist es mit dem Tanzen längst vorbei«, setzte er scherzhaft nach.

Daraufhin murmelte Humphreys irgendetwas Unverständliches und drehte sich um, um wieder zu schlafen. Bei den Krankenpflegerinnen ließ der Arzt durchblicken, der Patient sei noch immer nicht ganz bei sich.

Als Humphreys sich wieder deutlicher artikulieren konnte, wiederholte er seine Bitte an den Arzt, nur sprach er diesmal nicht von einem großen Ball, sondern von der großen *Kugel* in der Mitte des Irrgartens und bat, sie zu öffnen. Der Arzt versprach ihm, sich unverzüglich darum zu kümmern.

Am folgenden Morgen wollte Humphreys von seinem Arzt sofort wissen, was die Öffnung der Kugel ergeben habe. Der Arzt reagierte darauf zwar etwas nachdenklich und zögerlich, kam aber zu dem Schluss, dass es dem Patienten eher schaden als nützen würde, wenn er einer Antwort vorerst auswich. »Na ja«, erwiderte er, »leider ist die Kugel bei der Öffnung kaputtgegangen und wohl auch nicht mehr zu retten. Die Kupferwände sind im Laufe der Jahre sehr dünn geworden. So dünn, dass die Kugel beim ersten Schlag mit dem Hammer auf den Meißel in tausend Stücke zersprungen ist.«

»Und was weiter? Sagen Sie schon!«, drängte Humphreys.

»Ah ja, selbstverständlich möchten Sie wissen, was wir in

der Kugel gefunden haben. Nun ja, zur Hälfte war sie mit etwas gefüllt, das wie Asche aussah.«

»Asche? Asche von was? Für was haben Sie die Asche gehalten?«

»Bis jetzt hatte ich noch nicht die Zeit, die Asche gründlich zu untersuchen. Aber Cooper ist fest davon überzeugt – wohl wegen einer Bemerkung von mir –, dass es sich um Überreste einer Einäscherung handelt, und wahrscheinlich hat er recht damit. Offenbar ist es die Asche eines menschlichen Leichnams. Aber regen Sie sich nun um Himmels willen nicht auf, lieber Mr. Humphreys!«

Den Wilsthorper Irrgarten gibt es jetzt nicht mehr, und Lady Wardrop hat Humphreys den Abriss verziehen. Ich glaube, er hat sogar ihre Nichte geheiratet.

Die Dame hatte recht mit ihrer Annahme, dass die Steinblöcke im Tempel durchnummeriert waren. Auf der Unterseite jedes Steins war eine Zahl aufgemalt, die für einen Buchstaben stand. Einige Ziffern waren zwar nicht mehr lesbar, doch die anderen reichten Humphreys dazu aus, die Inschrift zu rekonstruieren. Sie lautete:

PENETRANS AD INTERIORA MORTIS.

Frei übersetzt heißt das in Anlehnung an die Sprüche Salomos (7,27/28): EINGANG ZU DEN KAMMERN DES TODES.

Zwar erinnerte sich Humphreys stets voller Dankbarkeit an seinen Onkel, konnte ihm aber nie ganz verzeihen, dass er alle Tagebücher und Briefe seines Großvaters, der ja auch Humphreys' Urgroßvater gewesen war, vernichtet hatte. Schließlich war es jener James Wilson gewesen, der den Irrgarten und Tempel in Wilsthorpe hatte errichten lassen.

Auf welche Weise sein Urgroßvater gestorben und wo er bestattet worden war, konnte Humphreys nie herausfinden.

Doch sein Testament – fast das einzige erhaltene Dokument, das Auskunft über ihn gibt – enthielt eine Verfügung, durch die er einen seiner Bediensteten (dem Namen nach offenbar ein Italiener) mit einer mehr als großzügigen Erbschaft bedachte.

Mr. Cooper meinte, dass all diese schwerwiegenden Ereignisse uns etwas Bestimmtes vermitteln wollen, nur erlaube unser begrenzter Verstand nicht, diese Rätsel richtig zu lösen. Ein klein wenig prosaischer äußerte sich Carlton zu den Vorgängen in Wilsthorpe: Bei ihm weckten sie Erinnerungen an eine verstorbene Tante, die sich einmal – seines Wissens im Jahre 1866 – im Irrgarten von Covent Garden verlief und anderthalb Stunden lang den Ausgang suchte. Es könne aber auch der Irrgarten von Hampton Court gewesen sein.

Zu den sonderbarsten unter all diesen sonderbaren Ereignissen, die nun 15 Jahre zurückliegen, zählt das spurlose Verschwinden des schmalen Bändchens, das das Gleichnis vom Schatzsucher im Irrgarten enthielt. Humphreys hatte seinerzeit auf Wunsch Lady Wardrops eine Abschrift von diesem Gleichnis angefertigt und ihr den Text zukommen lassen. Doch seitdem ist das Buch unauffindbar, obwohl Humphreys überall danach gesucht hat.

Die endlose Liebe der Ann Clark

Vor ein paar Jahren wohnte ich vorübergehend bei dem anglikanischen Pfarrer einer Gemeinde im südwestlichen Teil Großbritanniens, denn dort verfügt der Verband, dem ich angehöre, über einigen Grundbesitz. Ich hatte den Auftrag, Teile dieses Grundbesitzes zu inspizieren. Am ersten Morgen meines Besuchs, kurz nach dem Frühstück, teilte man mir mit, John Hill, der in jedem Handwerk bewanderte Zimmermann des Dorfes, sei bereit, mich auf meinem Rundgang zu begleiten.

Der Pfarrer fragte, welchen Teil der Ländereien ich mir denn an diesem Morgen ansehen wolle, und holte eine Ortskarte heraus. Als ich ihm die vorgesehene Route zeigte, deutete er auf eine bestimmte Stelle und sagte dabei: »Vergessen Sie nicht, John Hill nach dem *Martinswinkel* zu fragen, wenn Sie dort hinkommen. Ich würde gern hören, was er dazu zu sagen hat.«

»Was könnte er mir denn mitteilen?«, fragte ich.

»Keine Ahnung. Genauer gesagt: Ich habe in dieser Hinsicht nur gewisse Vermutungen, aber das alles hat Zeit bis zum Mittagessen.« Ihn riefen jetzt andere dienstliche Pflichten.

Bald darauf brachen der Zimmermann und ich auf.

John Hill ist ein Mensch, der gern Auskünfte über alles und jedes gibt; man kann von ihm auch viele interessante Dinge über die Dorfbewohner und das, was sie so reden, erfahren. Wenn er einen ungewöhnlichen Fachbegriff seines Handwerks benutzt oder einen Ausdruck, von dem er annimmt, dass man ihn nicht kennt, ist er meistens so zuvorkommend, das Wort zu buchstabieren – zum Beispiel R-a-t-s-c-h-e für Ratsche. Allerdings spielt das erst eine Rolle, wenn wir auf den *Martinswinkel* zu sprechen kommen.

Dieses kleine Stückchen Land ist insofern bemerkenswert, als es vermutlich zu den winzigsten Einfriedungen gehört, die man sich vorstellen kann. Das Grundstück umfasst nur wenige Quadratmeter, ist auf allen Seiten von dichten Hecken umgeben, und es führen weder ein Tor noch ein Durchgang hinein. Man könnte diesen Fleck für einen längst verwahrlosten kleinen Bauerngarten halten, nur liegt er dazu allzu weit vom Dorf entfernt an einer Straße und weist nicht die geringste Spur von Bodenbearbeitung auf. Den Teil der Ländereien, in den das Grundstück eingebettet ist, nennen die Dorfbewohner *Grünland* und meinen damit das in große Felder aufgeteilte Hochweideland.

»Warum ist dieses winzige Fleckchen Erde überhaupt eingehegt?«, fragte ich John Hill, der um eine Antwort nicht verlegen war. (Leider fehlt hier der Platz, um seine Antwort vollständig und im genauen Wortlaut wiederzugeben.)

»Wir nennen es den *Martinswinkel*, und mit dem hat's was Seltsames auf sich. Heißt so nach einem Mann namens Martin – M-a-r-t-i-n geschrieben. Entschuldigen Sie, aber hat der Pfarrer Ihnen gesagt, Sie sollen mich danach fragen?«

»Ja, hat er.«

»Aha, dachte ich's mir doch. Hab ihm nämlich letzte Woche davon erzählt, und da hat er große Ohren gemacht. Angeblich liegt dort ein Mörder begraben, und der hieß Martin. Der alte Samuel Saunders – hat früher im Süddorf gewohnt, wie wir dazu sagen – wusste viel darüber zu erzählen. Ging um einen grauslichen Mord an einer jungen Frau. Der hat man die Kehle aufgeschlitzt und sie anschließend in einen Tümpel geworfen.«

»Hat man den Mörder dafür gehängt?«

»Ja, gleich da drüben, am Straßendamm. Soweit ich gehört hab, war das vor vielen Hundert Jahren an dem katholischen Feiertag der Unschuldigen Kinder – dem Tag zur Erinnerung an die Kindermorde in Bethlehem. Und der, der ihn zum Tod verurteilt hat, war ein Mann, den man, scheint's, überall den *blutrünstigen Richter* genannt hat, weil er so viel Blut an den Händen hatte.«

»Hieß der Richter vielleicht Jeffreys?«

»Könnte sein, buchstabiert J-e-f-f-r-e-y-s. Schätze, das war er. Hab die Geschichte oft vom alten Saunders gehört. Hat erzählt, dass der Geist der jungen Frau den jungen Mann – diesen Martin, George Martin – verfolgt hat, ehe dieser grausame Mord entdeckt wurde.«

»Und wie hat der Geist das angestellt? Wissen Sie was darüber?«

»Weiß ich nicht genau. Soweit ich gehört hab, hat er den Mörder sehr gequält, was er ja auch verdient hat. Der alte Saunders hat irgendwas von einem Schrank im Gasthof *New Inn* erwähnt. Anscheinend ist der Geist der jungen Frau aus diesem Schrank gefahren, aber an Weiteres kann ich mich nicht mehr erinnern.«

Das war der Kern von John Hills Bericht. Anschließend gingen wir weiter.

Als ich dem Pfarrer davon erzählte, zeigte er mir bestimmte Einträge in den Kirchenbüchern der Pfarrei. Daraus ging hervor, dass man im Jahre 1684 einen Galgen angeschafft und später ein Grab für George Martin ausgehoben hatte. Leider konnte er mir aber niemanden im Dorf nennen, der etwas Licht in diese düstere Geschichte hätte bringen können, da der alte Saunders ja längst gestorben war.

Natürlich war meine Neugier geweckt, und als ich dorthin zurückkehrte, wo Bibliotheken zur Hand waren, stellte ich in einigen, die historische Dokumente archivieren, Nachforschungen an.

Offenbar existierten jedoch keine Berichte über den Mordprozess. Allerdings fand ich in einer Zeitung und einigen Mitteilungsblättern aus jener Zeit kurze Meldungen dazu. Sie besagten, dass wegen der Voreingenommenheit der Dörfler dem Häftling gegenüber (er wurde als junger Mann von Stand und aus wohlhabender Familie bezeichnet) die Gerichtsverhandlung von Exeter nach London verlegt worden war. Als Richter hatte Jeffreys amtiert. Der junge Mann war zum Tode verurteilt worden. Darüber hinaus wurden einige »sonderbare Umstände« in der Beweisaufnahme erwähnt.

Weiteres konnte ich bis zum September dieses Jahres nicht in Erfahrung bringen. Doch dann schickte mir ein Freund, der wusste, dass ich mich für Jeffreys interessierte, ein aus dem Katalog eines Buchantiquariats herausgerissenes Blatt mit folgendem Eintrag:

> *JEFFREYS, Richter: interessantes altes Manuskript zu einem Mordprozess, bei dem er den Vorsitz innehatte.*

Es folgte eine kurze Beschreibung des Falles George Martin. Ich freute mich, denn nun konnte ich offenbar für wenig Geld ein wörtliches Protokoll der Gerichtsverhandlung erwerben, allerdings in Kurzschrift. Ich bestellte es per Telegramm, und kurz darauf wurde es mir zugeschickt.

Es war ein schmales gebundenes Bändchen. Irgendjemand hatte es im 18. Jahrhundert handschriftlich mit einem Titel versehen und eine Anmerkung beigefügt:

> *Mein Vater, der sich diese Notizen bei der Gerichtsverhandlung gemacht hat, erzählte mir, Freunde des später verurteilten Häftlings hätten sich bei Richter Jeffreys*

erfolgreich dafür eingesetzt, dass kein Bericht über den Prozessverlauf nach außen dringen sollte. Mein Vater hatte vor, sein Protokoll erst nach geraumer Zeit zu veröffentlichen, und legte es dem Pastor Glanvil vor. Der Pastor unterstützte dieses Vorhaben voll und ganz, doch beide Männer starben unerwartet, ehe es durchgeführt werden konnte.

Unterzeichnet war die Anmerkung mit den Initialen W. G. Mittlerweile habe ich erfahren, dass der damalige Protokollant möglicherweise T. Gurney gewesen ist, der seinerzeit häufig in Zeitungen oder Journalen über Strafprozesse berichtete.

Leider konnte ich nur diese Anmerkung entziffern, da alles andere in Kurzschrift abgefasst war. Doch bald darauf hörte ich von jemandem, der die Kurzschrift des 17. Jahrhunderts lesen konnte, und so erhielt ich kürzlich die getippte Abschrift des gesamten Manuskripts. Die Passagen, die ich im Folgenden daraus zitieren möchte, dienen dazu, die bruchstückhaften Erinnerungen John Hills (und vermutlich einiger anderer Dorfbewohner) an den Mordfall zu vervollständigen und ein deutlicheres Bild dieser lange zurückliegenden Ereignisse zu zeichnen.

Der Bericht beginnt mit einer Art Vorwort. Im Wesentlichen besagt es, dass das vorliegende Manuskript über ein bloßes Wortprotokoll des Prozesses hinausgeht, auch wenn die Notizen den genauen Wortlaut dessen wiedergeben, was dort gesagt wurde. Der Verfasser habe jedoch einige »bemerkenswerte Vorgänge« während der Gerichtsverhandlung nachträglich hinzugefügt, um deren Verlauf und dem dort verhandelten Sachverhalt bestmöglich gerecht zu werden. Dies habe er mit der Absicht getan, das Manuskript später und zu einem geeigneten Zeitpunkt zu veröffentlichen. Für den Fall, dass es in die Hände Unbefugter gelange, habe er es absichtlich nicht in normale Schreibschrift übertragen. Nur so sei gewährleistet, dass ausschließlich er (oder auch seine Familie) bei Veröffentlichung das ihm zustehende Honorar erhalten werde.

Der Bericht beginnt mit den Worten:

Dieser Fall kam am Mittwoch, dem 19. November, im Namen unseres Herrschers, des Königs, zur Anhörung und Urteilsfindung vor das Londoner Krongericht Old Bailey. Angeklagt war der Landjunker George Martin aus … (bestimmte Ortsnamen habe ich hier bewusst weggelassen). Der im Gefängnis Newgate einsitzende Häftling wurde unter Bewachung zum Verhandlungsort gebracht.

Vertreter der Krone:

George Martin, hebt Eure Hand. (Der Angeklagte tut es.)

Es folgt die Verlesung der Anklageschrift, in er es heißt:

Ohne jede Gottesfurcht, angestiftet, getrieben und verführt vom Teufel, hat der Beschuldigte am 15. Mai, im 24. Jahr der Regentschaft unseres obersten Gebieters, König Charles des Zweiten, in der bereits genannten Gemeinde der unbescholtenen unverheirateten Ann Clark, die daselbst im Frieden Gottes gesetzestreu lebte, Gewalt angetan und ein tödliches Verbrechen an ihr begangen. Vorsätzlich und in böswilliger Absicht hat er besagte Ann Clark überfallen und ihr mit einem schäbigen Messer die Kehle durchgeschnitten, sodass sie an Ort und Stelle verstarb. Den Leichnam besagter Ann Clark warf er anschließend in einen Tümpel derselben Gemeinde, und zwar zusammen mit anderen Dingen, die nicht Gegenstand dieser Verhandlung sind. Damit hat er gegen den von unserem König dem Land verordneten Frieden verstoßen, somit ein Verbrechen gegen die Krone begangen und deren Würde aufs Schwerste verletzt.

Danach bat der Beschuldigte um eine Abschrift der vorgelesenen Anklage.

Der Lord Oberrichter, Sir George Jeffreys:
Was soll das? Ihr wisst doch bestimmt, dass das gegen alle Vorschriften verstößt. Außerdem ist diese Anklageschrift so unmissverständlich wie kaum eine andere mir bekannte formuliert. Ihr müsst Euch jetzt nur noch entweder für schuldig oder für unschuldig erklären.

Der Angeklagte George Martin:
Euer Ehren, ich fürchte, diese Anklageschrift wirft eine strittige Rechtsfrage auf, und ich bitte das Hohe Gericht in aller Bescheidenheit, mir einen Rechtsbeistand zuzuweisen, der diese Frage prüfen kann. Außerdem glaube ich, Euer Ehren, dass in einem anderen Fall dem Beschuldigten eine Abschrift der Anklageschrift zugestanden wurde.

Jeffreys:
Welcher Fall soll das gewesen sein?

Martin:
Euer Ehren, seit meiner Überstellung vom Gefängnis in Exeter Castle nach Newgate war ich doch ständig von der Außenwelt abgeschnitten und durfte weder Besucher noch einen Rechtsbeistand sehen.

Jeffreys:
Meine Frage lautete, auf welchen Fall bezieht Ihr Euch!

Martin:
Euer Ehren, die Namen in diesem Präzedenzfall sind mir leider entfallen, aber ich weiß noch, dass es einen solchen Fall gab, und bitte Sie untertänigst …

Jeffreys:

All das führt doch zu nichts. Benennt den früheren Fall, dann werden wir Euch sagen, ob er irgendeine Bedeutung für Euren Fall hat. Bei Gott, man wird Euch alles zugestehen, was das Gesetz erlaubt. Aber das hier verstößt eindeutig gegen das Gesetz. Wir müssen uns an das übliche Prozedere dieses Gerichts halten.

Generalstaatsanwalt (Sir Robert Sawyer):

Euer Ehren, im Namen des Königs bitten wir, den Angeklagten jetzt zu fragen, ob er sich schuldig bekennt oder nicht.

Vertreter der Krone:

Angeklagter, bekennt Ihr Euch schuldig an dem Mord, dessen Ihr hier beschuldigt werdet? Oder plädiert Ihr auf unschuldig?

Martin:

Euer Ehren, ich möchte dem Hohen Gericht ja gern entgegenkommen. Aber falls ich mich jetzt zu Schuld oder Unschuld äußere, habe ich dann später noch die Möglichkeit, Widerspruch gegen die Anklageschrift einzulegen?

Jeffreys:

Jaja. Nach dem Urteilsspruch könnt Ihr Berufung einlegen. Diese Möglichkeit bleibt Euch noch, und es wird Euch dazu auch ein Rechtsbeistand zugewiesen, sofern es um strittige Rechtsfragen geht. Aber als Erstes müsst Ihr Euch jetzt zu Schuld oder Unschuld äußern.

(Nach kurzem Hin und Her zwischen Angeklagtem und Gericht – was in Anbetracht einer solch »unmissverständlichen Anklageschrift« doch etwas seltsam erscheint – erklärte sich der Angeklagte für *nicht schuldig.*)

Vertreter der Krone:

Angeklagter, welcher Gerichtsbarkeit wollt Ihr Euch unterwerfen?

Martin:

Der Gerichtsbarkeit Gottes und der meiner Heimat.

Vertreter der Krone:

Gott erlöse dich von allem Übel.

Jeffreys:

Wie soll ich denn das verstehen? Erst macht man großen Wirbel darum, dass dieser Prozess von Eurer Heimatregion Exeter unbedingt nach London verlegt werden müsse, und jetzt wollt Ihr Euch der Gerichtsbarkeit Eurer Heimat unterwerfen, wie Ihr sagt. Sollen wir Euch etwa nach Exeter zurückschicken?

Martin:

Euer Ehren, ich dachte, Frage und Antwort seien nichts anderes als die vor Gericht üblichen Förmlichkeiten.

Jeffreys:

Da habt Ihr recht, Mann. Wir wollten nur höflich sein und die Form wahren. Also gut, fahren wir fort, vereidigen wir die Geschworenen.

Also wurden die Geschworenen (deren Namen ich hier nicht aufführen möchte) vereidigt. Der Angeklagte hatte keine Einwände gegen irgendeinen der Berufenen, da er, wie er sagte, sowieso keinen davon kenne.

Danach bat er um Feder, Tinte und Papier, worauf Richter Jeffreys erwiderte: »Jaja, gebt ihm das in Gottes Namen.«

(Als Nächstes wurden die Geschworenen wie üblich über ihre Rechte und Pflichten belehrt. Danach wurde die Verhandlung von Mr. Dolben, dem Strafverteidiger der Krone, eröffnet. Ihm folgte der Generalstaatsanwalt der Krone.)

Generalstaatsanwalt:

Euer Ehren, werte Geschworene: Ich vertrete hier im Auftrag der Krone die Seite der Anklage. Ihr habt gehört, dass der Häftling George Martin des Mordes an einem jungen Mädchen beschuldigt wird. Vielleicht haltet Ihr Verbrechen wie dieses für nicht ungewöhnlich, schon gar nicht in so unruhigen Zeiten wie diesen. Leider muss ich sagen, dass wir fast täglich von ähnlich barbarischen und perversen Taten hören.

Doch muss ich einräumen, dass es in diesem Mordfall, der dem Häftling George Martin angelastet wird, einige Besonderheiten gibt, die ihn von anderen unterscheiden. Ein solcher Mord ist bisher zum Glück nur selten auf englischem Boden verübt worden, vielleicht sogar noch nie. Denn wie wir zeigen werden, war das Mordopfer ein armes Mädchen vom Lande, während der Beschuldigte ein vornehmer Herr aus gutem Hause ist. Zudem war das Mädchen vom Schicksal nur mit sehr geringen Geistesgaben gesegnet worden und das, was man gemeinhin als naiv und unverdorben bezeichnet. Ein Mädchen also, das ein Herr von vornehmer Herkunft wie der Beschuldigte wohl eher übersehen dürfte. Und wenn sie ihm überhaupt auffiel, hätte man doch meinen können, dass ihre unglückseligen Lebensumstände bei ihm Mitgefühl hätten auslösen müssen. Doch stattdessen erhob er die Hand gegen sie, und das auf abscheuliche, barbarische Weise, wie wir zeigen werden.

Doch der Reihe nach. Kurz vor Weihnachten des letzten Jahres, also des Jahres 1683, kehrte dieser Herr, Mr. George Martin, von der Universität Cambridge in seine Heimat zurück. Da seine Familie dort überall einen sehr guten Ruf hat, waren einige seiner Nachbarn so freundlich, ihn hier und dort zu ihren weihnachtlichen Festveranstaltungen einzuladen, deshalb war er ständig unterwegs – von einem Landgut zum anderen. Wenn die Gastgeber sehr weit entfernt wohnten oder die Straßen zu glatt waren, musste er manchmal in einem Gasthof übernachten. Und so kam es, dass er ein, zwei Tage nach Weihnachten in den Ort kam, wo das besagte junge Mädchen bei ihren Eltern wohnte. Er stieg in dem Dorfgasthof namens *New Inn* ab, der einen guten Ruf hat, wie ich erfuhr.

Hier fand gerade eine kleine Tanzveranstaltung der Dorfbewohner statt. Offenbar hatte Ann Clarks ältere Schwester Ann dorthin mitgebracht, damit sie zuschauen konnte. Da Ann, wie schon erwähnt, geistig zurückgeblieben war und völlig reizlos aussah, bestand für sie kaum eine Chance, beim Tanzen mitzumachen; sie stand als Mauerblümchen in irgendeiner Ecke herum.

Als der Angeklagte sie dort entdeckte, fragte er sie – vermutlich scherzhaft –, ob sie mit ihm tanzen wolle. Und obwohl ihre Schwester und andere es ihr auszureden versuchten …

Jeffreys:

Also wirklich, Herr Staatsanwalt, wir sitzen doch nicht hier, um uns Geschichten von Weihnachtsfesten in irgendwelchen Wirtshäusern anzuhören. Ich möchte Euch ja nicht unterbrechen, aber sicher habt Ihr wichtigere Dinge vorzubringen als das hier. Als Nächstes werdet Ihr uns wohl noch erzählen, zu welcher Musik getanzt wurde.

Generalstaatsanwalt:

Euer Ehren, niemals würde ich die Zeit dieses Gerichts mit Dingen verschwenden, die nicht zur Sache gehören. Wir halten diese Geschichte für wesentlich, weil sie zeigt, wie diese merkwürdig unpassende Beziehung begann. Und was die Musik betrifft, so wird die Beweisaufnahme meiner Meinung nach in der Tat zeigen, dass selbst diese Einzelheit eine gewisse Bedeutung für den vorliegenden Fall hat.

Jeffreys:

Also gut, fahrt in Gottes Namen fort, aber lasst alles weg, das nicht zur Sache gehört.

Generalstaatsanwalt:

Selbstverständlich werde ich mich auf das rein Sachliche beschränken, Euer Ehren. Nachdem ich Euch, werte Geschworene, nun wohl genügend über die erste Begegnung zwischen der Ermordeten und dem Angeklagten erzählt habe, will ich meinen Bericht an dieser Stelle abkürzen und nur so viel sagen, dass sich die beiden von diesem Abend an häufig getroffen haben. Natürlich freute sich die junge Frau irrsinnig darüber, dass sie sich jetzt – wie sie meinte – einen so wunderbaren Liebsten geangelt hatte. Und da er sich angewöhnt hatte, mindestens einmal in der Woche durch die Straße zu gehen, in der sie wohnte, hielt sie ständig Ausschau nach ihm. Offenbar hatten sie ein bestimmtes Zeichen verabredet: Er sollte dann die Melodie pfeifen, die Weihnachten bei ihrem Tanz gespielt worden war. Wie ich erfahren habe, ist diese Melodie in diesem Landstrich überall bekannt. Das Lied hat einen Refrain, in dem es heißt: *Madam, will you walk, will you talk with me?*

Jeffreys:

Ja, das Lied kenne ich auch aus meiner Heimat Shropshire. Die Melodie geht so, stimmt's?

(An dieser Stelle pfiff der Lord Oberrichter einen Teil der Melodie, was unangenehm auffiel und fast als Beleidigung der

Würde des Gerichts gewertet wurde. Jeffreys schien das auch selbst zu spüren, denn gleich darauf setzte er etwas hinzu.)

Übrigens (sagte er) gehört das in diesem Fall durchaus zur Sache, und es ist auch wohl kaum das erste Mal, dass wir es in diesem Gerichtssaal mit Tanzmusik zu tun haben. Nur finden die meisten der von uns organisierten Tanzveranstaltungen auf dem öffentlichen Galgenplatz in Tyburn statt, wo die am Galgen zappelnden Verurteilten den bekannten *Tyburn-Hüpfer* machen. (Dabei sah er den Angeklagten an, den er mit dem Pfeifen und seinen Worten sichtlich aus der Fassung gebracht hatte.) Ihr, Herr Staatsanwalt, sagtet ja selbst, die Melodie spiele in diesem Fall eine wichtige Rolle, und ich könnte schwören, dass Mr. Martin das genauso sieht. Was fehlt Euch, Mann? Ihr glotzt ja so wie ein Schauspieler, der vorgibt, einen Geist zu sehen!

Martin:

Euer Ehren, mich bestürzt nur, welche trivialen, albernen Dinge hier gegen mich vorgebracht werden.

Jeffreys:

Nun ja, es ist die Aufgabe des Herrn Staatsanwalts, uns zu zeigen, dass diese Dinge durchaus zur Sache gehören. Allerdings muss ich sagen, dass Ihr keinen Anlass zur Bestürzung habt, falls er nichts Schlimmeres als das hier gegen Euch vorbringen wird. Hat Eure Bestürzung womöglich tiefer liegende Gründe? Aber fahrt jetzt fort, Herr Staatsanwalt.

Generalstaatsanwalt:

Euer Ehren, werte Geschworene, alles, was ich bisher berichtet habe, mag für Euch tatsächlich den Anschein des Trivialen haben. Gewiss wäre diese Geschichte auch nicht weiter schlimm, ginge es dabei nur darum, dass sich ein junger Mann von vornehmem Stand mit einem armen, einfältigen Mädchen einen Scherz erlaubt hat. Nur war das längst nicht alles. Drei oder vier Wochen danach ging der Angeklagte eine engere Beziehung mit einer jungen Frau aus gutem Hause ein, die ebenfalls in dieser Gegend lebte. Stand und Herkunft dieser jungen Dame entsprachen ganz seinen eigenen Lebensverhältnissen und alles deutete auf eine baldige Verlobung und spätere Heirat hin, die ihm eine ebenso glückliche wie ehrbare Zukunft sichern würde.

Doch offenbar hörte diese junge vornehme Dame bald darauf von dem Spaß, den sich der Angeklagte mit Ann Clark erlaubte, denn darüber wurde auf dem Lande überall geklatscht. Nicht nur kreidete sie ihrem Geliebten ein solch unwürdiges Verhalten an, sondern empfand es auch als persönliche Herabsetzung, da dessen Ruf durch den Klatsch und Tratsch in den Dorfkneipen erheblichen Schaden nahm. Und so teilte sie ihm kurzerhand und im Einvernehmen mit ihren Eltern mit, dass die geplante Verlobung nicht stattfinden werde und die Beziehung beendet sei.

Nachdem George Martin diese Nachricht erhalten hatte, empfand er heftige Wut auf Ann Clark, denn er gab ihr die Schuld an diesem persönlichen Schicksalsschlag, obwohl in Wirklichkeit ja nur er selbst für diese Situation verantwortlich war. Anderen gegenüber bedachte er sie mit abscheulichen Ausdrücken und stieß auch Drohungen gegen sie aus. Bei der nächsten Begegnung mit Ann Clark misshandelte er sie, indem er sie mit der Pferdepeitsche schlug. Aber da Ann ein armes, geistig zurückgebliebenes Mädchen war, hing sie trotzdem auch weiterhin mit ganzem Herzen an ihm. Oft rannte sie hinter ihm her und beteuerte mit Gesten und Gestammel, wie sehr sie ihn liebe. Irgendwann sagte der Angeklagte, wie bezeugt ist, sie mache ihm das Leben zur Hölle. Da er sich inzwischen um geschäftliche Angelegenheiten seiner Familie kümmern musste, hatte er hin und wieder in Anns unmittelbarer Nachbarschaft zu tun und konnte einer Begegnung mit ihr nicht immer aus dem Weg gehen – was er andernfalls sicher getan hätte.

So stand es zwischen den beiden bis zum 15. Mai diesen Jahres.

An diesem Tag reitet der Angeklagte wieder einmal durch das Dorf, und Ann Clark ist sogleich zur Stelle. Doch anstatt sie nicht zu beachten und einfach weiterzureiten, wie er es in letzter Zeit stets getan hat, hält er an und sagt irgendetwas zu ihr, über das sie sich sehr zu freuen scheint, und verabschiedet sich danach von dem Mädchen. Und anschließend verschwindet Ann spurlos und taucht nicht wieder auf, obwohl man überall nach ihr sucht.

Als George Martin das nächste Mal durch das Dorf reitet, fragen ihn die Verwandten der jungen Frau, ob er irgendeine Ahnung habe, wo sie sein könne, was er entschieden verneint. Wie sie ihm mitteilen, befürchten sie mittlerweile, Ann Clark könne sich in einer Kurzschlusshandlung das Leben genommen haben. Wegen der Aufmerksamkeit, die er ihr anfangs geschenkt, und der Abfuhr, die er ihr später erteilt habe, sei sie völlig durcheinander gewesen, schließlich sei sie geistig zurückgeblieben. Sie erinnern George Martin auch daran, wie oft sie ihn aus Sorge um Ann angefleht haben, das Mädchen in Ruhe zu lassen. Aber das tut George Martin mit einem Lachen ab.

Doch trotz seines unbekümmerten Verhaltens fällt manchen Leuten zu dieser Zeit auf, dass sich sein

Auftreten und Benehmen verändert hat. Im Dorf erzählt man sich, irgendetwas müsse ihm wohl schwer auf der Seele liegen.

Und jetzt komme ich zu einem Abschnitt in dieser Geschichte, den ich gar nicht vorzutragen wagte, beruhte er nicht auf glaubwürdigen Zeugenaussagen. Meinem Urteil nach ist dieser Vorfall ein großartiges Beispiel dafür, wie unser Herrgott Morde rächt, besonders wenn das Blut von geistig armen Menschen vergossen wird.

(Hier machte der Generalstaatsanwalt eine kurze Pause und schob, offensichtlich recht nervös, seine Unterlagen hin und her, was ich und auch andere im Saal insofern bemerkenswert fanden, als er sich normalerweise nicht leicht aus der Fassung bringen ließ.)

Jeffreys:

Also gut, Herr Staatsanwalt, um welchen Vorfall geht es?

Generalstaatsanwalt:

Um einen sehr sonderbaren Vorfall, Euer Ehren. Wahrhaftig ist mir bei all meinen Strafverfahren ein solcher Vorfall noch niemals untergekommen. Kurz gesagt, werte Geschworene, werden wir Zeugen dafür aufrufen, dass Ann Clark noch *nach dem 15. Mai* gesehen wurde, obwohl sie zu diesem Zeitpunkt gar nicht mehr am Leben gewesen sein kann.

(Gemurmel, teilweise auch Gelächter im Gerichtssaal, sodass der Richter Ruhe gebietet, die bald darauf wiederhergestellt ist.)

Jeffreys:

Meine Güte, Herr Staatsanwalt, diese Geschichte solltet Ihr Euch noch eine Woche aufheben, dann ist nämlich Weihnachten. Erzählt das Euren Küchenmädchen, Ihr könnt denen sicher Angst damit einjagen!

(Erneutes Gelächter im Gerichtssaal, in das augenscheinlich auch der Angeklagte einstimmt.)

Jeffreys:

Mann Gottes, was schwätzt Ihr denn nur daher? Gespenster, weihnachtliche Tanzveranstaltungen, Kneipenklatsch! Und das, obwohl hier das Leben eines Menschen auf dem Spiel steht! (An den Angeklagten gewandt:) Und Euch, werter Herr, muss ich wohl in Erinnerung rufen, dass Ihr keinen Anlass zur Fröhlichkeit habt und nicht zu Eurem Vergnügen hier sitzt! Soweit ich den Herrn Staatsanwalt kenne, hat er nämlich noch weit mehr auf Lager, als er bis jetzt auf den Tisch gelegt hat. Fahrt jetzt bitte fort, Herr Staatsanwalt. Ich hätte meine Befremdung über Euren Vortrag vielleicht nicht so scharf formulieren sollen, aber Ihr werdet wohl zugeben, dass Eure bisherigen Ausführungen recht … ungewöhnlich sind!

Generalstaatsanwalt:

Das weiß niemand besser als ich selbst, Euer Ehren. Doch letztendlich wird sich alles hier Aufgeführte zusammenfügen. Ich werde im Folgenden dem Hohen Gericht aufzeigen, dass Ann Clarks Leichnam im Monat Juni mit durchtrennter Kehle an einem Dorftümpel entdeckt wurde; dass ein Messer des Angeklagten im selben Tümpel gefunden wurde; dass der Angeklagte dieses Messer aus dem Tümpel zu bergen versuchte;

dass er aufgrund des Urteils des Untersuchungsrichters einem Strafverfahren entgegensah, das normalerweise in Exeter gegen ihn eröffnet worden wäre. Nur wurde von seiner Seite Einspruch dagegen erhoben. Die Begründung lautete, vor Ort könnten keine unvoreingenommenen Geschworenen gefunden werden. Und so gewährte man ihm die äußerst ungewöhnliche Gefälligkeit, den Prozess nach London zu verlegen. Wir gehen jetzt zur Zeugenvernahme über.

(Als Erstes bestätigen die Zeugen den bereits angeführten Sachverhalt, wie es zu der Bekanntschaft des Angeklagten mit Ann Clark gekommen ist. Danach werden die Ermittlungsergebnisse des in Exeter amtierenden Untersuchungsrichters im Einzelnen gewürdigt. Diesen Teil der Gerichtsverhandlung überspringe ich, da er nichts Neues an den Tag bringt. Anschließend wird die Zeugin Sarah Arscott aufgerufen und vereidigt.)

Generalstaatsanwalt:
Welche Tätigkeit übt Ihr aus?
Arscott:
Ich bin Inhaberin des Gasthofs *New Inn* in *(...)*
Generalstaatsanwalt:
Ist Euch der Angeklagte persönlich bekannt?
Arscott:
Ja, seit Weihnachten letzten Jahres war er oft Gast bei uns.
Generalstaatsanwalt:
Kanntet Ihr Ann Clark persönlich?
Arscott:
Ja, sogar sehr gut.
Generalstaatsanwalt:
Beschreibt uns bitte Ann Clarks Erscheinungsbild.

Arscott:

Sie war eine sehr klein gewachsene, dickliche Frau. Ich weiß nicht, was ich sonst noch dazu sagen soll.

Generalstaatsanwalt:

War sie hübsch?

Arscott:

Nein, keineswegs. Das arme Kind war wirklich sehr reizlos. Ann hatte ein auffällig breites Gesicht, Glupschaugen, Hängebacken und eine sehr hässliche Hautfarbe, so wie eine Padde.

Jeffreys:

Wie eine *Padde?* Was wollt Ihr damit sagen?

Arscott:

Euer Ehren, ich bitte um Entschuldigung, aber ich habe den Herrn Martin sagen hören, Ann ähnele einer Padde, und das stimmte auch.

Jeffreys:

Ach ja? Könnt Ihr mir das übersetzen, Herr Staatsanwalt?

Generalstaatsanwalt:

Euer Ehren, soweit ich weiß, nennt man dort im ländlichen Dialekt Kröten *Padden.*

Jeffreys:

Aha, also sah sie aus wie eine Kröte. Fahrt fort.

Generalstaatsanwalt:

Würdet Ihr dem Hohen Gericht bitte mitteilen, was sich zwischen Euch und dem Angeklagten im Mai letzten Jahres abgespielt hat?

Arscott:

Ja, das war an dem Abend nach dem Tag, an dem Ann nicht nach Hause gekommen war, so gegen neun. Ich arbeitete wie üblich in meiner Wirtschaft. Da miserables Wetter war, hatte ich bis auf Thomas Snell keine

Gäste. Dann kam Herr Martin rein und bestellte sich etwas zu trinken. Und ich fragte ihn halb im Scherz: »Habt Ihr nach Eurem Schätzchen gesucht?« Daraufhin fuhr er mich heftig an – er verbitte sich solches Gerede. Das wunderte mich sehr, denn sonst hatten wir mit ihm zusammen immer viele Witze über sie gerissen.

Jeffreys:

Über wen?

Arscott:

Über Ann Clark, Euer Ehren. Wir wussten an jenem Abend noch nicht, dass er mit einer jungen vornehmen Frau aus der Gegend so gut wie verlobt gewesen ist, sonst hätte ich ihn sicher nicht mit Ann aufgezogen.

Ich erwiderte nichts auf Herrn Martins Bemerkung, war jedoch leicht verärgert, deshalb begann ich, um ihn nun meinerseits zu ärgern, das Lied zu trällern, zu dem er mit Ann bei ihrer ersten Begegnung getanzt hatte. Es war die Melodie, die er meistens pfiff oder sang, wenn er unsere Straße entlangging – hab ihn oft dabei gehört. Beginnt mit den Worten: *Madam, will you walk, will you talk with me?* Dann fiel mir ein, dass ich etwas aus der Küche brauchte, also ging ich es holen und trällerte in der Küche die ganze Zeit weiter, nur noch etwas lauter und inniger. Und plötzlich meinte ich draußen jemand antworten zu hören, aber wegen des heftigen Sturms war ich mir nicht sicher. Ich brach deshalb das Singen ab, und da hörte ich klar und deutlich jemand antworten: *Yes, Sir, I will walk, I will talk with you,* und ich erkannte die Stimme eindeutig als die von Ann Clark.

Generalstaatsanwalt:

Woran konnten Sie Anns Stimme denn erkennen?

Arscott:

Da war kein Irrtum möglich. Ann hatte eine furchtbare Stimme, eine entsetzlich kreischende Stimme, besonders wenn sie zu singen versuchte. Niemand im Dorf konnte diese Stimme nachmachen, auch wenn viele das hin und wieder versuchten.

Als ich die Stimme erkannte, war ich sehr erleichtert, denn wir alle machten uns ja Sorgen um Ann, weil sie so plötzlich verschwunden war. Und sie war ja geistig zurückgeblieben, dabei aber sehr gutmütig und folgsam. Ich murmle so vor mich hin »Mein Gott, Kind, du bist also wieder da?«, renne in den vorderen Gastraum, sage im Vorübergehen zu Herrn Martin »Euer Schätzchen ist wieder aufgetaucht, soll ich das Mädchen hereinrufen?« und gehe auf die Eingangstür zu, um sie zu öffnen. Doch da packt mich der Herr Martin – er wirkt fast wie zu Tode erschrocken – und sagt: »Um Himmels willen, tut das nicht!« Keine Ahnung, was er sonst noch gesagt hat, aber er zitterte am ganzen Körper. Da werde ich wütend und erwidere: »Wie bitte? Freut Ihr Euch denn gar nicht, dass das arme Kind nun wieder da ist?« Und zu Thomas Snell ruf ich herüber: »Wenn der hohe Herr mich davon abhält, mach doch du bitte die Tür auf, um das Mädchen hereinzulassen.«

Also zieht Thomas Snell die Tür auf, doch der Wind hat sich gedreht, fegt mit voller Wucht herein und bläst unser einziges Licht, die Kerzen, aus. Da lässt Herr Martin von mir ab und fällt wohl auf den Boden. Aber genau weiß ich es nicht, denn nun ist ja alles stockdüster, und es dauert ein bisschen, bis ich wieder Licht machen kann. Während ich nach der Schachtel mit den Zündhölzern taste, meine ich zu hören – auch da bin ich mir nicht ganz sicher –, wie jemand über die Dielen stapft.

Doch ich weiß noch genau, dass ich hörte, wie die Tür des großen Schrankes im Gastraum knarrend aufging und sich wieder schloss.

Als ich wieder Licht hab, seh ich, dass der Herr Martin kreidebleich, das Gesicht von kaltem Schweiß überzogen, auf der Sitzbank zusammengesunken ist und die Arme herunterbaumeln. Er sieht so aus, als wär er in Ohnmacht gefallen.

Ich will ihm zu Hilfe eilen, doch genau in diesem Moment fällt mein Blick auf etwas, das so aussieht wie ein in der Schranktür klemmender Kleiderstoff, und ich erinnere mich, dass ich diese Tür ja hab zuschlagen hören. Deshalb geh ich näher heran und merke, dass unten in der Tür schwarzer Umhangstoff und direkt darunter der Saum eines braunen Kleidungsstücks eingeklemmt ist, so als hätte sich jemand in aller Eile in den Schrank gekauert.

Generalstaatsanwalt:

Was für ein Kleidungsstück war das Eurer Meinung nach?

Arscott:

Das Kleid einer Frau.

Generalstaatsanwalt:

Hattet Ihr eine Vermutung, wem dieses Kleid gehörte? Kanntet Ihr jemanden, der ein solches Kleid besaß?

Arscott:

Es war ganz gewöhnlicher Stoff, soweit ich sehen konnte. Viele Frauen in unserem Dorf tragen solche Kleider.

Generalstaatsanwalt:

Könnte es ein Kleid von Ann Clark gewesen sein?

Arscott:

Ja, sie hat ein solches Kleid oft getragen. Aber ich könnte nicht beschwören, dass es ihres war.

Generalstaatsanwalt:

Ist Euch sonst noch etwas an diesem Kleid aufgefallen?

Arscott:

Ja, mir fiel auf, dass es völlig durchnässt war, aber es hat an diesem Abend ja auch heftig geregnet.

Jeffreys:

Habt Ihr den Kleidersaum angefasst?

Arscott:

Nein, Euer Ehren, das war mir zuwider.

Jeffreys:

Zuwider? Wieso denn das? Seid Ihr so zimperlich, dass Ihr kein durchnässtes Kleid anfassen mögt?

Arscott:

Ja, ich hatte tatsächlich einen Widerwillen dagegen, Euer Ehren. Ich weiß selbst nicht genau, warum. Das Kleid kam mir irgendwie ekelhaft und abstoßend vor.

Jeffreys:

Nun gut, fahrt fort mit Eurem Bericht.

Arscott:

Ich ruf also wieder nach Thomas Snell, bitte ihn, mir zu helfen, sobald ich die Schranktür aufziehe, und diejenige abzufangen, die dann vermutlich zu flüchten versucht. »Da drinnen versteckt sich nämlich eine Frau«, sage ich, »und ich möchte wissen, was sie hier will.« Und bei diesen Worten schreit Herr Martin laut auf und rennt ins Dunkle hinaus. Derweil spür ich, wie jemand die Schranktür, die ich umklammere, mit aller Kraft nach außen, gegen mich, drückt. Thomas Snell versucht mit mir zusammen dagegenzuhalten, aber sosehr wir's auch versuchen: Die Tür wird so heftig aufgerissen, dass wir nach hinten geworfen werden.

Jeffreys:

Erzählt uns bitte, was aus dem Schrank kam – eine Maus?

Arscott:

Nein, es war viel größer als eine Maus, aber ich konnte nicht sehen, wer oder was es war. Es huschte blitzschnell durch den Gastraum und zur Tür hinaus.

Jeffreys:

Na, kommt schon, wie sah es aus? Irgendwas müsst Ihr doch erkannt haben. War es ein Mensch?

Arscott:

Ich kann Euch wirklich nicht sagen, was es war, nur dass es am Boden entlanghuschte und von dunkler Farbe war. Wir hatten beide Angst, Thomas Snell und ich, aber trotzdem sind wir, so schnell wir konnten, hinterhergerannt, zur Tür, die offen stand. Draußen hielten wir nach dem Tier, Mensch oder was immer es gewesen sein mag, Ausschau, aber es war so dunkel, dass wir's nicht entdecken konnten.

Jeffreys:

Hat es denn keine Spuren auf dem Fußboden des Gastraums hinterlassen? Was für einen Bodenbelag habt Ihr dort?

Arscott:

Der Boden ist mit abgeschliffenen Steinplatten gefliest, Euer Ehren, und es war darauf eine feuchte Spur zu sehen, aber Thomas Snell und ich konnten nichts Genaues herauslesen. Außerdem war es, wie gesagt, ein völlig verregneter Abend.

Jeffreys:

Nun, ich für meinen Teil sehe nicht, was Ihr mit derartigem Beweismaterial anfangen wollt, Herr Staatsanwalt. Wenn's auch zweifellos eine seltsame Geschichte ist, die uns die Zeugin da erzählt.

Generalstaatsanwalt:

Euer Ehren, diese Zeugenaussage belegt das verdächtige

Verhalten des Angeklagten unmittelbar nach dem Verschwinden der ermordeten Ann Clark. Wir bitten die Geschworenen deshalb, diese Aussage zu berücksichtigen. Und auch, dass die Zeugin eine gewisse Stimme vor dem Haus gehört hat.

(Danach stellte der Angeklagte einige nicht sehr wichtige Fragen. Als Nächster wurde Thomas Snell in den Zeugenstand gerufen. Er bestätigte die Aussagen Mrs. Arscotts und machte die hier folgenden zusätzlichen Angaben.)

Generalstaatsanwalt:
Spielte sich irgendetwas zwischen Euch und dem Angeklagten ab, während Mrs. Arscott in der Küche war?

Snell:
Ich hatte da so'n gepresstes Stückchen in der Hosentasche.

Generalstaatsanwalt:
Wie bitte? Ein Stückchen von was?

Snell:
Tabak. Hatte Lust, eine Pfeife zu rauchen. Also holte ich mir 'ne Pfeife vom Kaminsims. Aber der Tabak war sehr fest, und mein Messer hatte ich zu Hause vergessen, und ich hab ja auch nicht mehr genug Zähne, um so was zu zerbeißen, wie Euer Ehren und jeder hier selbst sehen können …

Jeffreys:
Was faselt er da? Kommt zur Sache, Mann. Glaubt Ihr, wir sitzen hier herum, um uns Eure Zähne anzusehen?

Snell:
Nein, Euer Ehren, das wär mir auch gar nicht lieb, um Gottes willen! Ich weiß, dass Euer Ehren Besseres zu tun und wahrscheinlich auch bessere Zähne haben.

Jeffreys:

Großer Gott, was ist denn das für einer?! Ja, ich habe bessere Zähne, und das werdet Ihr selbst merken, wenn Ihr nicht bald zur Sache kommt.

Snell:

Ich bitte um Entschuldigung, Euer Ehren, aber so war's nun mal. Also bat ich den Herrn Martin ohne jeden Hintergedanken, mir sein Messer zu leihen, damit ich meinen Tabak schneiden konnte. Erst tastete er die eine Hosentasche ab, dann die andere, aber sein Messer war nicht da. Und ich sag: »Oje, habt Ihr Euer Messer verloren?« Da steht er auf, tastet noch mal alle Taschen ab, setzt sich wieder und stöhnt: »Mein Gott, ich muss es liegen gelassen haben.« Und ich sag darauf: »Hier in der Wirtschaft? Nein, da ist es anscheinend nicht. Aber Ihr könntet für den Finder ja eine Belohnung aussetzen.« Doch er saß nur da, stützte den Kopf in die Hände und schien mich gar nicht gehört zu haben. Gleich darauf kam Mrs. Arscott aus der Küche zurück.

(Anschließend fragte man Snell, ob er vor dem Haus jemanden singen gehört habe, was er verneinte. Und ja, die Tür zur Küche sei geschlossen gewesen und der Sturm habe geheult, aber niemand könne die Stimme von Ann Clark verkennen. Nach Snell wurde ein schätzungsweise 13-jähriger Junge namens William Reddaway in den Zeugenstand gerufen und, nachdem der Oberrichter ihm die üblichen Fragen gestellt hatte, im Gerichtsprotokoll festgehalten, er sei darüber aufgeklärt worden, was ein Schwur sei. Also wurde er vereidigt. Seine Aussage bezog sich auf einen Zeitpunkt eine Woche nach dem Vorfall im *New Inn.*)

Generalstaatsanwalt:

Du musst keine Angst haben, Junge. Niemand hier will dir etwas Böses, solange du die Wahrheit sagst.

Jeffreys:

Genau so ist es. Du darfst nur nicht lügen. Aber denk daran, dass du deine Aussagen vor dem Allmächtigen Gott, dem Herrscher über Himmel und Erde, machst, der die Schlüssel zur Hölle in den Händen hält. Und vor uns, den Vertretern der Krone, die den Schlüssel zum Gefängnis Newgate in den Händen halten. Und denk auch daran, dass hier das Leben eines Mannes auf dem Spiel steht. Falls du uns Lügen auftischst und dieser Mann deswegen ein schlimmes Ende nimmt, bist du nicht besser, als wärst du sein Mörder. Also sag die Wahrheit!

Generalstaatsanwalt:

Und jetzt sag den Geschworenen, was du weißt. Wo warst du am Abend des 23. Mai diesen Jahres?

Jeffreys:

Meine Güte, was weiß so ein Junge schon von Tagen, Monaten und Jahren? Sagt dir dieser Tag irgendetwas?

William Reddaway:

Ja, Euer Ehren, der 23. Mai war der Tag vor unserm Dorffest, wo ich dann einen Sixpence ausgegeben hab. Und es war noch ein Monat bis zur Sommerwende.

Ein Geschworener:

Euer Ehren, wir können nicht hören, was er sagt.

Jeffreys:

Er sagt, er erinnert sich an den 23. Mai, weil das der Tag vor dem Dorffest war und er für das Fest einen Sixpence zur Verfügung hatte. Lasst den Jungen an dem Tisch dort drüben Platz nehmen. (Der Junge wird hinübergeführt.) Also gut, Junge, wo warst du am 23. Mai?

William:

Da hab ich die Küh' auf 'm Grünland gehüt', Euer Ehren.

(Da der Junge im Dialekt seiner Heimat spricht, kann Richter Jeffreys ihn nur schlecht verstehen. Deshalb fragt er, ob irgendjemand im Saal ihm die Aussagen des Jungen übersetzen kann. Ihm wird mitgeteilt, der Pfarrer der Gemeinde sei anwesend. Gleich darauf wird der Pfarrer vereidigt und springt bei unverständlichen Ausdrücken mit einer Übersetzung ein. Was hier folgt, ist also die in dieser Hinsicht »bereinigte Fassung« von Williams Aussagen.)

William (fährt fort):

Ich war also auf dem Grünland, und gegen sechs Uhr abends saß ich hinter einem Ginsterbusch nahe bei einem Tümpel. Und da schlich sich der Herr Martin sehr vorsichtig heran, wobei er sich ständig umsah. Er hatte so etwas wie eine lange Stange in der Hand. Eine ganze Weile blieb er stehen, so als lauschte er auf etwas, und dann begann er, mit der Stange im Wasser herumzustochern. Ich saß ziemlich nah am Tümpel, nicht viel weiter als fünf Schritte weg. Nach kurzer Zeit hörte ich etwas Seltsames. Es klang so, als wäre die Stange gegen etwas gestoßen, das daraufhin ein irgendwie schmatzendes Geräusch von sich gab. Daraufhin ließ der Herr Martin die Stange fallen, warf sich auf den Boden, hielt sich die Ohren zu und wälzte sich auf sehr merkwürdige Weise hin und her. Später stand er wieder auf und schlich sich davon.

Jeffreys:

Hattest du mit dem Angeklagten schon früher zu tun gehabt?

William:

Ja. Einen oder zwei Tage zuvor fragte mich der Herr Martin – er hatte wohl gehört, dass ich oft auf dem Grünland bin –, ob ich dort ein Messer hätte herumliegen sehen. Er würde mir als Finderlohn ein Sixpencestück dafür geben. Ich sagte, ich hätte dort kein Messer gesehen, könnte aber herumfragen. Da meinte er: »Ein Sixpencestück dafür, dass du den Mund hältst, was die Sache mit dem Messer betrifft.« Und als ich das versprach, gab er mir das Sixpencestück.

Jeffreys:

War das das Sixpencestück, das du auf dem Dorffest ausgegeben hast?

William:

Ja, Euer Ehren.

Jeffreys:

Ist dir am Wasser des Tümpels irgendetwas Besonderes aufgefallen?

William:

Nein, Euer Ehren. Höchstens dass es immer mehr stank und die Kühe schon seit Tagen nicht mehr aus dem Tümpel trinken wollten.

(Gefragt, ob er den Angeklagten und Ann Clark jemals zusammen gesehen habe, heulte William los, und man konnte ihn lange nicht dazu bringen, irgendetwas Verständliches von sich zu geben. Schließlich gelang es dem Dorfpfarrer Matthews, den Jungen zu beruhigen. Als ihm die Frage erneut gestellt wurde, sagte er, er habe seit dem letzten Weihnachtsfest mehrmals gesehen, wie Ann Clark an einer etwas abgelegenen Stelle auf dem Grünland auf den Angeklagten gewartet habe.)

Generalstaatsanwalt:

Hast du die Frau aus solcher Nähe gesehen, dass du mit Sicherheit sagen kannst, es war Ann Clark?

William:

Ja, da bin ich mir ziemlich sicher.

Jeffreys:

Wie sicher, Junge?

William:

Na ja, deswegen sicher, weil sie auf und ab sprang und mit den Armen so schlug, als wär sie eine Gans. (William sagte nicht *Gans,* sondern benutzte einen Ausdruck aus dem dörflichen Dialekt, den der Pfarrer als *Gans* übersetzte.)

Außerdem hab ich sie an ihrer Figur erkannt, die konnte man nicht mit irgendeiner anderen verwechseln.

Generalstaatsanwalt:

Wann hast du Ann Clark zum letzten Mal gesehen?

Daraufhin begann der Junge erneut zu schluchzen und klammerte sich an den Pfarrer, der ihm sagte, er müsse keine Angst haben. Und so rückte der Junge schließlich mit seiner Geschichte heraus. Demnach war er am Abend vor dem Dorffest, der bereits zur Sprache kam, noch einige Minuten hinter dem Ginsterbusch sitzen geblieben, nachdem sich der Angeklagte davongeschlichen hatte. Es dämmerte bereits, und er wäre gern nach Hause gegangen, hatte aber Angst, sich von der Stelle zu rühren, denn dann hätte der Angeklagte ihn vielleicht doch noch entdeckt. Also blieb er sitzen, blickte auf den Tümpel und sah plötzlich am anderen Ufer etwas Dunkles aus dem Wasser auftauchen. Als es bis zur Böschung getrieben war, stand es auf, schlug mit den Armen um sich und rannte gleich darauf in die Richtung, in welcher der Angeklagte verschwunden war.

Als man William mit sehr strenger Stimme fragte, für was er dieses Geschöpf gehalten habe, sagte er unter Eid aus, es könne nur Ann Clark gewesen sein.

Danach wurde Williams Dienstherr in den Zeugenstand gerufen und bestätigte, dass der Junge an jenem Abend erst sehr spät vom Grünland zurückgekehrt sei – er habe ihn deswegen ausgeschimpft. William habe sehr verwirrt gewirkt, jedoch keinen Grund dafür angeben können oder wollen.

Anschließend erklärte der Generalstaatsanwalt, von seiner Seite her sei die Zeugenbefragung damit abgeschlossen. Nun gab Richter Jeffreys dem Angeklagten Gelegenheit zu einer Verteidigungsrede, die er auch nutzte, allerdings nur sehr kurz und zögerlich.

»Ich hoffe«, sagte er, »die Geschworenen lassen sich nicht dazu hinreißen, mir auf der Grundlage der Aussagen von irgendwelchen Hinterwäldlern und Kindern, die jedes Ammenmärchen glauben, das Recht zu leben abzusprechen. Ich habe in diesem Prozess unter starker Voreingenommenheit und Befangenheit zu leiden gehabt.«

An dieser Stelle unterbrach ihn Richter Jeffreys und rief ihm ins Gedächtnis, welche Vorzugsbehandlung er genossen habe, indem man die Verhandlung auf seinen Wunsch hin von Exeter nach London verlegt habe. Das würdigte der Angeklagte auch und setzte nach: »Ich meine damit, dass man mich nach der Verlegung ins Londoner Gefängnis Newgate nicht vor Störungen und Belästigungen geschützt hat.«

Daraufhin ließ Richter Jeffreys den Polizeidirektor in den Zeugenstand rufen und fragte ihn nach den Sicherheitsmaßnahmen zum Schutz des Angeklagten, was jedoch keine besonderen Vorfälle an den Tag brachte. Allerdings sagte der Polizeidirektor, der für George Martin zuständige Gefangenenwärter habe ihm mitgeteilt, man habe einmal eine Person vor dessen Zelle oder auf dem Treppenaufgang dorthin gesehen. Diese Person könne jedoch unmöglich in Martins verriegelte Zelle gelangt sein.

Auf Nachhaken des Richters, wer diese Person gewesen sei, konnte der Polizeidirektor nur auf Gerüchte verweisen – und Gerüchte werden bei Gericht nun mal nicht als Beweismittel zugelassen.

Man fragte den Angeklagten, ob er diesen Vorfall gemeint habe, was er verneinte. Er wisse gar nichts davon. Es sei jedoch sehr grausam, einem Mann, dem das Todesurteil drohe, nicht wenigstens seine Ruhe zu lassen.

Es fiel allerdings auf, wie hastig er jede Kenntnis über diesen Vorfall bestritt. Danach sagte er nichts Weiteres und machte auch nicht von seinem Recht Gebrauch, die Zeugen nun seinerseits zu befragen.

Anschließend hielt der Generalstaatsanwalt eine Ansprache an die Geschworenen.

[Hier folgt im Bericht des Protokollanten die wörtliche Wiedergabe dieser Rede, die ich hier aus Platzgründen jedoch auslasse. Ich will hier nur die Stelle erwähnen, an der der Staatsanwalt auf das Wiederauftauchen der Ermordeten eingeht. Er zitiert in diesem Zusammenhang uralte Quellen, etwa *De cura pro mortuis*, übersetzt: *Begegnung und Umgang mit den Toten* – ein moraltheologisches Werk aus dem Jahre 421, auf das sich frühere Verfasser von Schriften über das Übernatürliche gern bezogen. Außerdem führt er einige Fälle aus dem Traktat des Oberrichters Ranulf de Glanvill über die *Gesetze und Gebräuche des Königreichs England* aus dem Jahre 1554 an, heutzutage leichter zu finden in den aktuellen Werken Andrew Langs, des Mitbegründers der *Society for Psychical Research*, der viel über das Übernatürliche geschrieben hat. Allerdings weiß der Generalstaatsanwalt nicht mehr über solche Fälle zu sagen, als bereits veröffentlicht wurde, wie auch dem Protokollanten auffällt. Danach fährt er fort wie folgt.]

Danach fasste der Oberrichter Jeffreys die Beweisführung für die Geschworenen zusammen. Auch seine Rede enthielt eigentlich nichts, das sich wörtlich zu zitieren lohnt. Selbstverständlich zeigte er sich beeindruckt von dem außergewöhnlichen Beweismaterial und bemerkte, solche Aussagen habe er nie zuvor gehört. Vom Gesetz her spreche aber nichts dagegen, sie als Beweismaterial zuzulassen, nur müssten die Geschworenen abwägen, ob diese Zeugenaussagen glaubwürdig gewesen seien.

Nach sehr kurzer Beratung befanden die Geschworenen den Angeklagten für *schuldig*. Man fragte ihn, ob er irgendetwas zu seiner Entlastung anzuführen habe, das zur Einstellung des Verfahrens führen könne. Er machte lediglich geltend, dass die amtlichen Schriftstücke falsch adressiert gewesen seien; man habe ihn darin als George *Martin* bezeichnet, er heiße jedoch *Martyn*, geschrieben mit Ypsilon. Das wurde als unwesentlich abgetan. Zudem sagte der Generalstaatsanwalt, er könne beweisen, dass der Angeklagte mitunter seinen Namen selbst mit einem I geschrieben habe.

Da der Angeklagte ansonsten nichts zu seiner Entlastung anzuführen wusste, wurde das Todesurteil über ihn verhängt und auch dessen Vollstreckung festgelegt. Er solle, in Ketten gelegt, den Tod durch den Strang erleiden, und der Galgen sei in der Nähe des Tatorts zu errichten. Als Termin für die Hinrichtung wurde der 28. Dezember desselben Jahres bestimmt – der kirchliche Gedenktag für die Kindermorde von Bethlehem.

Danach bat der offensichtlich am Boden zerstörte Verurteilte den Oberrichter Jeffreys, man möge seiner Familie in der kurzen Zeit, die er noch zu leben habe, Besuchserlaubnis gewähren.

Jeffreys:

Das genehmige ich Euch sehr gern. Eure Familie darf Euch bei Anwesenheit des Gefängniswärters besuchen. Und meinetwegen auch Ann Clark.

Daraufhin bekam der Verurteilte einen Wutanfall und schrie den Oberrichter an, er solle sich solche Bemerkungen gefälligst sparen. Äußerst aufgebracht entgegnete Jeffreys, ein so grausamer und feiger Mörder wie er, der nicht einmal den Mumm habe, die Strafe für seine Tat mit Haltung anzunehmen, verdiene keine Milde und könne von niemandem eine nachsichtige Behandlung erwarten. »Und ich hoffe bei Gott«, setzte er nach, »dass Ann Clark Euch bis zu Eurer Hinrichtung bei Tag und bei Nacht heimsucht.«

Danach wurde der Verurteilte, der, soweit ich sehen konnte, ohnmächtig geworden war, aus dem Saal gebracht und die Gerichtsverhandlung geschlossen.

An dieser Stelle kann ich nicht umhin, eine persönliche Nachbemerkung anzufügen: Während der ganzen Gerichtsverhandlung wirkte George Martin sehr bedrückt und nervös, und zwar weit stärker, als es selbst bei Angeklagten in Mordprozessen normalerweise der Fall ist. Beispielsweise sah er sich oft argwöhnisch im Gerichtssaal um und fuhr oft so herum, als hätte ihm jemand in seinem Rücken etwas ins Ohr geflüstert.

Auffallend war bei dieser Verhandlung auch, wie still sich das Publikum die meiste Zeit über verhielt und welches Zwielicht und Dunkel im Gerichtssaal herrschten (was natürlich auch an der Jahreszeit gelegen haben mag). Obwohl es in London an diesem Tag nicht neblig war, mussten schon kurz nach zwei Uhr nachmittags Lampen hereingebracht werden.

Hier endet der Bericht.

Vor Kurzem gab ein junger Mann in dem Dorf, das Schauplatz dieser Ereignisse gewesen ist, ein Konzert und erzählte mir später davon. Mein Interesse war geweckt, als ich hörte, dass er dort auch das Lied vortrug, das in dieser Geschichte eine gewisse Rolle gespielt hat: *Madam, will you walk, will you talk with me?* Beim Publikum stieß das keineswegs auf Beifall, sondern wurde mit eisigem Schweigen quittiert.

Als sich der junge Mann am folgenden Morgen mit einigen Einheimischen darüber unterhielt, erfuhr er, dass alle Dorfbewohner dieses Lied von ganzem Herzen verabscheuten. Die Einheimischen meinten, im Nachbarort North Tawton sei das sicher anders, aber hier glaube man, das Lied bringe Unglück.

Doch keiner der Einheimischen hatte auch nur die leiseste Ahnung, wieso man das diesem Lied nachsagte.

Die Mezzotinto-Radierung

Soweit ich mich erinnere, hatte ich vor einiger Zeit das Vergnügen, Ihnen von der abenteuerlichen Geschichte zu erzählen, die mein Freund Dennistoun erlebte, als er auf der Suche nach Kunstobjekten für das Museum in Cambridge auf Reisen war.

Nach seiner Rückkehr nach England veröffentlichte er seine Erlebnisse nicht in größerem Rahmen, doch es konnte nicht ausbleiben, dass viele seiner Freunde davon erfuhren, darunter auch ein Kollege, der damals das Kunstmuseum einer anderen Universität leitete.

Es war nicht verwunderlich, dass die Geschichte einen Mann, dessen Tätigkeit derjenigen Dennistouns so sehr ähnelte, stark beeindruckte; auch nicht, dass er dringend nach irgendeiner Erklärung für die Ereignisse suchte, die es so gut wie ausschloss, dass er je einer so aufregenden und gefährlichen Situation ausgesetzt sein würde.

Irgendwie war es ihm ein Trost, dass man von ihm nicht erwartete, uralte Manuskripte für sein Museum zu erwerben – das war die Aufgabe der Shelburn-Bibliothek. Sollten doch deren Experten, wenn sie unbedingt wollten, in irgendwelchen dunklen Winkeln auf dem europäischen Festland danach graben!

Er war froh, dass er sich derzeit darauf konzentrieren musste, die bereits unübertroffene Sammlung topografischer Zeichnungen und Stiche aus England, die sein Museum besaß, noch zu erweitern.

Doch es stellte sich heraus, dass selbst ein so gemütlicher und vertrauter Arbeitsbereich wie der seinige dunkle Winkel umfassen konnte, und einen davon lernte Mr. Williams auf völlig unerwartete Weise kennen.

Wer sich – in welchem Rahmen auch immer – für die Beschaffung topografischer Abbildungen interessiert, weiß, dass es in London nur einen einzigen Händler gibt, der bei Nachforschungen unverzichtbare Hilfe leisten kann. Mr. J. W. Britnell veröffentlicht in kurzen Abständen bewundernswerte Kataloge mit einem umfangreichen und stets wechselnden Angebot von Stichen, Plänen und alten Skizzen von Herrenhäusern, Kirchen und Städten in England und Wales.

Für Mr. Williams waren diese Kataloge so etwas wie das ABC seines Fachgebiets. Doch da das Museum bereits über eine sehr umfangreiche Sammlung topografischer Abbildungen verfügte, war er zwar ein Stammkunde des Händlers, tätigte aber nur selten neue Ankäufe. Wenn er sich an Mr. Britnell wandte, ging es ihm nicht so sehr um Raritäten, sondern darum, Lücken im Bestand seines Museums aufzufüllen.

Im Februar letzten Jahres gelangte wieder einmal ein Katalog aus dem Hause Britnell auf Mr. Williams' Schreibtisch im Museum, begleitet von einer mit Maschine geschriebenen persönlichen Mitteilung des Händlers. Sie lautete:

Sehr geehrter Mr. Williams,
wir möchten Sie gern auf Blatt Nr. 978 im beiliegenden Katalog hinweisen, das wir Ihnen gerne zur Ansicht zuschicken.

Hochachtungsvoll
J. W. Britnell

Es würde ja nur einen Augenblick dauern, das Blatt Nr. 978 im Katalog nachzuschlagen, sagte sich Williams und schritt zur Tat. An der angegebenen Stelle fand er folgenden Eintrag:

> *978 – Künstler unbekannt. Interessante Radierung in Mezzotinto-Technik. Ansicht eines Herrenhauses, Anfang dieses Jahrhunderts. 38 x 25 cm. Schwarzer Rahmen. 2 Pfund 2 Schilling.*

Williams fand die Radierung nicht besonders aufregend und den Preis dafür recht hoch. Doch da Mr. Britnell, der sowohl etwas von seinem Geschäft verstand als auch seinen Kunden gut kannte, die Radierung offensichtlich für wertvoll hielt, forderte Williams den Artikel zusammen mit anderen Kupferstichen und Skizzen aus dem Katalog durch eine Postkarte zur Ansicht an. Danach machte er sich ohne das erregende Gefühl irgendeiner Vorahnung wieder an die normale Tagesarbeit.

In der Regel wird ja jede Paketsendung einen Tag später zugestellt als erwartet, wie man so sagt, und die für Mr. Williams bestimmte stellte keine Ausnahme dar. Das Paket kam am Samstag mit der Nachmittagspost an, als er bereits Feierabend gemacht hatte. Doch ein Angestellter des Museums brachte es ihm in seine Wohnung im College, damit er nicht bis zum Montag warten musste, um die Sendung durchzusehen und auszusortieren, was er nicht ankaufen wollte.

Dort fand er das Paket vor, als er mit einem Freund, den er zum Tee eingeladen hatte, nach Hause kam.

Mir kommt es hier nur auf die recht großen, schwarz gerahmten Mezzotinto-Radierungen an, deren kurze Beschreibung in Mr. Britnells Katalog ich bereits zitiert habe. Einige Einzelheiten muss ich noch hinzufügen, auch wenn es mir kaum gelingen wird, das Bild so deutlich darzustellen, wie es mir selbst vor Augen steht. Noch heute kann man fast werkgetreue Nachdrucke davon in vielen alten Wirtsstuben und in den Gängen mancher von der Neuzeit unberührten Landsitze finden.

Es war eine ziemlich mittelmäßige Mezzotinto-Radierung – und ein mittelmäßiges Mezzotinto ist womöglich die schlechteste Art von Radierungen, die man sich vorstellen kann. Es zeigte die Gesamtansicht eines nicht sonderlich großen Herrenhauses aus dem vergangenen Jahrhundert. Das Gebäude wies drei Reihen schlicht gerahmter Fenster auf, die in rustikales Mauerwerk eingelassen waren, und in der Mitte einen Säulenvorbau, umgeben von einem Geländer, dessen Winkel Kugeln oder Vasen schmückten. Links und rechts des Eingangs standen Bäume, und vor dem Haus lag ein großer Rasen.

Auf dem schmalen Rand der Darstellung war als einzige Inschrift *A. W. F. Sculpsit* eingraviert. Insgesamt wirkte die Arbeit laienhaft.

Was um alles in der Welt konnte Mr. Britnell nur bewogen haben, den Preis für eine solche Radierung auf zwei Pfund und zwei Schilling festzusetzen? Voller Geringschätzung drehte Williams das Blatt um. Auf der Rückseite klebte ein Zettel, dessen linke Seite abgerissen war, sodass man nur noch das jeweilige Ende von zwei untereinanderstehenden Zeilen lesen konnte: *ngley Hall* und *ssex.*

Vielleicht, überlegte Williams, würde es sich lohnen, den auf der Radierung dargestellten Ort ausfindig zu machen? Sicher ließ sich das mithilfe eines geografischen Lexikons leicht bewerkstelligen. Danach würde er die Radierung Mr. Britnell zurückschicken und eine Bemerkung über das nicht ganz nachzuvollziehende künstlerische Urteil des Händlers beifügen.

Er zündete die Kerzen an, da es mittlerweile dunkel geworden war, machte Tee für sich und seinen Freund und schenkte ein. Zuvor hatten sie zusammen Golf gespielt (meines Wissens suchen die höheren Angestellten der Universität, von der ich hier berichte, vorzugsweise bei diesem Sport Entspannung). Beim Tee sprachen sie über Dinge, die sich Golfspieler selbst ausmalen können; ein rücksichtsvoller Autor wird jedoch davon absehen, diese Dinge den nicht Golf spielenden Menschen unter seinen Lesern aufzudrängen. Jedenfalls einigten sich die beiden Freunde darauf, dass ihnen manche Schläge nicht besonders gut gelungen waren und sie in gewissen schwierigen Situationen einfach kein Spielglück gehabt hatten.

Danach griff der Freund – nennen wir ihn Professor Binks – nach der gerahmten Radierung und fragte: »Was ist das für ein Anwesen, Williams?«

»Das versuche ich gerade herauszufinden.« Williams ging zu dem Buchregal hinüber, in dem das geografische Lexikon stand. »Schau dir mal die Rückseite des Bildes an – da ist irgendein *X-ley Hall* vermerkt, das entweder in Sussex oder in Essex liegen muss. Wie du sehen wirst, ist nur noch die Hälfte beider Namen zu lesen. Sagt dir die Abbildung irgendwas? Kennst du den Ort zufällig?«

»Das Blatt hat dir wohl Britnell geschickt, wie? Ist es für das Museum bestimmt?«

»Na ja, wäre der Preis fünf Schilling, würde ich es wohl ankaufen. Aber aus irgendeinem unerfindlichen Grund will Britnell zwei Guineen dafür. Dabei ist es doch eine miserable Arbeit, und es sind nicht einmal irgendwelche Personen darauf abgebildet, die die Szenerie beleben würden.«

»Zwei Guineen ist die Radierung sicher nicht wert«, erwiderte Binks. »Allerdings finde ich sie gar nicht so übel. Der Künstler hat das Mondlicht doch ziemlich gut getroffen. Und ich hatte den Eindruck, dass darauf sehr wohl Personen abgebildet sind – zumindest eine, am vorderen Rand.«

»Lass mal sehen. Ja, stimmt, das Licht hat er recht geschickt eingesetzt. Wo ist die Gestalt, die du entdeckt hast? O ja, da ist was, ganz am Rande, aber es ist nur ein Kopf.«

Tatsächlich war am vorderen Rand der eingehüllte Kopf eines Mannes oder einer Frau zu sehen – kaum mehr als ein schwarzer Fleck. Die Gestalt stand mit dem Rücken zum Betrachter und blickte zum Haus hinüber.

Williams hatte sie vorher nicht bemerkt. »Trotzdem kann ich nicht zwei Guineen aus dem Museumsetat für das Abbild eines Ortes ausgeben, den ich nicht einmal kenne«, sagte er. »Auch wenn die Radierung besser gemacht ist, als ich anfangs dachte.«

Da Professor Binks noch Arbeiten zu erledigen hatte, ging er bald darauf, während Williams fast bis zur Essenszeit vergeblich versuchte, das abgebildete Anwesen zu identifizieren.

Wäre der Vokal vor ngley Hall noch zu lesen, hätte ich keine Mühe damit, dachte er. *Aber so kann es alles Mögliche sein – von Guestingley bis zu Langley. Außerdem gibt es viel mehr Namen, die auf ngley enden, als ich dachte. Und dieses verdammte Lexikon enthält kein Register für Namensendungen.*

Das Abendessen wurde in dem College, dem Mr. Williams angehörte, um sieben Uhr serviert. Es lohnt sich nicht, näher darauf einzugehen. Zumal Williams dort Kollegen traf, die nachmittags ebenfalls Golf gespielt hatten, und alle Gespräche am Tisch sich darum drehten – Fachsimpeleien, die hier keine Rolle spielen.

Nach dem Abendessen verbrachten die Herren noch mindestens eine Stunde im sogenannten Gemeinschaftszimmer. Anschließend zogen sich einige mit Williams in dessen Wohnung zurück, um Whist zu spielen und dabei Pfeife zu rauchen.

Während einer Spielpause nahm Williams die Mezzotinto-Radierung vom Tisch, ohne sie nochmals zu betrachten, und reichte sie einem Herrn, der sich ein wenig für Kunst interessierte. Er erzählte ihm, woher er sie hatte, und weitere (uns bekannte) Einzelheiten.

Der Angesprochene nahm die Radierung beiläufig entgegen, musterte sie und bemerkte mit plötzlichem Interesse: »Das ist wirklich eine sehr gute Arbeit, Williams. Drückt die Gefühlswelt der Romantik ziemlich treffend aus. Der Künstler hat das Licht meinem Eindruck nach bewundernswert eingesetzt. Die abgebildete Gestalt hingegen wirkt schon fast übertrieben grotesk, ist aber trotzdem irgendwie eindrucksvoll.«

»Genau«, erwiderte Wiliams, gerade damit beschäftigt, der Herrenrunde Whisky mit Soda einzuschenken, sodass er sich den Stich nicht nochmals ansehen konnte.

Mittlerweile war es spät geworden, und bald darauf verabschiedeten sich die Gäste. Nachdem sie gegangen waren, musste Williams noch einige Briefe schreiben und ein paar kleinere Arbeiten erledigen. Es war schon Mitternacht vorbei, als er Müdigkeit spürte und beschloss, zu Bett zu gehen. Nachdem er auf dem Nachttisch eine Kerze entzündet hatte, machte er sich daran, das Lampenlicht im Zimmer zu löschen.

Die Radierung lag noch da, wo der letzte Betrachter sie gelassen hatte: auf dem Esstisch, mit der Vorderseite nach oben. Als Williams die letzte Lampe ausschaltete, fiel sein Blick darauf, und was er sah, versetzte ihm einen solchen Schreck, dass ihm fast die Kerze aus der Hand fiel. Später erklärte er, dass er sicher völlig durchgedreht wäre, hätte er in diesem Moment in absolutem Dunkel gestanden. Aber da er die Kerze dabeihatte, konnte er sie auf dem Tisch abstellen und in ihrem Licht die Radierung gründlich mustern.

So unmöglich die Sache auch erschien, zweifelte er doch keinen Augenblick an dem, was er vor sich sah: Mitten auf dem Rasen vor dem unbekannten Haus befand sich eine

Gestalt – und die hatte sich um fünf Uhr nachmittags noch nicht dort befunden. Eingehüllt in ein sonderbares schwarzes Gewand, auf dem hinten ein weißes Kreuz prangte, kroch sie auf allen vieren auf das Gebäude zu.

Keine Ahnung, wie man in einer solchen Situation am besten reagiert. Ich kann hier nur erzählen, was Williams tat: Er fasste das Bild beim Rahmen und trug es über den Gang in eine zweite Zimmerflucht, die ebenfalls zu seiner Wohnung gehörte. Dort schob er es in eine Schublade, die er verschloss, sperrte die Eingangstüren beider Zimmerfluchten ab und zog sich ins Bett zurück. Doch zuvor notierte er noch, auf welch ungewöhnliche Weise sich die Radierung verändert hatte, seitdem sie ihm vorlag, und zeichnete den kurzen Bericht namentlich ab.

Er hatte große Mühe einzuschlafen, doch zumindest tröstete ihn der Gedanke, dass er nicht der Einzige war, der die seltsamen Veränderungen der bildlichen Darstellung bezeugen konnte. Offensichtlich hatte der Kollege, der die Radierung am Abend betrachtet hatte, Ähnliches wie er darauf gesehen. Andernfalls hätte er ja annehmen müssen, dass mit seinen Augen oder aber mit seinem Verstand etwas ganz und gar nicht mehr stimmte.

Da er diese Möglichkeit zum Glück ausschließen konnte, nahm er sich vor, gleich morgens zwei Dinge zu erledigen: Er musste sich das Bild nochmals sehr gründlich ansehen und einen Zeugen hinzuziehen, außerdem unbedingt herausbekommen, um welches Herrenhaus es sich handelte. Also würde er seinen Nachbarn Nisbet zum Frühstück einladen und sich danach mit dem geografischen Lexikon befassen.

Nisbet hatte an diesem Sonntagmorgen nichts Besonderes vor und kam gegen halb zehn zu ihm herüber. Leider muss ich sagen, dass sein Gastgeber selbst zu dieser späten Morgenstunde noch nicht vollständig angekleidet war.

Während des Frühstücks erwähnte Williams das Mezzotinto nicht, sondern erzählte nur, man habe ihm ein Bild zugeschickt, zu dem er gern Nisbets Meinung hören würde. Diejenigen, die mit dem universitären Leben vertraut sind, können sich leicht selbst ausmalen, welch erfreuliche Fülle von Themen zwei Akademiker des Canterbury College an einem Sonntagmorgen beim Frühstück streifen können. Alles Wesentliche wurde dabei abgehandelt – vom Golf bis zum Rasentennis. Trotzdem will ich hier anmerken, dass Williams ziemlich unkonzentriert war, da er natürlich ständig an das sonderbare Bild dachte, das jetzt mit dem Rücken nach oben im gegenüberliegenden Zimmer in der abgeschlossenen Schublade lag.

Schließlich war das Frühstück beendet, und die Herren zündeten sich ihre Pfeifen an. Das war der Moment, auf den Williams gewartet hatte. Vor Aufregung fast zitternd eilte er ins Zimmer gegenüber, schloss die Schublade auf, holte die Radierung heraus, trug sie mit der Rückseite nach oben ins Esszimmer und reichte sie Nisbet.

»Und jetzt, Nisbet, möchte ich Sie bitten, mir genau zu sagen, was Sie auf dem Bild sehen. Beschreiben Sie es möglichst in allen Einzelheiten. Wieso Sie das tun sollen, verrate ich Ihnen später.«

»Also gut«, begann Nisbet, »das hier ist die Ansicht eines – vermutlich englischen – Landsitzes bei Mondschein.«

»Bei Mondschein? Sind Sie völlig sicher?«

»Aber gewiss doch. Und wenn Sie Einzelheiten hören wollen: Offenbar handelt es sich um einen abnehmenden Mond. Und der Himmel ist bewölkt.«

»Wunderbar. Fahren Sie fort. – Aber ich könnte schwören«, murmelte Williams vor sich hin, »dass der Mond bei meiner ersten Betrachtung noch nicht da war.«

»Na ja, viel mehr ist dazu nicht zu sagen. Das Haus hat eine … zwei … drei Fensterreihen mit jeweils fünf Fenstern.

Nein, stimmt nicht, im Erdgeschoss fehlt das mittlere Fenster. Stattdessen ist dort ein Säulenvorbau zu sehen und …«

»Und welche Personen können Sie auf dem Bild erkennen?«, fragte Williams gespannt.

»Gar keine, aber …«

»Wie bitte? Ist auf dem Rasen vor dem Haus keine Gestalt zu sehen?«

»Nein, nicht eine einzige.«

»Würden Sie das beschwören?«

»Selbstverständlich. Mir fällt nur noch eine weitere Einzelheit auf.«

»Welche?«

»Eines der Fenster im Erdgeschoss, das Fenster links vom Eingang, steht offen.«

»Tatsächlich? Du meine Güte, dann muss er dort eingestiegen sein«, sagte Williams äußerst erregt. Er eilte zum Sofa, auf dem Nisbet saß, und riss ihm die Radierung aus der Hand, um selbst nachzusehen.

Es stimmte: Es war keine Gestalt auf dem Bild zu erkennen, und ein Fenster im Erdgeschoss stand offen.

Williams, dem es vor Verblüffung kurz die Sprache verschlagen hatte, ging zum Schreibtisch hinüber, um etwas zu notieren. Danach kehrte er mit zwei Blättern zu Nisbet zurück. Auf einem davon stand das, was dieser über das Bild gesagt hatte. Williams bat ihn, seine Aussagen zu unterschreiben und danach die Notiz zu lesen, die Williams in der Nacht zuvor verfasst hatte.

»Was hat das alles zu bedeuten?«, wollte Nisbet wissen.

»Genau das ist die Frage. Ich muss jetzt eines tun … Nein, genau genommen sind es drei Dinge. Ich muss Garwood – er war gestern Abend bei mir – fragen, was genau er auf dem Bild gesehen hat. Dann muss ich das Ding fotografieren lassen, ehe es sich noch weiter verändert. Und danach muss ich herausfinden, um welches Anwesen es sich handelt.«

»Das Fotografieren kann ich übernehmen«, warf Nisbet ein. »Aber wissen Sie, es sieht ganz so aus, als wären wir Zeugen oder sogar Mitwirkende einer Tragödie, die sich gerade irgendwo ereignet. Die Frage ist nur, ob sie bereits geschehen ist oder noch bevorsteht. Sie müssen unbedingt herausbekommen, wo dieses Herrenhaus liegt!«

Nisbet sah sich die Abbildung nochmals an. »Vermutlich haben Sie recht: Der Mann ist durch das offene Fenster ins Haus eingestiegen. Und wenn ich mich nicht sehr täusche, kommt das dicke Ende erst noch. Und zwar wird es sich in den oberen Räumen abspielen.«

»Wissen Sie was? Ich nehme die Radierung mit zum alten Green.« (Green gehörte zur Leitung des Colleges und hatte jahrelang als dessen Finanzverwalter amtiert.) »Gut möglich, dass er das Anwesen kennt. Unser College besitzt ja Liegenschaften in Essex und Sussex, also muss er früher oft dort gewesen sein.«

»Könnte tatsächlich sein, dass er das Haus wiedererkennt. Aber lassen Sie mich erst das Foto machen. Oh, gerade fällt mir ein, dass Green heute wahrscheinlich gar nicht im Hause ist. Gestern war er auch nicht beim Abendessen. Wenn ich mich recht erinnere, hat er gesagt, dass er übers Wochenende wegfahren will.«

»Stimmt. Er wollte nach Brighton, das hatte ich ganz vergessen. Na ja, wenn Sie jetzt die Fotografie machen, gehe ich in der Zwischenzeit zu Garwood hinüber und hole seine Aussage ein. Behalten Sie das Mezzotinto im Auge, während ich fort bin. Allmählich glaube ich, dass zwei Guineen gar kein überzogener Preis für dieses sonderbare Ding sind.«

Nach kurzer Zeit kehrte Williams zurück und brachte Garwood gleich mit. Garwood erklärte, dass sich die Gestalt, die er am Vorabend auf der Radierung entdeckt hatte, nicht am Bildrand, sondern auf dem Rasen befunden habe, allerdings noch nicht in Hausnähe. Er erinnerte sich auch noch an das weiße Zeichen auf dem Gewand, war sich jedoch nicht sicher, ob es wirklich ein Kreuz gewesen war. Williams protokollierte die Aussage und ließ sie von Garwood unterschreiben. Danach fotografierte Nisbet das Bild.

»Und was haben Sie jetzt vor?«, fragte er Williams. »Wollen Sie sich den ganzen Tag vor das Bild setzen und es beobachten?«

»Das hätte wohl kaum Sinn. Ich glaube nämlich, dass wir sowieso die ganze Geschichte mitbekommen sollen. In der Zeit zwischen gestern Abend, als ich mir das Bild ansah, und heute früh hätte sich ja jede Menge tun können. Es ist aber nichts anderes passiert, als dass die Gestalt ins Haus eingedrungen ist. Dabei hätte sie in dieser Zeit doch mühelos ihre Tat durchführen und danach wieder verschwinden können. Doch das offene Fenster deutet meiner Meinung nach darauf hin, dass sie sich derzeit noch im Haus aufhält. Deshalb können wir das Bild wohl ruhig sich selbst überlassen. Außerdem habe ich den Eindruck, dass es sich tagsüber kaum oder sogar überhaupt nicht verändert. Wir könnten heute Nachmittag einen Spaziergang machen und zur Teezeit zurückkehren – oder dann, wenn es dunkel wird. Ich lasse die Radierung währenddessen auf dem Esstisch und schließe die Tür ab. Bis auf meinen Dienstboten kann niemand hinein.«

Darauf einigten sich die drei, zumal der Vorschlag, den Nachmittag zusammen zu verbringen, den Vorzug hatte, dass sie dann wohl kaum mit anderen Personen über die Geschichte reden würden. Jedes Gerücht darüber, so war ihnen klar, würde ihnen nämlich sofort die gesamte Phasmatologische Gesellschaft auf den Hals hetzen.

Also können wir die drei bis fünf Uhr nachmittags getrost allein lassen.

Gegen fünf stiegen sie die Treppe zu Williams' Wohnung hinauf und stellten zunächst leicht irritiert fest, dass die

Eingangstür nicht verschlossen war. Doch gleich darauf fiel ihnen ein, dass die Dienstboten an Sonntagen mindestens eine Stunde früher als sonst vorbeischauten, um Anweisungen entgegenzunehmen. Trotzdem stand ihnen eine Überraschung bevor.

Als Erstes bemerkten sie, dass die Radierung, genau wie sie sie verlassen hatten, an einem Bücherstapel auf dem Esstisch lehnte, und als Zweites, dass sich Williams' Dienstbote auf einem Stuhl gegenüber niedergelassen hatte und mit nacktem Entsetzen das Bild betrachtete. Was war denn da passiert?

Mr. Filcher (übersetzt bedeutet der Name *Dieb,* aber er hieß tatsächlich so) besaß einen bemerkenswert guten Ruf. Er war ein Mann, der die Anstandsregeln perfekt beherrschte und darin nicht nur allen an seinem College angestellten dienstbaren Geistern, sondern auch vielen an den benachbarten Universitäten ein Vorbild war. Normalerweise hätte ihm nichts ferner gelegen, als auf dem Stuhl seines Auftraggebers Platz oder dessen Mobiliar und Bilder genauer in Augenschein zu nehmen.

Der Tabubruch schien ihm auch selbst bewusst zu sein, denn er schrak heftig zusammen, als die drei Männer das Zimmer betraten, und sprang hastig auf. »Entschuldigen Sie bitte, Sir, dass ich mir erlaubt habe, mich hinzusetzen«, sagte er.

»Ist schon in Ordnung, Robert«, erwiderte Williams. »Ich wollte Sie sowieso fragen, was Sie von diesem Bild halten.«

»Na ja, ich kann bei so was wohl kaum mitreden. Aber das Bild würde ich bestimmt nicht irgendwo aufhängen, wo meine kleine Tochter es sehen könnte.«

»Und wieso nicht?«

»Mir ist noch gut in Erinnerung, wie sich das arme Kind mal eine Bibel mit Bildern angeguckt hat, und die waren nicht halb so schlimm wie dieses Bild hier. Danach mussten wir drei, vier Nächte am Bett der Kleinen sitzen bleiben, wirklich wahr. Und wenn sie dieses Gerippe, oder was es sonst sein mag, dabei sehen würde, wie es das arme Baby wegschleppt, würde sie bestimmt einen richtigen Schock bekommen. Sie wissen ja, wie Kinder sind. Die kriegen schon beim kleinsten Anlass furchtbare Angst. Damit will ich nur sagen, dass man so ein Bild wohl besser nicht herumliegen lassen sollte, wo jeder, der leicht zu erschrecken ist, so was sehen kann. Wenn Sie für heute Abend nichts mehr benötigen, möchte ich mich jetzt verabschieden, Sir.«

Mit diesen Worten verließ der gute Mann das Zimmer, um seine Runde bei anderen Auftraggebern fortzusetzen. Selbstverständlich gingen die drei Herren unverzüglich zum Esstisch hinüber, um die Radierung zu mustern. Wie zuvor schien über dem Haus der abnehmende Mond, und der Himmel war nach wie vor bewölkt. Doch das Fenster im Erdgeschoss war nun wieder geschlossen, und die Gestalt war auf den Rasen zurückgekehrt. Doch diesmal kroch sie nicht auf allen vieren vorsichtig durchs Gras, sondern hatte sich aufgerichtet. Mit großen Schritten, das Mondlicht im Rücken, bewegte sie sich auf den vorderen Bildrand zu. Der schwarze Umhang fiel so über das Gesicht, dass kaum etwas davon zu erkennen war. Doch das wenige, das zu sehen war – eine bleiche, gewölbte Stirn, in die ein paar Haarsträhnen hingen –, wirkte unglaublich abstoßend. Die Betrachter waren froh, dass der Rest verhüllt war.

Die Gestalt hielt den Kopf gesenkt und hatte die Arme um etwas geschlungen, das wohl ein kleines Kind sein musste. Aber ob es tot war oder noch lebte, war nicht auszumachen. Vom restlichen Körper waren nur die Beine deutlich sichtbar, und die waren erschreckend dünn.

Von fünf Uhr nachmittags bis sieben Uhr abends wechselten sich die drei Männer dabei ab, das Bild zu beobachten, doch es trat keine Veränderung ein. Schließlich einigten sie sich darauf, es vorläufig allein zu lassen, um gemeinsam das Abendessen im Speisesaal einzunehmen. Danach wollten sie die weiteren Entwicklungen abwarten.

Als sie sich sofort nach dem Essen wieder um den Tisch versammelten, wirkte die Radierung unberührt, doch von der Gestalt war nichts mehr zu sehen. In Mondlicht getaucht lag das Haus still und ruhig da.

Den restlichen Abend verbrachten sie damit, Lexika und Reiseführer zu wälzen. Williams war schließlich derjenige, der fündig wurde – er hatte sich das Glück wohl auch redlich verdient. Eine halbe Stunde vor Mitternacht las er den anderen folgende Zeilen aus Murrays *Führer durch Essex* vor:

> *16 ½ Meilen bis Anningley. Die Kirche stellt ein interessantes Beispiel normannischer Baukunst dar, wurde im vergangenen Jahrhundert jedoch stark im klassizistischen Stil umgebaut. Hier befinden sich die Grabstätten der Familie Francis. Deren Landsitz, Anningley Hall, ist ein massives Gebäude aus der Epoche Queen Annes und liegt unmittelbar hinter dem Friedhof in einem circa 80 Morgen großen Park. Die Familie ist inzwischen ausgestorben. Ihr letzter Spross, noch im Säuglingsalter, verschwand auf mysteriöse Weise im Jahre 1802. Der Vater, Arthur Francis, war örtlich als begabter künstlerischer Amateur bekannt, der sich auf Mezzotinto-Radierungen spezialisiert hatte. Nach dem Verschwinden seines Sohns zog er sich völlig auf den Landsitz Anningley Hall zurück und scheute die Öffentlichkeit. Am dritten Jahrestag der Katastrophe fand man ihn tot in seinem Atelier auf, in dem er gerade ein Mezzotinto des Herrenhauses fertiggestellt hatte. Nachdrucke dieser Darstellung stellen mittlerweile eine bemerkenswerte Rarität für Sammler dar.*

Offensichtlich traf diese Beschreibung ins Schwarze. Nach seiner Rückkehr bestätigte auch Mr. Green, dass es sich bei dem auf der Radierung verewigten Gebäude um den Landsitz Anningley Hall handelte.

Natürlich fragte Williams ihn sofort nach der Gestalt auf dem Bild. »Gibt es irgendeine Erklärung dafür?«

»Ich kann es nicht mit Sicherheit sagen, Williams. Als ich das Anwesen zum ersten Mal sah – das war, ehe ich hierherzog –, kursierte am Ort folgende Geschichte: Offenbar ist der alte Francis ständig hinter Wilderern her gewesen. Wenn er jemanden der Wilderei verdächtigte und Hinweise darauf fand, verwies er ihn sofort von seinem Grund und Boden. Mit der Zeit gab es nur noch einen einzigen Mann, den er nicht der Wilderei überführt hatte. Damals konnten sich Gutsherren noch Sachen leisten, die heutzutage undenkbar wären. Nun ja, bei dem Mann, der noch übrig war, handelte es sich, wie es in solchen Landstrichen häufig vorkommt, um den verarmten letzten Spross einer sehr alten Familie. Ich glaube, diese Familie hatte früher selbst über einigen Grundbesitz verfügt. Übrigens erinnere ich mich an einen ähnlichen Fall in meiner eigenen Gemeinde.«

»Hatte dieser Mann ein ähnliches Schicksal wie der in dem Roman *Tess von den d'Urbervilles?*«, warf Williams ein.

»Könnte sein. Ich hatte nie Lust, das Buch zu lesen. Jedenfalls konnte dieser letzte Spross einer alten Familie auf eine Reihe von ehrwürdigen Grabstätten in der Dorfkirche verweisen, in denen seine Vorfahren ruhten, und sein Schicksal hatte ihn ein wenig verbittert. Doch da er sich stets haarscharf ans Gesetz hielt, konnte Francis ihm nie an den Kragen, wie ich hörte. Bis ihn die Wildhüter eines Nachts am Rande des Anwesens aufstöberten, das Francis gehörte. Ich könnte Ihnen den Ort sogar zeigen. Unmittelbar daran grenzt nämlich ein Stück Land, das früher einem Onkel von mir gehört hat. Wie

Sie sich sicher vorstellen können, kam es zu einer heftigen Auseinandersetzung. Und dieser Mann namens Gawdy – ja, genau so hieß er, ich wusste doch, dass mir der Name wieder einfallen würde – hatte auch noch das Pech, einen der Wildhüter tödlich mit der Kugel zu treffen. Wirklich ein Unglücksrabe.

Nun ja, auf so was hatte Francis nur gewartet. Es kam zum Prozess vor dem Großen Geschworenengericht – Sie wissen ja, wie das seinerzeit gehandhabt wurde –, und der arme Gawdy wurde im Handumdrehen gehängt. Man hat mir den Ort gezeigt, wo er verscharrt wurde: an der Nordseite der Kirche, wie es dort üblich ist. Jeder, der gehängt worden ist oder Selbstmord begangen hat, landet an der Nordseite.

Allgemein wurde angenommen, dass irgendein Freund von Gawdy – Verwandte hatte der arme Teufel ja nicht mehr, er war der Letzte seiner Familie, eine Art *spes ultima gentis* – sich vorgenommen hatte, den Sohn des alten Francis zu entführen, um auch dieser Erblinie ein Ende zu bereiten.

Für einen Wilderer aus Essex scheint das weit hergeholt, aber inzwischen sieht es für mich eher danach aus, dass Gawdy selbst diese Tat begangen hat, sozusagen aus dem Grab heraus. Igitt – ich mag gar nicht daran denken. Kommen Sie, darauf trinken wir einen Whisky, Williams!«

Williams teilte die ganze Geschichte Dennistoun mit, der sie seinerseits einem Kreis erzählte, zu dem auch ich gehörte, ebenso wie ein sadduzäischer Professor der Schlangenkunde. Als man den Professor fragte, was er davon halte, bemerkte er lediglich: »Ach, diese Leute aus Cambridge und Oxford behaupten ja ständig alles Mögliche und Unmögliche«, wie ich hier leider festhalten muss. Doch die Anwesenden reagierten auf diese Äußerung so, wie sie es verdiente.

Bleibt mir nur noch Folgendes nachzutragen: Mittlerweile befindet sich die Mezzotinto-Radierung im Ashley-Museum. Experten haben untersucht, ob dafür Geheimtinte verwendet wurde, die nur unter bestimmten Bedingungen sichtbar wird, aber es konnte nichts dergleichen nachgewiesen werden. Der Antiquitätenhändler Mr. Britnell hatte keine Ahnung gehabt, welche Geheimnisse dieses Bild barg, nur war er sich sicher gewesen, dass es sich dabei um eine Rarität handelte. Fortan hat man die Radierung sorgfältig überwacht, doch sie hat sich offenbar nie wieder verändert.

Nummer 13

Unter den Städten Jütlands nimmt Viborg zu Recht einen hervorragenden Platz ein. Die Stadt beherbergt einen Bischofssitz, eine schöne, wenn auch fast neue Kathedrale, einen bezaubernden Park, einen wunderbaren See und jede Menge Störche. Nicht weit davon liegt Hald, ein Ort, den man zu den hübschesten in Dänemark zählt, und in der Nachbarschaft Finderup, wo Marsk Stig den König Erik V. Klipping am Cäcilientag, dem 22. November des Jahres 1286, ermordet haben soll. Der Schädel des Königs wies 56 Einschläge vierkantiger Eisenstangen auf, wie beim Öffnen des Grabes im 17. Jahrhundert festgestellt wurde. Aber genug davon – ich will hier ja keinen Reiseführer schreiben.

In Viborg gibt es gute Hotels; beispielsweise bieten das *Preisler* und das *Phoenix* jeden gewünschten Komfort. Aber Anderson, mein Cousin, um dessen Erlebnisse es mir geht, stieg bei seinem Besuch in Viborg im *Goldenen Löwen* ab. Seitdem ist er nie wieder dort gewesen – und der Grund dafür wird auf den folgenden Seiten wohl deutlich werden.

Der *Goldene Löwe* ist eines der wenigen Gebäude der Stadt, die den großen Brand im Jahre 1725 unbeschadet überstanden haben. Damals wurden die Kathedrale, die Sognekirke, das Raadhuus und viele andere alte Sehenswürdigkeiten Opfer der Flammen.

Das Hotel ist ein großer roter Backsteinbau; genauer gesagt besteht nur das Haus zur Straßenseite hin – das mit dem gestuften Giebel und der Inschrift über der Eingangstür – aus

Ziegeln. Hingegen sind die Gebäude rund um den Innenhof, wo die Wagen vorfahren, im Fachwerkstil gehalten und weisen schwarze Balken und weiß getünchte Fassaden auf.

Die Sonne sank bereits, als mein Cousin auf den vorderen Hoteleingang zuging, und tauchte die eindrucksvolle Backsteinfassade in volles Licht. Ihm gefiel das altmodische Äußere des Hotels, das ihm sehr typisch für das Jütland früherer Zeiten vorkam. Er ging davon aus, dass er sich hier besonders wohlfühlen würde.

Es war keine Geschäftsreise im üblichen Sinn, die ihn nach Viborg geführt hatte. Anderson, der sich damals mit Forschungen über die dänische Kirchengeschichte befasste, hatte erfahren, dass im Riksarkiv noch vom Feuer unversehrte Dokumente lagerten, die sich auf die letzte Phase des Katholizismus in Dänemark bezogen. Deshalb hatte er vor, einige Tage in Viborg zu verbringen, vielleicht sogar zwei oder drei Wochen, um diese Dokumente eingehend zu prüfen und auch Abschriften anzufertigen. Er hoffte, im *Goldenen Löwen* eine Unterkunft zu finden, die so geräumig war, dass er sie sowohl als Schlaf- als auch als Arbeitszimmer nutzen konnte.

Als er seine Wünsche Herrn Kristensen, dem Hotelinhaber, vortrug, schlug dieser nach einigem Überlegen vor, er solle sich doch einige der größeren Zimmer selbst ansehen und dann eines davon aussuchen. Das war Anderson recht.

Das oberste Stockwerk schied sofort aus, da mein Cousin keine Lust hatte, jeden Tag nach der Arbeit noch so viele Stufen zu steigen. Im zweiten Stock gab es kein Zimmer der gewünschten Größe. Doch der erste Stock bot zwei oder drei Räume, die von der Größe her infrage kamen.

Kristensen sprach sich nachdrücklich für Zimmer 17 aus, doch Anderson wies darauf hin, dass die Fenster auf die nackte Wand des Nachbarhauses hinausgingen und es dort nachmittags sicher sehr dunkel sein werde. Zimmer 12 und

Zimmer 14 fand er besser geeignet, denn beide boten Ausblicke auf die Straße. Die Helligkeit am Abend und der schöne Blick würden ihn für den höheren Geräuschpegel mehr als entschädigen, sagte er.

Schließlich entschied er sich für Zimmer 12. Wie die Nachbarzimmer hatte es drei Fenster zur Straßenseite hin, war ziemlich hoch und ungewöhnlich lang. Zwar war es nicht mit einem Kamin ausgestattet, dafür aber mit einem schönen alten Ofen aus Gusseisen. Zu dessen Verzierungen gehörte eine Darstellung der biblischen Szene, in der Abraham seinem Gott den Sohn Isaak opfern wollte, und darüber war die Inschrift eingeritzt: *I Bog Mose, cap. 22* (Erstes Buch Mose, 22). Ansonsten befand sich nichts Bemerkenswertes im Zimmer. Das einzige interessante Bild war ein alter nachkolorierter Druck aus der Zeit um 1820, der eine Stadtansicht von Viborg zeigte.

Es war bald Zeit zum Abendessen, doch als sich Anderson frisch gemacht hatte und ins Erdgeschoss ging, stellte er fest, dass ihm noch einige Minuten bis zum Gongschlag blieben. Er nutzte die Zeit, um rasch die Liste der Hotelgäste durchzugehen. Wie in Dänemark üblich, standen die Namen mit Kreide an einer großen Tafel, die in mehrere Spalten und Zeilen aufgeteilt war. Am Anfang jeder Zeile war die Zimmernummer vermerkt.

Anderson fand die Gästeliste nicht besonders aufregend. Sie umfasste einen Rechtsanwalt (dänisch *Sagfører*), irgendeinen deutschen Touristen und einige Handelsreisende aus Kopenhagen. Bemerkenswert war nur, dass die Nummer 13 auf der Zimmerliste fehlte, doch das war Anderson schon mehrmals in dänischen Hotels aufgefallen. Zwangsläufig fragte er sich, ob diese – nicht ungewöhnliche – Abneigung gegen die Zahl 13 in Dänemark so heftig und weitverbreitet war, dass man ein Zimmer 13 kaum hätte belegen können. Er beschloss, den Hotelinhaber zu fragen, ob er und seine Kollegen schon oft erlebt hätten, dass Gäste die Unterbringung in einem solchen Zimmer ablehnten.

Über das Abendessen hatte Anderson mir nichts zu berichten (ich gebe die Geschichte hier so wieder, wie er sie mir erzählt hat), und auch anschließend passierte nichts anderes, als dass er seinen Koffer auspackte und Kleidung, Bücher und Unterlagen einräumte.

Um elf Uhr abends beschloss er, zu Bett zu gehen. Aber um gut einschlafen zu können, musste er, wie so viele andere Menschen heutzutage, vorher noch ein paar Seiten lesen. Und nun fiel ihm ein, dass das Buch, das er im Zug angefangen hatte und unbedingt weiterlesen wollte, noch in der Tasche seines Mantels steckte, der an einem Haken vor dem Speisezimmer hing.

Es kostete ihn nur Sekunden, hinunterzueilen und das Buch zu holen. Und da es in den Gängen keineswegs dunkel war, fand er auch mühelos zu seinem Zimmer zurück. Dachte er jedenfalls. Denn als er dort ankam, ließ sich die Tür nicht öffnen, und von innen hörte er Geräusche, als huschte jemand dort hin und her. Selbstverständlich stand er vor der falschen Tür. Aber lag sein Zimmer links oder rechts davon? Er musterte die Zimmernummer und stellte fest, dass er vor der 13 stand. Also musste sein Zimmer links davon liegen. Und so war es auch.

Erst als er schon einige Zeit im Bett lag, wie gewohnt drei, vier Seiten gelesen und sich danach zum Schlafen umgedreht hatte, fiel ihm auf, dass es eindeutig ein Zimmer 13 im Hotel gab, das auf der Tafel im Erdgeschoss jedoch nicht vermerkt war.

Es tat ihm geradezu leid, dass er sich nicht jenes Zimmer ausgesucht hatte. Vielleicht hätte er dem Hotelinhaber damit einen kleinen Dienst erweisen können. Später hätte der

Mann dann sagen können, ein vornehmer Engländer habe es wochenlang bewohnt und sich sehr wohl darin gefühlt. Doch vermutlich wurde Zimmer 13 als Personalraum oder Ähnliches genutzt und war sicher nicht so groß und schön wie das Zimmer, das er belegt hatte.

Schläfrig sah er sich in seiner Unterkunft um, in der wegen der Straßenlampe Zwielicht herrschte. *Hat eine seltsame Wirkung,* dachte er. *Meistens erscheinen einem schwach beleuchtete Zimmer doch größer als gut ausgeleuchtete. Aber dieser Raum sieht jetzt so aus, als wäre er in der Länge geschrumpft und hätte sich nach oben hin ausgedehnt. Sei's drum! Der Schlaf ist jetzt wichtiger als solche ziellosen Überlegungen.* Bald darauf schlief er ein.

Am Tag nach seiner Ankunft nahm Anderson die Arbeit im Riksarkiv von Viborg in Angriff. Wie in Dänemark nicht anders zu erwarten, wurde er freundlich empfangen und erhielt großzügigen Zugang zu allem, was er sich ansehen wollte.

Die Dokumente, die man ihm vorlegte, waren viel zahlreicher und interessanter als erwartet. Außer amtlichen Unterlagen zeigte man ihm auch ein dickes Bündel von Briefen, die sich auf Jørgen Friis, den letzten Inhaber des katholischen Bischofssitzes in Viborg bezogen. Sie offenbarten viele amüsante und intime Einzelheiten über dessen Privatleben und Charakter.

In vielen Briefen ging es um ein Stadthaus im Besitz des Bischofs, das er jedoch nicht selbst bewohnte. Den Pächter betrachtete die Reformpartei offenbar als öffentliches Ärgernis – als Stein des Anstoßes. In deren Briefen hieß es, er bringe die ganze Stadt in Verruf, übe Geheimkünste der übelsten Art aus und habe seine Seele dem Erzfeind verkauft. Es sei typisch für die ekelhafte Verderbtheit und den Aberglauben der römisch-katholischen Kirche (die hier sogar als

Hure Babylons bezeichnet wurde), dass der Bischof eine solche Giftnatter, einen solchen blutsaugenden *Troldmand* auch noch fördere und bei sich beherberge.

Der Bischof war diesen Anschuldigungen mutig entgegengetreten: Er selbst verabscheue solche Dinge wie Geheimkünste, schrieb er, und fordere seine Kontrahenten auf, die Sache vor ein ordentliches Gericht – selbstverständlich ein geistliches Gericht – zu bringen, damit sie dort gründlich geprüft werden könne. Er sei der Erste, der den Magister Nicolas Francken verurteilen werde, sollten ihn Beweise irgendeines Verbrechens überführen. Bislang seien alle Anwürfe bloße Unterstellungen.

Da das Archiv für diesen Tag schließen wollte, konnte Anderson nur noch einen kurzen Blick auf die schriftliche Antwort des Prälaten der protestantischen Kirche, Rasmus Nielsen, werfen. Doch das Wesentliche konnte er ihr immerhin entnehmen. Es hieß darin, die wahren Christen fühlten sich nun nicht mehr an die Entscheidungen des von Rom eingesetzten Bischofs gebunden. Folglich könne das geistliche Gericht der römisch-katholischen Kirche auch nicht mehr als die angemessene oder geeignete Instanz anerkannt werden, einen so ernsten und gewichtigen Fall zu verhandeln und darüber zu entscheiden.

Anderson verließ das Archiv zusammen mit dessen Leiter, der ein vornehmer alter Herr war. Selbstverständlich drehte sich ihr Gespräch vor allem um die hier erwähnten Briefe und Dokumente.

Scavenius, der Archivar von Viborg, kannte sich zwar sehr gut in den von ihm verwalteten Dokumenten aus, war aber kein Experte, soweit es die Zeit der Reformation betraf. Deshalb interessierte er sich sehr für das, was Anderson zu den durchgesehenen Dokumenten zu sagen hatte. Er freue sich schon sehr auf die Publikation, in der Mr. Anderson diese historischen Schätze wie angekündigt verwenden wolle.

»Immer noch ist mir ein Rätsel«, setzte er nach, »wo dieses Haus des Bischofs Friis gestanden haben könnte. Ich habe mich gründlich mit der Topografie des alten Viborg befasst. Uns liegt zwar der größte Teil eines Gesamtverzeichnisses aus dem Jahre 1560 vor, in dem alle bischöflichen Liegenschaften erfasst sind. Doch leider fehlen genau die Seiten, auf denen der Besitz des Bistums in unserer Stadt aufgelistet ist. Na ja, vielleicht stoße ich irgendwann noch darauf.«

Nach einigen sportlichen Übungen – ich habe vergessen, welche es waren und wo genau Anderson sie durchführte – kehrte er in den *Goldenen Löwen* zurück, nahm das Abendessen ein, legte eine Partie Patience und ging zu Bett.

Auf dem Weg zu seinem Quartier fiel ihm ein, dass er den Hotelinhaber gar nicht nach der fehlenden Auflistung des Zimmers 13 auf der großen Tafel gefragt hatte, er kam aber zu dem Schluss, dass er sich vorher wohl besser noch einmal vergewissern sollte, ob es dieses Zimmer tatsächlich gab. Unverzüglich fand er seine Annahme bestätigt: Über der Tür seines rechten Nachbarzimmers war deutlich die 13 zu sehen.

Irgendetwas schien in dem Zimmer vor sich zu gehen, denn als er sich der Tür näherte und schließlich davor stehen blieb, hörte er drinnen Schritte und Stimmen – vielleicht war es auch nur eine. Im selben Moment hielten die Schritte an, offenbar unmittelbar vor der Tür. Anderson erschrak ein bisschen, denn zugleich drang jetzt hastiges, pfeifendes Atmen zu ihm herüber, das sehr erregt klang.

Als er das eigene Zimmer betrat, staunte er erneut darüber, wie viel kleiner es jetzt wirkte als am Vortag, als er es ausgesucht hatte. Das enttäuschte ihn zwar etwas, machte ihm aber auch nicht viel aus. Falls es für seine Zwecke tatsächlich nicht ausreichte, konnte er ja jederzeit in ein größeres Zimmer umziehen.

Später wollte er irgendetwas – ich glaube, es war ein Taschentuch – aus seinem Handkoffer nehmen. Der Gepäckträger des

Hotels hatte ihn am Vortag auf irgendeinem Hocker an der hinteren Wand notdürftig verstaut. Doch seltsam: Der Handkoffer war nirgendwo zu sehen. Eines der Zimmermädchen musste ihn wohl im Übereifer weggebracht und den Inhalt in den Schrank gelegt haben. Doch dort fand er nichts. Wie ärgerlich! Ein Diebstahl? Wohl kaum, solche Dinge passierten im wohlgeordneten Dänemark doch gar nicht. Sicher hatte sich das Mädchen nur unbedacht und dumm verhalten. Schließlich ist Dummheit ja weitverbreitet. Jedenfalls musste er die *Stuepige,* wie das dänische Wort für Zimmermädchen lautete, unbedingt zur Rede stellen. Doch das hatte bis morgen Zeit – so wichtig war ihm die Sache nun auch wieder nicht. Also beschloss Anderson, auf das Läuten zu verzichten und dem Hauspersonal die Nachtruhe zu gönnen.

Er ging zum rechten Fenster hinüber und blickte auf die stille Straße hinaus. Gegenüber lag ein hohes Gebäude mit großen nackten Wandflächen. Die Nacht war dunkel, und es gab kaum etwas zu sehen, denn Menschen waren um diese Zeit nicht mehr unterwegs.

Da er das Licht im Rücken hatte, konnte er an der gegenüberliegenden Mauer deutlich den eigenen Schatten erkennen. Und auch den Schatten des bärtigen Mannes von Zimmer 11; ein- oder zweimal ging er in Hemdsärmeln hin und her, bürstete sich das Haar, verschwand und tauchte kurz darauf im Nachthemd auf. Rechts davon zeichnete sich jetzt der Schatten des Bewohners von Zimmer 13 ab, das fand Anderson schon interessanter. Wie er selbst hatte der Mann die Ellbogen auf den Fenstersims gestützt und blickte auf die Straße hinaus. Offenbar war es ein hochgewachsener, magerer Mann – oder konnte es eine Frau sein? Jedenfalls jemand, der vor dem Schlafengehen eine Mütze trug. Offenbar brannte im Zimmer eine Lampe mit rotem Schirm, die stark flackerte, denn auf der gegenüberliegenden Hauswand huschte ständig ein schwacher roter Lichtschein hin und her. Anderson streckte den Kopf etwas vor, um, wenn möglich, noch mehr von der Gestalt zu sehen, aber bis auf einen Streifen leichten, vermutlich weißen Stoffes auf dem Fenstersims konnte er nichts erkennen.

Jetzt waren aus der Ferne Schritte auf der Straße zu hören, die näher kamen. Dem Bewohner von Zimmer 13 wurde dabei offensichtlich bewusst, dass er am Fenster deutlich auszumachen war, denn er zog sich unverzüglich zurück und die Lampe mit dem roten Schirm erlosch. Anderson, der eine Zigarette geraucht hatte, drückte sie auf dem Fenstersims aus und ging zu Bett.

Am nächsten Morgen weckte ihn die *Stuepige,* als sie ihm heißes Wasser brachte. Anderson richtete sich im Bett auf, suchte nach den passenden dänischen Wörtern und sagte so langsam und deutlich, wie er konnte: »Sie hätten meinen Handkoffer im Zimmer lassen sollen. Wo ist er jetzt?«

Doch wie es manchmal passiert, lachte das Zimmermädchen nur, als hätte er einen Scherz gemacht, und verließ den Raum ohne irgendeine eindeutige Antwort.

Ziemlich verärgert setzte sich Anderson auf und wollte das Mädchen eigentlich zurückrufen, blieb jedoch sitzen und starrte zur hinteren Wand hinüber. Denn da lag der Handkoffer auf dem Hocker – genau dort, wo der Gepäckträger ihn am Ankunftstag verstaut hatte.

Das war ein arger Schock für einen Mann, der sich viel auf seine genaue Beobachtungsgabe einbildete. Er hatte keine Erklärung dafür, dass er den Koffer am Vorabend hatte übersehen können. Nun ja, zumindest war er jetzt wieder da.

Das Tageslicht enthüllte jedoch noch mehr als den Handkoffer. Es brachte auch die wahren Proportionen des Zimmers mit seinen drei Fenstern wieder zum Vorschein und bestätigte seinem Bewohner die gute Wahl.

Als Anderson fast fertig angekleidet war, ging er zum mittleren Fenster hinüber, um nach dem Wetter zu sehen. Dort erwartete ihn ein weiterer Schlag. Am Vorabend musste er wohl ziemlich zerstreut gewesen sein. Er hätte nämlich zehnfach beschwören können, dass er als Letztes vor dem Schlafengehen am rechten Fenster geraucht hatte. Aber der Zigarettenstummel lag auf dem Sims des mittleren Fensters.

Recht spät machte er sich auf den Weg zum Frühstück, aber Nr. 13 war noch später dran: Die Stiefel standen immer noch vor der Tür – Herrenstiefel. Also wohnte hier keine Frau, sondern ein Mann.

In diesem Augenblick fiel sein Blick auf die Zahl an der Tür: die 14. Er nahm an, er müsse wohl achtlos an Zimmer 13 vorbeigegangen sein. Drei dumme Irrtümer innerhalb von zwölf Stunden waren zu viele für einen Menschen, der an systematisches, akkurates Denken gewöhnt war. Also machte er kehrt, um sich zu vergewissern. Doch er musste feststellen, dass unmittelbar neben Zimmer 14 Zimmer 12 lag, sein eigenes Zimmer. Es gab überhaupt kein Zimmer 13.

Nachdem er im Kopf sorgfältig durchgegangen war, was er während der letzten 24 Stunden gegessen und getrunken hatte, beschloss Anderson, die Sache vorläufig auf sich beruhen zu lassen. Falls sein Sehvermögen oder sein Gehirn dabei waren, ihn im Stich zu lassen, würde sich das sowieso bei den nächsten Gelegenheiten bestätigen. Und falls nicht, war er derzeit in hochinteressante Ereignisse verwickelt. In beiden Fällen lohnte es sich zweifellos, die weitere Entwicklung im Auge zu behalten.

Tagsüber beschäftigte er sich weiter mit der Durchsicht der kirchlichen Korrespondenz, die ich bereits erwähnt habe. Leider war sie unvollständig. Er fand nur einen einzigen weiteren Brief, der sich auf den Fall des Magisters Nicolas Francken bezog. Er stammte von dem Bischof Jørgen

Friis, war an den protestantischen Prälaten Rasmus Nielsen gerichtet und lautete:

Zwar liegt es uns fern, Eurem Urteil über unsere kirchliche Gerichtsbarkeit zuzustimmen, und wir würden Euch in dieser Sache, wenn nötig, mit äußersten Mitteln entgegentreten. Doch erübrigt sich das offensichtlich im vorliegenden Fall. Denn unser vertrauenswürdiger, geliebter Sohn, der Magister Nicolas Francken, gegen den Ihr in so dreister Weise falsche und niederträchtige Anschuldigungen erhoben habt, wurde plötzlich aus unserer Mitte gerissen.

Falls Ihr jedoch weiterhin behauptet, der Apostel und Evangelist Johannes habe in seiner Himmelsapokalypse die Heilige Römische Kirche in der Allegorie der Hure von Babylon beschrieben, möchte ich Euch wissen lassen, dass … Und so weiter.

Sosehr er suchte, konnte Anderson keine Antwort von Nielsen auf diesen Brief finden und auch keine Hinweise auf Grund und Art des Hinscheidens des *casus belli*. Er konnte nur annehmen, dass Francken sehr plötzlich gestorben war. Da nur zwei Tage zwischen Nielsens Brief – da hatte Francken offensichtlich noch gelebt – und dem Antwortschreiben des katholischen Bischofs lagen, musste der Tod des Magisters völlig unerwartet eingetreten sein.

Am Nachmittag unternahm Anderson einen kurzen Ausflug nach Hald und trank in Baekkelund Tee. Er war zwar etwas nervös, konnte aber keine Anzeichen für ein Versagen seiner Augen oder des Gehirns feststellen, wie er wegen der Erfahrungen am Morgen befürchtet hatte.

Beim Abendessen saß er zufällig neben dem Hotelinhaber Kristensen. Nach dem anfänglich belanglosen Gespräch fragte er ihn: »Wieso fehlt in den meisten Hotels in Ihrem Land eigentlich die Nummer 13 auf der Zimmerliste? Jedenfalls habe ich auch hier keine gesehen.«

Die Frage schien Kristensen zu belustigen. »Dass Ihnen so was auffällt! Ehrlich gesagt habe ich selbst schon ein paarmal darüber nachgedacht. Als gebildeter Mann hat man mit solchem Aberglauben ja eigentlich nichts am Hut. Ich habe das Gymnasium von Viborg besucht, und unser alter Lehrer hat stets Stellung gegen solche Dinge bezogen. Jetzt ist er schon viele Jahre tot. War ein feiner, aufrechter Mensch, der nicht nur viel im Kopf hatte, sondern auch kräftige Ohrfeigen austeilen konnte. Ich weiß noch, wie wir Jungen an einem Tag, als es geschneit hatte ...«

Doch ehe er sich völlig in Erinnerungen verlieren konnte, unterbrach Anderson ihn. »Dann spricht Ihrer Meinung nach also gar nichts gegen ein Zimmer mit der Nummer 13?«, fragte er.

»Ach, überhaupt nichts. Aber Sie müssen verstehen, dass mein lieber verstorbener Vater mich in das Hotelgeschäft eingeführt hat. Zwar hatte er ein Hotel in Aarhus, doch als wir Kinder auf die Welt kamen, zog er mit uns zurück an seinen Geburtsort Viborg. Dort hat er bis zu seinem Tod im Jahre 1876 das Hotel Phoenix geführt. Ich dagegen habe meine Hotellaufbahn in Silkeborg begonnen und dieses Haus erst im vorletzten Jahr übernommen.«

Danach ging er ausführlich auf den Zustand des Hauses und die Geschäftslage bei der Übernahme ein.

»Und gab es damals ein Zimmer 13?«

»Nein. Darauf wollte ich gerade zu sprechen kommen. Wissen Sie, einen Ort wie Viborg besuchen vor allem Geschäftsleute – vor allem Handelsreisende –, und die übernachten gern bei uns. Aber denen ein Zimmer 13 zumuten? Eher würden die auf der Straße nächtigen. Mir selbst wäre die Zimmernummer völlig egal, und das habe ich meinen Gästen auch oft gesagt. Aber sie bleiben dabei, dass die Zahl 13 Unglück bringt, und kennen jede Menge Geschichten über Leute, die in einer Nummer 13 übernachtet haben und danach völlig verändert waren oder ihre besten Kunden verloren haben. So was und ähnliche Dinge …« Vergeblich suchte Kristensen nach weiteren anschaulichen Beispielen.

»Aber wozu nutzen Sie dann das Zimmer 13 in Ihrem Haus?«, fragte Anderson. Eine eigentlich ganz harmlose Frage, bei der er trotzdem ein ungutes Gefühl hatte.

»Zimmer 13? Habe ich Ihnen nicht gerade erklärt, dass es ein solches Zimmer bei uns gar nicht gibt? Ich dachte, das hätten Sie bemerkt. Es müsste ja unmittelbar neben Ihrem Zimmer liegen!«

»Stimmt natürlich. Nur … hatte ich gestern Abend den Eindruck, ein Zimmer 13 auf dem Gang zu sehen. Und in diesem Punkt bin ich mir fast sicher, denn am Abend zuvor habe ich es auch schon gesehen.«

Nicht anders als erwartet, machte sich Kristensen nur lustig darüber und wiederholte mehrmals mit Nachdruck, weder zu seiner Zeit noch früher habe es ein Zimmer 13 in diesem Hotel gegeben.

Einerseits war Anderson nun erleichtert, andererseits aber auch verunsichert. Und so kam er auf die Idee, Kristensen für den späteren Abend auf eine Zigarre auf sein Zimmer einzuladen. Die Fotos von englischen Kleinstädten, die er bei sich hatte, würden als Vorwand genügen. Die gemeinsame Besichtigung des Ganges war sicher die beste Möglichkeit herauszufinden, ob er unter Wahnvorstellungen litt oder nicht.

Kristensen fühlte sich von der Einladung geschmeichelt und nahm sie gern an. Gegen zehn wollte er bei Anderson klopfen. Vorher musste Anderson noch einige Briefe schreiben, deshalb zog er sich schon früher auf sein Zimmer zurück.

Es war ihm fast peinlich, sich einzugestehen, wie sehr ihn die Frage, ob Zimmer 13 existierte oder nicht, inzwischen beschäftigte – und beunruhigte. So sehr, dass er von Zimmer

11 aus auf sein Zimmer zuging, damit er nicht an der Tür von Nummer 13 vorbeimusste (oder an der Stelle, wo sie sich eigentlich hätte befinden müssen).

Als er sein Zimmer betrat, sah er sich darin hastig und argwöhnisch um, konnte jedoch nichts Ungewöhnliches feststellen. Nur hatte er erneut den vagen Eindruck, dass es gegen Abend wieder geschrumpft war.

Um seinen Handkoffer musste er sich keine Sorgen mehr machen: Inzwischen hatte er dessen Inhalt selbst in den Schrank geräumt und ihn danach unter das Bett geschoben.

Nur mühsam gelang es ihm, sich von den Gedanken an Zimmer 13 zu lösen und seine Briefe zu schreiben.

Andersons Zimmernachbarn verhielten sich ziemlich ruhig. Nur gelegentlich öffnete sich eine Tür zum Gang und jemand warf ein Paar Stiefel nach draußen, oder ein Handelsreisender ging leise vor sich hin summend vorbei. Draußen rumpelte hin und wieder ein Wagen über das unebene Kopfsteinpflaster. Oder es eilten Schritte über den Bürgersteig.

Anderson erledigte seine Korrespondenz, ließ sich Whisky mit Soda bringen, stellte sich danach ans Fenster, musterte die kahle Mauer gegenüber und die Schatten, die darauf spielten.

Soweit er sich erinnerte, hatte ein Rechtsanwalt namens Anders Jensen – ein recht gesetzter Herr – das Zimmer 14 belegt. Bei den Mahlzeiten sagte er wenig und beschäftigte sich meistens mit einem kleinen Stapel von Dokumenten, den er neben seinem Teller aufbaute. Allerdings hatte er offenbar die Angewohnheit, seinen animalischen Instinkten freien Lauf zu lassen, sobald er allein auf seinem Zimmer war. Warum sonst hätte er dort tanzen sollen? Genau das tat er nämlich gerade, wie der Schatten auf der Mauer zeigte. Immer wieder huschte die magere Gestalt am Fenster vorbei, schwenkte die Arme und warf mit verblüffender Beweglichkeit erst das eine und dann das andere magere Bein hoch. Anscheinend war er barfuß und der Boden musste mit einem dicken Teppich ausgelegt sein, denn kein Laut verriet, was er im Zimmer trieb.

Der Tanz des Anwalts Anders Jensen um zehn Uhr abends allein in einem Hotelzimmer schien Anderson ein hervorragendes Motiv für ein historisches Gemälde großen Stils zu sein. Wie von selbst begannen sich in Andersons Kopf – genau wie bei der jungen Emilie in Ann Radcliffes Schauerroman *Udolphos Geheimnisse* – Verszeilen zu formen, die sich sogar reimten:

Kehr ich in mein Hotel zurück,
des Abends gegen zehn,
so ernt' ich manch erstaunten Blick –
den kann ich übersehn.

Die Stiefel stell ich vor die Tür,
schließ mich im Zimmer ein.
Und bin ich erst allein mit mir,
darf ich ein andrer sein.

Dann tanze ich die ganze Nacht,
und wenn die Nachbarn fluchen,
tanz ich erst recht, sodass es kracht,
soll'n sie doch andere Zimmer buchen.

Ich kenn mich mit Gesetzen aus,
und wenn sie protestieren,
kommt sowieso nichts dabei raus,
sie können nur verlieren.

Hätte nicht in ebendiesem Augenblick Hotelinhaber Kristensen an die Tür geklopft, wäre ich wohl in den Genuss gekommen, den Lesern hier ein ziemlich langes Epos vorstellen zu dürfen.

Seinem verblüfften Blick nach zu urteilen, fielen auch Kristensen beim Betreten des Zimmers dessen irgendwie veränderte Ausmaße auf, allerdings äußerte er sich nicht dazu.

Andersons Fotos interessierten ihn sehr und veranlassten ihn, vieles aus seinem Leben zu erzählen. Vielleicht wäre es Anderson gar nicht gelungen, das Zimmer 13 zur Sprache zu bringen, hätte der Rechtsanwalt nebenan nicht plötzlich zu singen begonnen – und zwar so, dass er entweder völlig betrunken oder völlig durchgedreht sein musste.

Es war eine hohe, dünne Stimme, die sie hörten, und sie klang zugleich so brüchig, als wäre sie lange nicht benutzt worden und gleichsam eingerostet. Ein Text oder eine Melodie waren nicht zu erkennen. Die Stimme stieg zu erstaunlichen Höhen an und sank danach zu einem verzweifelten Stöhnen ab, das so klang, als heulte ein kalter Wind durch den Schornstein oder als gäbe eine Orgelpfeife den Geist auf.

Die Töne hörten sich wirklich entsetzlich an. Wäre Anderson allein gewesen, hätte er vermutlich Schutz und Beistand bei irgendeinem benachbarten Handelsreisenden gesucht.

Der Hotelinhaber saß mit offenem Mund da. »Das verstehe ich nicht«, sagte er schließlich und rieb sich über die Stirn. »Klingt ja wirklich schauderhaft. Ähnliches habe ich schon früher gehört, aber damals hat sich die Geräuschquelle als eine rollige Katze entpuppt.«

»Kann es sein, dass der Mann wahnsinnig ist?«, fragte Anderson.

»Das muss er wohl sein, welch eine traurige Geschichte! Ein so angenehmer Gast, und soweit ich weiß, auch ein sehr erfolgreicher Anwalt. Außerdem hat er eine Familie mit kleinen Kindern zu versorgen.«

In diesem Moment klopfte jemand ungeduldig an die Zimmertür und trat gleich darauf unaufgefordert ein. Es war der Rechtsanwalt, der nur notdürftig bekleidet war, völlig zerzaustes Haar hatte und sehr aufgebracht wirkte. »Entschuldigen Sie die Störung«, sagte er, »aber ich wäre Ihnen sehr dankbar, wenn Sie so freundlich wären, mit diesem …«

Er führte den Satz nicht zu Ende, denn gerade war ihm aufgegangen, dass keiner der beiden Anwesenden für das Katzengejammer verantwortlich sein konnte. Vorübergehend war es still gewesen, doch jetzt war das entsetzliche Singen erneut zu hören und klang noch verrückter als zuvor.

»Was um Himmels willen ist das?«, platzte der Anwalt heraus. »Wo kommt das her, und von wem? Ich bilde mir das doch nicht nur ein, oder?«

»Kommt es denn nicht aus Ihrem Zimmer, Herr Jensen? Könnte es sein, dass eine Katze oder ein anderes Tier in Ihrem Kamin festsitzt?«

Es war das Erstbeste, was Anderson zu sagen einfiel, und er merkte selbst, wie unsinnig es klang. Aber immer noch besser zu reden, als einfach nur dazustehen, auf die grässliche Stimme zu lauschen und auf das breite, bleiche Gesicht des Hotelinhabers zu blicken, der schwitzend und zitternd die Armstützen seines Sessels umklammerte.

»Unmöglich«, erwiderte der Anwalt. »In meinem Zimmer gibt es gar keinen Kamin. Ich bin hier eingedrungen, weil ich davon überzeugt war, dass der Lärm aus Ihrem Zimmer kommt. Zweifellos aus dem Zimmer rechts neben dem meinen.«

»Und zwischen Ihrem und meinem Zimmer ist Ihnen keine weitere Tür aufgefallen?«

»Nein! Jedenfalls nicht heute Morgen.«

»Aha. Und auch nicht heute Abend?«

»Da bin ich mir nicht sicher«, räumte der Anwalt zögernd ein.

Plötzlich erstarb das Singen (oder Geheul) nebenan. Stattdessen drang jetzt ein so unheimliches Kichern herüber, dass den drei Männern ein Schauer über den Rücken lief. Danach herrschte Stille.

»Also gut, was haben Sie dazu zu sagen, Herr Kristensen?«, fragte der Anwalt. »Was hat das zu bedeuten?«

»Herr im Himmel, was soll ich dazu sagen? Ich weiß nicht mehr als Sie, meine Herren. Solche Töne möchte ich jedenfalls nie wieder hören!«

»Ich auch nicht«, meinte Jensen und setzte leise etwas nach, das Anderson für die letzten Zeilen des Psalters hielt (auch wenn er sich nicht ganz sicher war): *Omnis spiritus laudet Dominum* (Alles, was Odem hat, lobe den Herrn).

»Aber irgendetwas müssen wir drei unternehmen«, bemerkte Anderson. »Sollen wir uns das Zimmer nebenan mal genauer ansehen?«

»Aber das ist doch das Zimmer von Herrn Jensen«, erwiderte Kristensen in weinerlichem Ton. »Das ist doch sinnlos. Aus diesem Zimmer ist er ja gerade gekommen.«

»Ganz so eindeutig ist die Sache wohl nicht«, sagte Jensen. »Ich finde, Herr Anderson hat recht. Wir sollten mal nachsehen.«

Die einzigen Verteidigungswaffen, die sie an Ort und Stelle auftreiben konnten, waren ein Spazierstock und ein Regenschirm. Mit viel Zittern und Beben stieß die Expedition zum Gang vor.

Dort herrschte Grabesstille, doch unter der Tür des linken Nachbarzimmers drang Licht hervor. Gemeinsam mit Anderson ging Jensen hinüber, drückte die Klinke herunter und versuchte, die Tür aufzustoßen, hatte jedoch keinen Erfolg, denn sie war abgeschlossen.

»Herr Kristensen«, sagte Jensen, »würden Sie bitte den stärksten Mann unter Ihren Angestellten hierherholen? Wir müssen der Sache auf den Grund gehen!«

Kristensen nickte und eilte davon, froh, dem Schauplatz

unheimlicher Vorgänge zu entkommen. Jensen und Anderson verharrten vor Ort und musterten die Tür.

»Es gibt also tatsächlich ein Zimmer 13«, stellte Anderson fest.

»Ja, und rechts und links davon liegen unsere Zimmer.«

»Übrigens hat mein Zimmer nur tagsüber drei Fenster.« Gewaltsam unterdrückte Anderson ein nervöses Kichern.

»Meine Güte, genau wie meins!« Der Rechtsanwalt drehte sich zu Anderson um, sodass er der Tür den Rücken zuwandte. Genau in diesem Moment ging sie auf, ein Arm fuhr heraus, und eine Hand, die in Klauen endete, griff nach Jensens Schulter. Der Arm war in vergilbtes und zerschlissenes Leinen gehüllt, und dort, wo Haut zu sehen war, von langen grauen Haaren bedeckt.

Ebenso erschrocken wie von Ekel erfasst schrie Anderson auf und schaffte es gerade noch rechtzeitig, Jensen von dem Arm wegzureißen, ehe der unsichtbare Bewohner ihn ins Zimmer zerren konnte. Gleich darauf schloss sich die Tür wieder, und dahinter war leises Lachen zu hören.

Jensen hatte von der Attacke kaum etwas mitbekommen. Doch als Anderson ihm hastig mitteilte, welcher Gefahr er soeben entronnen war, machte ihm das so schwer zu schaffen, dass er vorschlug, das Vorhaben lieber aufzugeben und sich mit Anderson in seinem oder dessen Zimmer einzuschließen.

Dazu kam es jedoch nicht, denn jetzt tauchte Kristensen mit zwei starken Männern auf dem Gang auf. Alle drei wirkten sehr ernst und besorgt. Jensen empfing sie sofort mit einem Wortschwall über den jüngsten Vorfall. Das war nicht gerade dazu angetan, die drei zu einer Auseinandersetzung mit dem Bewohner von Zimmer 13 zu ermutigen.

Die starken Männer legten die mitgebrachten Brechstangen nieder und erklärten freiheraus, sie seien nicht bereit, ihren Hals in diesem Unterschlupf des Satans zu riskieren.

Kristensen reagierte darauf unentschlossen und sehr nervös, denn ihm war bewusst, dass es sein Hotel ruinieren würde, falls die von Zimmer 13 ausgehende Gefahr nicht beseitigt wurde. Andererseits wollte er sich dieser Gefahr auf keinen Fall persönlich stellen.

Zum Glück fand Anderson einen Weg, die Kampfmoral des kleinen Trupps wieder zu stärken. »Ist das die viel gerühmte dänische Tapferkeit?«, fragte er. »Da drinnen hockt doch kein Deutscher! Und selbst wenn, sind wir fünf gegen einen!«

Das stachelte die drei Männer so auf, dass sie zur Tür von Zimmer 13 stürmten.

»Halt!«, befahl Anderson. »Nicht so kopflos. Sie, Herr Kristensen, bleiben mit der Lampe am besten hier draußen stehen, und einer von euch starken Männern sollte die Tür aufstemmen. Aber nicht hineingehen, wenn sie nachgibt!«

Die beiden Männer nickten. Der Jüngere trat vor, holte mit der Brechstange aus und versetzte der oberen Türverschalung einen heftigen Schlag. Doch das Ergebnis war völlig anders als erwartet: Es war kein Krachen oder Splittern von Holz zu hören, sondern nur ein dumpfes Geräusch, als wäre die eiserne Brechstange auf festes Mauerwerk getroffen. Mit einem Aufschrei ließ der Mann das Werkzeug fallen und rieb sich den Ellbogen. Der Schrei zog kurz alle Blicke auf sich, dann wandte sich Anderson wieder der Tür zu.

Sie war verschwunden! Er hatte nur die verputzte Wand des Ganges vor sich, in der dort, wo das Brecheisen sie getroffen hatte, ein riesiger Riss klaffte. Zimmer 13 existierte nicht mehr.

Einen Moment lang blieben alle wie angewurzelt stehen und starrten auf die nackte Wand. Unten im Hof krähte ein Hahn, der früh dran war. Und als Anderson in die Richtung blickte, aus der das Krähen kam, sah er durch das Fenster am Ende des langen Ganges, dass der östliche Himmel bereits heller wurde und die Morgendämmerung heraufzog.

»Vielleicht ...«, sagte Kristensen mit leichtem Zögern, »vielleicht würden Sie, meine Herren, für den Rest der Nacht lieber ein anderes Zimmer beziehen? Ein Doppelzimmer?«

Weder Jensen noch Anderson hatten etwas dagegen einzuwenden. Nach den jüngsten Ereignissen schien es ihnen ratsam, ab sofort paarweise auf Gespensterjagd zu gehen. Zudem fanden sie es praktisch, dass einer den anderen mit der Kerze begleiten konnte, wenn er in seinem Zimmer die nötigen Dinge zusammenpackte. Beiläufig fiel ihnen dabei auf, dass sowohl Zimmer 12 als auch Zimmer 14 jetzt wieder *drei* Fenster hatten.

Am Morgen versammelten sich alle Beteiligten in Zimmer 12. Selbstverständlich wollte der Hotelinhaber vermeiden, Handwerker von außen hinzuzuziehen. Dennoch war es unumgänglich, das Geheimnis aufzuklären, das diesen Teil des Gebäudes umgab.

Deswegen beauftragte er die beiden Hotelangestellten mit den Zimmermannsarbeiten. Nachdem das Mobiliar ausgeräumt war, rissen die beiden Männer den Teil des Fußbodens auf, der unmittelbar neben Zimmer 14 lag. Dabei wurden zwangsläufig zahlreiche Holzbohlen so beschädigt, dass sie nicht mehr zu gebrauchen waren.

Selbstverständlich werden Sie jetzt annehmen, dass bei diesen Arbeiten ein Skelett – zum Beispiel das des Magisters Nicolas Francken – zutage gefördert wurde, aber da muss ich Sie enttäuschen. Das Einzige, was man zwischen den Stützbalken des Fußbodens fand, war ein Kästchen aus Kupfer. Darin lag ein ordentlich gefaltetes Blatt Pergament, das mit circa 20 Zeilen beschrieben war.

Diese Entdeckung versetzte sowohl Anderson als auch Jensen – der, wie sich herausstellte, ein Experte für alte

Schriften war – in höchste Aufregung, denn sie versprach, den Schlüssel zu den seltsamen Vorgängen in diesem Hause zu liefern.

Ich besitze ein Exemplar eines astrologischen Werks, das ich niemals gelesen habe. Es hat als Frontispiz einen Holzschnitt von Hans Sebald Beham, dem berühmten Maler und Kupferstecher. Er zeigt eine Gruppe weiser Männer, die rings um einen Tisch sitzen. Vielleicht gelingt es Kennern, das Buch anhand dieser Einzelheit zu identifizieren. Ich selbst kann mich an den Buchtitel leider nicht mehr erinnern und habe das Werk derzeit auch nicht zur Hand.

Die Vorsatzblätter des Buches sind mit Schriftzeichen übersät, doch während der zehn Jahre, die ich es bereits besitze, konnte ich nicht einmal herausfinden, in welcher Richtung diese Zeichen gelesen werden müssen, geschweige denn, welche Sprache sie repräsentieren.

In einer ähnlichen Lage müssen sich Anderson und Jensen befunden haben, nachdem sie das Dokument aus dem Kupferkästchen gründlich untersucht hatten. Nach zweitägigen Grübeleien wagte Jensen – derjenige von beiden, der den kühneren Geist besaß – die Vermutung, es müsse sich entweder um einen sonderbaren lateinischen oder aber einen altdänischen Text handeln.

Anderson enthielt sich jeder Spekulation und war gern bereit, das Kästchen und das Pergamentblatt der Historischen Gesellschaft von Viborg zu übergeben, damit sie beides in ihrem Museum ausstellen konnte.

Anderson erzählte mir die ganze Geschichte ein paar Monate später, als wir in einem Wald in der Nähe von Uppsala rasteten. Zuvor hatten wir die Städtische Bibliothek besucht und herzlich über den Vertrag gelacht, mit dem sich der junge

Daniel Salthenius (im späteren Leben Professor für Hebräisch an der Universität Königsberg) dem Satan verkauft hatte.

Ich muss mich korrigieren: Eigentlich lachte nur ich. Anderson fand das im Grunde überhaupt nicht lustig. »Dieser jugendliche Schwachkopf!«, sagte er und bezog sich dabei darauf, dass Salthenius gerade erst mit dem Studium angefangen hatte, als er diesen unbesonnenen Schritt unternahm. »Wusste er denn nicht, auf welche Gesellschaft er sich da einließ?«

Als ich die üblichen Überlegungen zu dem Fall ins Spiel brachte, knurrte Anderson nur irgendetwas.

Noch am selben Nachmittag erzählte er mir das, was Sie soeben gelesen haben. Doch er weigerte sich, irgendwelche Schlüsse daraus zu ziehen oder jenen zuzustimmen, die ich an seiner Stelle daraus zog.

Der Rosengarten

Im Salon des Gutes Westfield Hall, das in der Grafschaft Essex liegt, saßen Mr. und Mrs. Anstruther beim Frühstück und schmiedeten Pläne für den Tag.

»George«, sagte Mrs. Anstruther, »du fährst wohl am besten mal nach Maldon und versuchst, dort die Strickwaren zu besorgen, von denen ich dir erzählt habe – solche, wie ich sie für meinen Stand auf dem Basar brauche.«

»Na ja, Mary, wenn du das möchtest, kann ich das natürlich tun, aber eigentlich wollte ich heute Vormittag mit Geoffrey Williamson Golf spielen. Wir sind schon so gut wie verabredet. Der Basar ist doch erst am Donnerstag nächster Woche, oder?«

»Was hat denn das eine mit dem anderen zu tun? Wenn diese Sachen in Maldon nicht zu bekommen sind, muss ich alle möglichen Geschäfte in der Stadt anschreiben, wie auch dir klar wäre, würdest du ein einziges Mal mitdenken. Und diese Geschäfte schicken mir dann bestimmt Strickwaren, die vom Preis und von der Qualität her nicht infrage kommen. Wenn du dich schon fest mit Mr. Williamson verabredet hast, musst du dich natürlich daran halten, aber du hättest mir ruhig vorher Bescheid geben können, das muss ich schon sagen!«

»Ach, so fest abgemacht war das nun auch wieder nicht. Ich verstehe schon, worauf du hinauswillst. Also gut, ich fahre. Und was hast du heute vor?«

»Na ja, sobald hier im Haus alles erledigt ist, möchte ich anfangen, meinen neuen Rosengarten anzulegen. Noch etwas:

Könntest du dir, ehe du nach Maldon fährst, zusammen mit Collins mal die Stelle ansehen, die ich dafür ausgesucht habe? Du weißt ja, welche ich meine.«

»Da bin ich mir nicht ganz sicher, Mary. Meinst du das obere Ende des Grundstücks, Richtung Dorf?«

»Ach du liebe Güte! Ich dachte, ich hätte dir die Stelle genau beschrieben. Natürlich meine ich die kleine Lichtung im Gebüsch neben dem Weg zur Kirche.«

»Ach ja, jetzt weiß ich, was du meinst – den Platz mit den alten Holzbänken und dem Pfahl, oder? Bei der Besichtigung haben wir gesagt, hier müsse wohl mal eine Gartenlaube gestanden haben. Aber kommt da denn genug Sonne hin?«

»Mein lieber George, ein bisschen gesunden Menschenverstand kannst du mir ruhig zutrauen. Und komm mir bloß nicht mit der Idee, da wieder eine Gartenlaube hinzustellen. Ja, wir werden dort jede Menge Sonne haben, wenn wir den Buchsbaum zurückschneiden. Ich weiß schon, was du jetzt sagen willst, aber ich will dort genauso wenig wie du alles abholzen. Ich möchte nur, dass Collins die alten Holzbänke, den Pfahl und andere Überreste der Laube entfernt, ehe ich in einer Stunde dort hinaufgehe. Und ich hoffe, du kannst dich schnell wieder von Collins loseisen und bald nach Maldon fahren. Nach dem Mittagessen möchte ich weiter an meiner Zeichnung von der Kirche arbeiten, und du könntest dann Golf spielen gehen, wenn du magst, oder auch …«

»Gute Idee, Mary. Du machst deine Zeichnung fertig, und ich spiele eine Runde.«

»… oder auch beim Bischof vorbeischauen, wollte ich gerade sagen, aber du hörst ja sowieso nicht auf mich. Und jetzt beeil dich, sonst ist der halbe Vormittag rum.«

Mr. Anstruthers Gesicht, das länger und länger geworden war, nahm wieder normale Züge an, als er aus dem Zimmer eilte. Gleich darauf war zu hören, wie er auf dem Flur

Anweisungen erteilte. Derweil ging Mrs. Anstruther – eine stattliche Dame in den Fünfzigern – nochmals kurz die Morgenpost durch und widmete sich danach ihren häuslichen Pflichten.

Mr. Anstruther stöberte den Gärtner Collins bald darauf im Gewächshaus auf. Gemeinsam machten sie sich auf den Weg zu der Stelle, an der Mrs. Anstruther den Rosengarten anlegen wollte.

Ich weiß ja nicht, wo Rosen am besten gedeihen, vermute aber, dass Mrs. Anstruther, die so stolz auf ihren »grünen Daumen« war, keinen besonders geeigneten Ort für den Rosengarten ausgesucht hatte. Die kleine Lichtung war auf der einen Seite durch einen Weg begrenzt, auf der anderen Seite durch dichten Buchsbaum, Lorbeersträucher und andere Grünpflanzen. Der Boden war feucht und dunkel, und bis auf ein paar Grasbüschel wuchs hier nichts. Die Überreste grob gezimmerter Bänke und eines verwitterten Pfahls aus Eichenholz hatten Mr. Anstruther auf die Idee gebracht, hier müsse früher eine Laube gestanden haben.

Mrs. Anstruther hatte Collins eindeutig nichts davon gesagt, dass sie an dieser Stelle einen Rosengarten anlegen wollte, und als er davon erfuhr, war er alles andere als begeistert.

»Die Bänke kann ich natürlich schnell entfernen«, meinte er. »Die sind sowieso schon halb verfault und kein schöner Anblick. Sehen Sie mal, Mr. Anstruther«, er brach ein großes Stück Holz ab, »völlig morsch. Ja, die müssen weg, kein Problem.«

»Und der Pfahl muss auch weg«, sagte Mr. Anstruther.

Collins rüttelte mit beiden Händen daran und rieb sich danach nachdenklich übers Kinn. »Der sitzt tief im Boden. Muss schon viele Jahre hier stehen. Den bringe ich sicher nicht so schnell hier weg wie die Bänke.«

»Aber meine Frau möchte unbedingt, dass hier in einer Stunde alles geräumt ist.«

Collins grinste und schüttelte bedächtig den Kopf. »Entschuldigen Sie, aber fassen Sie den doch mal selbst an. Niemand kann Unmögliches vollbringen, oder? Ich könnte den Pfahl bis zum späten Nachmittag herausholen, aber dazu muss man sehr tief graben. Was Sie verlangen, verzeihen Sie mir die offenen Worte, bedeutet für mich und den Jungen, dass wir die Erde rings um den Pfahl lockern müssen, und das braucht seine Zeit. Aber diese Bänke hier«, sagte Collins, offenbar um seinen guten Willen zu beweisen, »kann ich mit einem Karren in weniger als einer Stunde fortschaffen, wenn Sie möchten. Nur …«

»Nur was, Collins?«

»Na ja, ich kann über Anweisungen genauso wenig hinweggehen wie Sie … oder sonst jemand.« (Letzteres setzte er hastig nach.) »Aber wenn Sie mir eine Bemerkung gestatten: Auf keinen Fall hätte ich diese Stelle für einen Rosengarten ausgewählt. Sie können ja selbst sehen, wie der Buchsbaum und der Lorbeer das ganze Licht schlucken …«

»Stimmt, da müssen wir natürlich einiges zurückschneiden oder ganz herausreißen.«

»Herausreißen? Ja, schon, nur … Nehmen Sie's mir nicht übel, Mr. Anstruther …«

»Tut mir leid, Collins, aber ich muss jetzt los. Ich hör schon den Wagen vor dem Haus. Meine Frau wird Ihnen genau erklären, was und wie sie alles haben will. Ich sage ihr, dass Sie die Bänke sofort wegschaffen können und den Pfahl bis zum späten Nachmittag. Bis nachher.«

Mit diesen Worten ließ er Collins, der sich erneut übers Kinn strich, einfach stehen.

Mrs. Anstruther war von den Mitteilungen ihres Mannes zwar keineswegs angetan, bestand aber nicht auf Änderungen des Zeitplans.

Bis vier Uhr nachmittags hatte sie es geschafft, ihren Ehemann auf den Golfplatz zu schicken, sich Collins und den

Haushaltsangelegenheiten zu widmen und einen Klappstuhl und einen Sonnenschirm zu der kleinen Anhöhe bringen zu lassen, auf der sie ihren künstlerischen Neigungen Zeit und Raum geben wollte. Sie hatte sich gerade hingesetzt, um von diesem Aussichtspunkt weiter an ihrer Zeichnung der Kirche zu arbeiten, als eines der Hausmädchen den Pfad hinaufeilte, um zu melden, es sei Besuch gekommen: Miss Wilkins.

Miss Wilkins zählte zu den wenigen noch lebenden Mitgliedern der Familie, von der die Anstruthers vor wenigen Jahren das Gut Westfield gekauft hatten. Bis jetzt war sie ganz in der Nähe wohnen geblieben, hatte aber vor, zu ihrem Bruder zu ziehen. Deshalb nahm Mrs. Anstruther an, es könne sich um einen Abschiedsbesuch handeln. »Bitten Sie Miss Wilkins, zu mir heraufzukommen«, gab sie dem Hausmädchen mit auf den Weg.

Bald darauf schleppte sich Miss Wilkins, die schon recht betagt war, den Pfad hinauf.

»Ja«, erwiderte sie auf Mrs. Anstruthers Frage, »morgen reise ich ab. Und dann kann ich meinem Bruder berichten, wie sehr Sie das ganze Anwesen verschönert haben. Natürlich tut es ihm, genau wie mir, ein wenig leid um das alte Haus, aber der Garten ist jetzt wirklich entzückend.«

»Ich bin so froh, dass Sie das sagen. Aber glauben Sie nur nicht, dass wir mit den Verschönerungen schon fertig sind. Kommen Sie, ich zeige Ihnen, wo ich einen Rosengarten anlegen möchte. Es ist ganz in der Nähe.«

Ausführlich erklärte Mrs. Anstruther, was sie vorhatte, doch Miss Wilkins war offensichtlich nicht bei der Sache. »Ja, sehr schön«, sagte sie schließlich ziemlich geistesabwesend. »Aber ich war in Gedanken gerade in meiner Vergangenheit. Ich bin wirklich sehr froh, dass ich diesen Ort noch einmal sehen kann, ehe Sie die Veränderungen vornehmen. Mein Bruder Frank und ich verbinden mit ihm ein seltsames Abenteuer.«

»Ach ja?« Mrs. Anstruther lächelte. »Sicher ist es eine sonderbare romantische Geschichte.«

»Sonderbar schon, aber nicht gerade romantisch. In unserer Kindheit traute sich keiner von uns beiden allein hierher, und vermutlich würde es mir noch heute in bestimmten Stimmungen so gehen. Es ist eines dieser Dinge, die man kaum in Worte fassen kann – ich jedenfalls nicht – und die albern klingen, wenn einem die Worte dafür fehlen. Trotzdem will ich versuchen zu erklären, wieso uns dieser Ort geradezu Angst machte, wenn wir allein hier oben waren. Am Spätnachmittag eines sehr warmen Herbsttages war Frank irgendwo auf dem Gelände verschwunden, und ich ging ihn suchen, da wir Tee trinken wollten. Als ich den Pfad heraufkam, dachte ich, er müsse sich wohl irgendwo im Gebüsch versteckt haben, aber er saß auf einer Bank in der alten Gartenlaube – die stand damals noch hier. Er hatte sich in eine Ecke gekuschelt und schlief fest, aber sein Gesicht sah so schrecklich aus, dass ich zuerst meinte, er müsse krank oder sogar tot sein. Ich rannte zu ihm, schüttelte ihn und rief immer wieder, er müsse aufwachen. Und schließlich fuhr er mit einem Schrei hoch. Der Arme schien vor Angst völlig außer sich zu sein. Er hetzte mich fast zum Haus zurück, so eilig hatte er es, von der Laube wegzukommen. Die ganze Nacht ging es ihm so schlecht, dass er kaum Schlaf fand. Soweit ich mich erinnere, musste sogar jemand an seinem Bett wachen.

Bald darauf erholte er sich wieder, aber tagelang konnte ich nicht aus ihm herausbekommen, was ihm so zugesetzt hatte. Irgendwann stellte sich heraus, dass er in der Laube eingeschlafen war und einen sehr seltsamen wirren Traum gehabt hatte. Dabei hatte er eher *gespürt* als gesehen, was um ihn herum vorging, aber die Szenen müssen wohl sehr lebensecht gewirkt haben.

Als Erstes merkte er, dass er in einem großen Saal voller Menschen stand und ihm ein ›Mann mit sehr viel Macht‹, wie er sagte, gegenübersaß, der ihm ›sehr wichtige Fragen‹ stellte. Jedes Mal wenn er eine Frage beantwortete, schien ihm irgendjemand – möglicherweise dieser mächtige Mann – einen Strick daraus zu drehen.

Die Stimmen klangen sehr fern, trotzdem konnte er sich an einiges, das im Saal gesprochen wurde, erinnern, zum Beispiel an die Fragen ›Wo waren Sie am 19. Oktober?‹ und ›Ist das Ihre Handschrift?‹.

Mittlerweile ist mir natürlich klar, dass Frank von einer Gerichtsverhandlung geträumt hat. Aber wieso? Wir Kinder durften nie die Zeitungen lesen, und es ist doch seltsam, dass ein Junge von acht Jahren sich so lebhaft vorstellen konnte, wie es vor Gericht zugeht. Frank sagte, er habe die ganze Zeit über fürchterliche Angst gehabt und sich den Menschen hoffnungslos ausgeliefert gefühlt. Sicher hat er es damals, als Achtjähriger, anders ausgedrückt, aber darauf lief es hinaus.

Dann trat eine Pause ein, in der er sich, wie er noch wusste, schrecklich ruhelos und elend gefühlt hatte, und danach wechselte der Schauplatz. Frank merkte, dass er sich nun im Freien befand. Es war ein düsterer, kalter Morgen, an dem leichter Schnee fiel. Er stand auf einer Straße oder auf einem Platz und spürte, dass sich dort eine Menschenmenge versammelt hatte. Jemand führte ihn knarrende Holzstufen hoch, bis zu einer Art Podest, aber das Einzige, was er eindeutig sehen konnte, war ein kleines Feuer ganz in seiner Nähe.

Der Mann, der ihn am Arm gepackt hatte, ließ ihn schließlich los und ging auf das Feuer zu, und nun hatte Frank noch größere Angst als in irgendeinem anderen Teil des Traums. Er sagte, er wisse nicht, was ihm zugestoßen wäre, hätte ich ihn nicht in diesem Moment wach gerüttelt. Dass ein Kind so etwas träumt, ist doch wirklich sonderbar, nicht? Nun ja, so viel dazu.

Etwas später im Jahr waren Frank und ich wieder hier oben, kurz vor Sonnenuntergang. Ich saß in der Laube und las in einem Buch. Als ich merkte, dass es bald dämmern würde, bat ich Frank, kurz zum Haus zu laufen und nachzusehen, ob wir schon zum Tee erwartet wurden. Ich wollte noch hierbleiben und das angefangene Kapitel zu Ende lesen. Frank brauchte länger als gedacht. Und das Licht schwand jetzt so schnell, dass ich mich über das Buch beugen musste, um die Buchstaben zu erkennen. Plötzlich hatte ich den Eindruck, dass mir jemand etwas zuflüsterte. Das Einzige, was ich verstehen konnte oder zu verstehen meinte, waren die Worte: ›Zieh! Zieh! Ich schiebe, du ziehst‹. Erschrocken fuhr ich hoch. Die Stimme – es war kaum mehr als ein Wispern – klang sehr heiser und wütend, aber trotzdem wie aus weiter Ferne, genau so wie Frank die Stimmen in seinem Traum beschrieben hatte. Trotz meiner Angst war ich mutig genug, mich in der Laube umzusehen, um herauszufinden, woher diese Stimme kam. Und so seltsam das auch klingen mag: Am deutlichsten konnte ich sie hören, als ich mein Ohr an den alten Holzpfahl am Ende der Sitzbank legte. Ich war mir dessen so sicher, dass ich die Schere aus meinem Nähkorb nahm und damit tiefe Kerben in den Pfahl ritzte. Ich weiß selbst nicht, warum.

Ich frage mich übrigens, ob es nicht genau dieser Pfahl war. Ja, durchaus möglich. Da sind noch Kerben und Kratzer zu sehen. Natürlich kann ich es nicht mit Sicherheit sagen, aber der Pfahl sah genauso aus wie dieser hier.

Mein Vater kam irgendwann dahinter, dass Frank und ich in der Laube unheimliche Erlebnisse gehabt hatten. Eines Abends ging er selbst nach dem Essen dorthin und ließ die Laube schon am nächsten Tag abreißen. Ich weiß noch, dass ich einmal ein Gespräch meines Vaters mit einem alten Mann mitbekam, der gelegentlich Arbeiten auf dem Gut übernahm. Der Alte sagte: ›Solange keiner auf die Idee kommt, ihn herauszulassen, müssen Sie keine Angst haben, Sir. Der sitzt da drinnen fest.‹ Als ich fragte, wen und was er damit meine, wichen beide mir aus. Vielleicht hätten mir mein Vater oder meine Mutter in späteren Jahren mehr darüber erzählt, aber sie starben beide, als Frank und ich noch Kinder waren.

Ich muss sagen, dass mir diese Geschichte immer sehr sonderbar vorkam, deshalb fragte ich die älteren Leute im Dorf oft, ob sie etwas über diesen Ort wüssten. Doch entweder konnten oder wollten sie mir nichts darüber sagen.

Meine Güte, jetzt habe ich Sie aber lange genug mit meinen albernen Kindheitserinnerungen gelangweilt. Aber diese Laube hat Frank und mich innerlich tatsächlich viele Jahre beschäftigt. Sie können sich sicher ausmalen, welche unheimlichen Geschichten wir selbst dazuerfanden. Also, liebe Mrs. Anstruther, ich muss jetzt los. Ich hoffe, wir treffen uns im Laufe der Wintermonate irgendwann einmal in der Stadt.«

Bis zum Abend hatte es Collins geschafft, die Bänke wegzubringen und den Pfahl herauszureißen. Kurz vor dem Abendessen kam Mrs. Collins herüber und bat um etwas Branntwein für ihren Mann. Er habe sich schlimm erkältet, und sie fürchte, er könne am kommenden Tag nicht arbeiten. Nun ja, das Wetter im Spätsommer kann bekanntlich tückisch sein.

Am nächsten Morgen war Mrs. Anstruther alles andere als gut gestimmt. Sie war davon überzeugt, dass nachts irgendwelche Übeltäter in den Garten eingedrungen waren. »Und noch etwas, George«, sagte sie. »Sobald Collins wieder gesund ist, musst du ihm auftragen, etwas wegen der Eulen zu unternehmen. So was wie diese Eulen hab ich noch nie gehört. Und ich bin mir sicher, dass sich eine davon unmittelbar vor unserem Fenster niedergelassen hat. Wäre sie hereingeflattert, hätte ich mich zu Tode erschreckt. Den lauten Schreien nach muss es ein sehr großer Vogel gewesen sein. Hast du denn gar nichts gehört? Nein, natürlich nicht, du hast ja wie immer geschlafen wie ein Murmeltier. Trotzdem siehst du nicht gerade so aus, als hättest du eine ruhige Nacht hinter dir, das muss ich schon sagen.«

»Stimmt. Noch so eine Nacht würde mich verrückt machen, Liebes. Du kannst dir gar nicht vorstellen, welche Albträume ich hatte. Beim Aufwachen hat's mir geradezu die Sprache verschlagen, und wenn es hier im Zimmer nicht so hell und sonnig wäre, würde ich auch jetzt lieber nicht daran denken.«

»Das sieht dir wirklich gar nicht ähnlich, George. Du musst dir wohl den ... Nein, du hast gestern ja genau dasselbe gegessen wie ich. Oder hast du in diesem miserablen Restaurant des Golfclubs Tee getrunken und etwas dazu gegessen?«

»Dort habe ich nur eine Tasse Tee und etwas Brot und Butter zu mir genommen. Ich würde wirklich gern wissen, aus welchen Dingen sich dieser Traum letzte Nacht zusammengesetzt hat. Denn soweit ich weiß, verarbeitet man im Traum ja jede Menge Kleinigkeiten, die man erlebt oder gelesen hat. Hör mal, Mary, falls ich dich damit nicht langweile, würde ich dir den Traum gern erzählen ...«

»Ja. Ich möchte ihn auch wirklich gern hören. Ich sag dir dann schon, wenn's mir reicht.«

»Also gut. Zuerst musst du wissen, dass dieser Traum in bestimmter Hinsicht ganz anders als andere Albträume war. Denn keinen Menschen, der mit mir gesprochen oder mich angefasst hat, hab ich tatsächlich gesehen. Und trotzdem waren diese Traumszenen auf unheimliche Weise real.

Zuerst saß ich in einem altmodischen Raum mit Holztäfelung – nein, stimmt nicht, ich ging darin herum. Ich weiß noch, dass dort ein Kamin war, in dem jemand offensichtlich viel Papier verbrannt hatte. Aus irgendeinem Grund empfand ich schreckliche Angst. Es hielt sich noch jemand im Raum auf, vermutlich ein Dienstbote, denn ich sagte zu ihm: ›Hol so schnell wie möglich die Pferde!‹ Und dann wartete ich eine Weile. Als Nächstes hörte ich mehrere Leute die Treppe heraufkommen und danach ein Geräusch, als stapften gespornte Stiefel über die Holzbohlen. Gleich darauf wurde die Tür aufgerissen, und das, was ich befürchtet hatte, nahm seinen Lauf.«

»Ja, aber was war es?«

»Das weiß ich nicht. Denn nun bekam ich einen solchen Schock, wie man ihn nur in Träumen erlebt. Entweder wacht man davon auf, oder alles ringsum versinkt im Dunkel. Und so war es bei mir.

Später befand ich mich in einem großen düsteren Saal – ich glaube, ebenfalls holzgetäfelt, genau wie das Zimmer vorher. Darin waren viele Menschen versammelt, und ich stand offensichtlich …«

»… unter Anklage«, ergänzte Mrs. Anstruther.

»Meine Güte, Mary, ja, das stimmt. Hattest du denn denselben Traum wie ich? Wie seltsam!«

»Nein, nein – ich hab ja kaum ein Auge zugetan. Erzähl weiter, George. Ich sag dir später, woher ich das weiß.«

»Also gut. Ja, ich stand tatsächlich vor Gericht, und zwar wegen eines Verbrechens, das mit dem Tod bestraft wird. Davon bin ich überzeugt, weil ich mich in fürchterlicher Verfassung befand. Kein Mensch entlastete oder verteidigte mich, und auf der Richterbank saß ein grauenhafter Kerl, der auf völlig unfaire Weise über mich herfiel, mir widerliche Fragen stellte und mir aus jeder Antwort einen Strick zu drehen suchte.«

»Was wollte er denn von dir wissen?«

»Er fragte zum Beispiel, wo ich an einem bestimmten Tag gewesen sei, ob ich diese oder jene Briefe geschrieben und warum ich gewisse Dokumente vernichtet hätte. Und ich weiß noch, dass er über meine Antworten auf beängstigende Weise lachte. Das klingt ja alles nicht besonders schlimm, Mary, aber ich kann dir versichern, dass es mir im Traum furchtbar zusetzte. Ich bin mir fast sicher, dass so ein Mann tatsächlich mal gelebt hat, ein ganz übler Mensch, nach dem zu urteilen, was er alles von sich gegeben hat …«

»Vielen Dank, aber das möchte ich lieber nicht hören. Dazu brauch ich ja nur auf den Golfplatz zu gehen, was ich jederzeit tun kann. Und wie ist die Verhandlung ausgegangen?«

»Oh, dieser Mann hat natürlich dafür gesorgt, dass ich schuldig gesprochen wurde. Könnte ich dir doch nur vermitteln, unter welchem Druck ich im Traum in den folgenden Tagen stand – zumindest hatte ich das Gefühl, dass es Tage dauerte. Ich wartete und wartete, schrieb hin und wieder etwas, das, wie ich wusste, sehr wichtig für mein Schicksal war, und hoffte auf Antworten, die niemals eintrafen. Eines Tages führte man mich dann ins Freie …«

»Ah!«

»Wieso sagst du das? Weißt du etwa, was mich da draußen erwartete?«

»War es ein trüber, kalter Morgen, an dem leichter Schnee fiel? Und brannte in deiner Nähe ein kleines Feuer?«

»Ins Schwarze getroffen! Also hast du doch dasselbe wie ich geträumt? Nein, wirklich nicht? Na, das ist aber mehr als seltsam. Ich bin davon überzeugt, dass man mich wegen Hochverrates hinrichten wollte. Ich weiß noch, dass ich auf Stroh in einem Karren lag, der über eine holperige Straße gezogen oder geschoben wurde, sodass ich furchtbar durchgerüttelt wurde. Dann packte mich jemand am Arm und führte mich einige Stufen hoch. Und ich hörte den Lärm einer großen Menschenmenge. Wahrscheinlich könnte ich im Moment eine Menschenmenge und deren lautes Geschwätz und Gelächter gar nicht ertragen. Doch zum Glück habe ich mein Ende nicht miterlebt. Plötzlich dröhnte es in meinem Kopf, und der Traum brach ab. Aber, Mary …«

»Ich weiß, was du mich fragen willst. Vermutlich handelt es sich um einen Fall von Gedankenübertragung. Gestern hat mich Miss Wilkins besucht und mir von einem Traum erzählt, den ihr Bruder als Kind hatte. Aus irgendeinem Grund musste ich daran denken, als ich letzte Nacht wach lag und diesen schrecklichen Eulenschreien und den Männern lauschte, die im Gebüsch redeten und lachten. Übrigens wäre es schön, wenn du mal nachsiehst, ob sie irgendeinen Schaden angerichtet haben, und die Sache der Polizei meldest.

Also, ich nehme an, dass diese Geschichte irgendwie von meinem Gehirn in deines gelangt ist. Sehr seltsam, zweifellos, und es tut mir wirklich sehr leid, dass du dadurch so eine schlimme Nacht hattest. Sieh zu, dass du dich heute so viel wie möglich an der frischen Luft aufhältst.«

»Ach, jetzt bin ich ja schon darüber hinweg. Aber ich glaube, ich gehe nachher zum Golfplatz hinüber und schaue mal nach, ob jemand eine Runde mit mir spielen will. Und was hast du vor?«

»Heute Vormittag habe ich jede Menge zu erledigen. Und am Nachmittag will ich weiter an der Zeichnung arbeiten – in der Hoffnung, dass mich niemand stört.«

»Versteht sich. Ich bin schon sehr gespannt auf die fertige Zeichnung.«

Im Garten waren keine Schäden zu entdecken. Beiläufig musterte Mr. Anstruther auch den für den Rosengarten vorgesehenen Platz, wo immer noch der ausgebuddelte Pfahl lag und das Loch noch nicht wieder zugeschüttet war. Collins, so erfuhr er, gehe es schon besser, er sei aber noch nicht wieder arbeitsfähig. Durch seine Frau ließ der Gärtner auch ausrichten, er hoffe, es sei kein Fehler gewesen, die Bänke und den Pfahl von ihrem ursprünglichen Platz zu entfernen. Mrs. Collins sagte außerdem, in Westfield werde viel getratscht, und am schlimmsten seien die Alten, die offenbar meinten, sie wüssten mehr über die Gemeinde als jeder andere. Doch was genau getratscht wurde, war nicht aus ihr herauszubringen. Sie bemerkte nur, dieses Gerede sei völliger Unsinn, habe ihren Mann aber leider sehr aus der Fassung gebracht.

Durch das Mittagessen und ein Nickerchen gestärkt, ließ sich Mrs. Anstruther auf ihrem Klappstuhl nieder, um zu zeichnen. Sie hatte ihn mitten auf den Weg gestellt, der durch das Gebüsch zur Seitenpforte des Kirchhofs führte. Bäume und Gebäude zeichnete sie am liebsten, und hier hatte sie einen guten Ausblick auf beides. Sie arbeitete sehr konzentriert, und als die Sonne hinter den bewaldeten Hügeln im Westen verschwand, war die Zeichnung schon fast fertig und wirklich gut gelungen. Sie hätte gern noch weitergemacht, aber das Licht schwand jetzt schnell, und so musste sie die letzten künstlerischen Feinheiten auf den kommenden Tag verschieben.

Sie wand sich aus ihrem Klappstuhl, um zum Haus zurückzukehren, blieb aber noch einen Augenblick stehen, um den klaren, grünlich schimmernden Himmel zu bewundern. Danach ging sie zwischen den dunklen Buchsbaumbüschen hindurch, blieb aber an der Stelle, wo der Weg endete und der Rasen begann, erneut stehen, um die stille Landschaft im Abendlicht zu betrachten. Dabei fiel ihr auf, dass sich ein Turm vor dem Horizont abzeichnete – offenbar einer der Kirchtürme von Roothing. Vielleicht würde er, von hier aus gesehen, ein gutes Motiv für eine künftige Zeichnung abgeben? Jedenfalls würde sie sich diese Möglichkeit merken. Plötzlich hörte sie linker Hand im Gebüsch etwas rascheln – es mochte ein Vogel sein – und fuhr halb herum. Zu ihrem Schrecken lugte kein Vogel aus den Zweigen, sondern etwas anderes, das sie zunächst für eine Maske hielt – eine Maske, wie sie zur

Erinnerung an den katholischen Rebellen Guy Fawkes und dessen versuchtes Attentat auf König Jakob I. vielerorts am »Guy Fawkes Day«, dem 5. November, getragen wurde. Als sie näher trat, sah sie, dass sie sich getäuscht hatte. Es war ein breites, glattes Gesicht mit auffällig rosafarbener Haut. Später konnte sie sich noch genau an die winzigen Schweißperlen auf der Stirn, das sauber rasierte Kinn und die geschlossenen Augen erinnern. Und auch daran – ein irgendwie obszönes und ihr nach wie vor unerträgliches Bild –, dass der Mund offen stand und den Blick auf einen einzelnen Zahn im Oberkiefer freigab. Noch während sie hinüberstarrte, tauchte das Gesicht im dunklen Gebüsch ab.

Kaum hatte sie das schützende Haus erreicht und die Tür hinter sich geschlossen, brach sie zusammen und verlor das Bewusstsein.

Mr. und Mrs. Anstruther erholten sich schon mehr als eine Woche in Brighton, als sie ein Rundschreiben der Archäologischen Gesellschaft von Essex zugestellt bekamen. Es war eine Anfrage, ob sie einige historische Porträts besäßen. Falls ja, werde man diese gern in die Sammlung von Porträts aus Essex aufnehmen, die bald unter der Schirmherrschaft der Gesellschaft erscheinen werde. Der Begleitbrief des Sekretärs der Vereinigung enthielt Genaueres:

Insbesondere würden wir gern erfahren, ob Sie das Original des Stichs besitzen, dessen fotografische Reproduktion ich beifüge. Sie zeigt Sir …, der unter Jakob II. von England als Oberrichter amtierte. Wie Sie sicher wissen, zog er sich, nachdem er in Ungnade gefallen war, nach Westfield zurück. Man vermutet, dass er dort unter schweren Gewissensqualen gestorben ist.

Vielleicht interessiert es Sie, dass vor Kurzem ein sonderbarer Eintrag in den Kirchenbüchern von Priors Roothing (nicht von Westfield) entdeckt wurde. Demnach ging der frühere Oberrichter nach seinem Tod in der Gemeinde Westfield um und belästigte die Bewohner mit seinem Spuk so sehr, dass der Pfarrer von Westfield die Geistlichen aller Dörfer, die zu Roothing gehören, zu sich rief, um dem Spuk ein Ende zu machen. Der Untote wurde exorziert und gepfählt. Am Ende des Eintrags heißt es: »Der Pfahl befindet sich in einem Feld, das zum Westen hin an den Kirchhof von Westfield angrenzt.«

Vielleicht können Sie uns mitteilen, ob es in Ihrer Gemeinde noch irgendwelche Überlieferungen darüber gibt.

Als sich Mrs. Anstruther die beigefügte Fotografie ansah, beschwor das Porträt erneut die Vorfälle in ihrem Garten herauf, und sie erlitt einen schweren Schock. Deshalb kam das Ehepaar Anstruther überein, den Winter lieber im Ausland zu verbringen.

Mr. Anstruther fuhr nach Westfield zurück, um dort die Reisevorbereitungen zu treffen, und nutzte die Gelegenheit zu einem Besuch beim anglikanischen Pfarrer des Dorfes. Als er dem betagten Herrn die ganze Geschichte erzählte, zeigte dieser sich kaum überrascht.

»Ich habe mir schon selbst einiges davon zusammenreimen können, was passiert sein muss«, erklärte er. »Teilweise aufgrund von Erzählungen alter Dorfbewohner, teilweise wegen gewisser Dinge, die mir auf Ihrem Grundstück aufgefallen sind. Natürlich wurden auch wir Dorfbewohner bis zu einem gewissen Grad heimgesucht. Ja, anfangs sogar schlimm: Mal im Pfarrgarten, mal in der Umgebung einiger Häuser waren in manchen Nächten Schreie wie von Eulen zu hören, wie

Sie schon sagten. Und manchmal auch männliche Stimmen. Doch in letzter Zeit war kaum noch etwas davon zu bemerken. Meiner Ansicht nach wird es bald ganz aufhören.

In unseren Kirchenregistern ist nur das Begräbnis des Mannes eingetragen und ein lateinischer Spruch, den ich lange Zeit für den Leitspruch seiner Familie gehalten habe. Aber als ich mir den Eintrag kürzlich noch einmal ansah, fiel mir auf, dass dieser Spruch erst nachträglich und in einer anderen Handschrift hinzugefügt worden ist. Gezeichnet ist er mit den Initialen A. C. Dieser A. C. – Augustine Crompton – hat Ende des 17. Jahrhunderts amtiert, er war einer unserer Pfarrer. Der Spruch lautet: *Quieta non movere* – was ich für mich als *Schlafende Hunde soll man nicht wecken* übersetzt habe. Ich nehme an … Nun ja, was genau ich annehme, ist schwer in Worte zu fassen.«

Das Chorgestühl der Kathedrale von Barchester

Soweit diese Geschichte mich betrifft, so begann sie, als ich in der Rubrik Todesfälle des *Gentleman's Magazine* auf einen gewissen Nachruf stieß. Die Ausgabe der Zeitschrift stammte aus dem zweiten Jahrzehnt des 19. Jahrhunderts. Der Nachruf lautete:

Am 26. Februar verstarb Ehrwürden John Benwell Haynes, Doktor der Theologie, Archidiakon von Sowerbridge sowie Pfarrer von Pickhill und Candley, im Alter von 57 Jahren in seinem Domherren-Domizil in Barchester.

Er absolvierte das (...) College in Cambridge, wo er sich durch Begabung und Fleiß die Wertschätzung seiner Lehrkräfte erwarb. Als er nach der üblichen Zeit den ersten akademischen Grad erwarb, stand sein Name weit oben auf der Liste der Ausgezeichneten. Wegen seiner akademischen Ehren wurde er schon nach kurzer Zeit zum Fellow *des Colleges ernannt.*

1783 wurde er in den geistlichen Stand erhoben. Bald darauf betraute ihn sein Freund und Gönner, der mittlerweile verstorbene Bischof von Lichfield, mit einer unbefristeten Pfarrstelle in Ranxton-sub-Ashe. Seine raschen Beförderungen – zunächst zum Bezieher eines festen Einkommens aus seinen kirchlichen Ämtern, später zum Kantor der Kathedrale von Barchester – legen ein beredtes Zeugnis davon ab, wie sehr er geachtet wurde und über welche herausragenden Fähigkeiten er verfügte. Nach dem plötzlichen Tod des Archidiakons Pulteney im Jahre 1810 wurde er dessen Nachfolger an der Kathedrale.

Seine Predigten, stets im Einklang mit der Glaubenslehre seiner Kirche, der er zur Zierde gereichte, waren nicht von blindem religiösem Eifer geprägt, sondern in hohem Maße von seiner Bildung und Gelehrsamkeit sowie den Tugenden eines wahren Christenmenschen. Frei von jeder konfessionellen Unduldsamkeit und Überheblichkeit, getragen vom Geiste aufrichtiger Nächstenliebe, werden sie in den Herzen seiner Gemeinde noch lange fortleben [...]

Aus seiner Feder stammt nicht zuletzt eine geschickte Verteidigung der bischöflichen Kirchenverfassung. Auch nach mehrmaliger Durchsicht des Manuskripts kann der Verfasser dieses Nachrufs nur feststellen, dass dieses Werk einmal mehr auf den Mangel an Großzügigkeit und nach vorn blickendem Unternehmungsgeist hinweist, der bei den Verlegern unserer Generation allzu verbreitet und für sie typisch ist. Tatsächlich beschränkten sich die Veröffentlichungen von Hochwürden Haynes auf eine geistreiche, elegante Übersetzung der Argonautica *von Valerius Flaccus,* Gesammelte Predigttexte zum wechselvollen Leben des Josua *(sämtlich Predigten, die er in der Kathedrale von Barchester gehalten hat) und eine Reihe von Vorwürfen, die er anlässlich verschiedener Visitationen gegen die Geistlichkeit in seinem Archidiakonat erhob. Diese sollen hier jedoch nicht einzeln aufgeführt werden.*

Diejenigen, die sich einer näheren Bekanntschaft mit dem nun Dahingeschiedenen erfreuen durften, werden sich jedoch vor allem an seine Weltgewandtheit und Gastfreundschaft erinnern.

Sein Interesse an dem ehrwürdigen Bau, unter dessen Kuppel er so zuverlässig seinen Dienst versah, wie auch sein besonderes Interesse am musikalischen Teil der kirchlichen Liturgie könnte man fast kindliche Begeisterung nennen. Jedenfalls bildete diese Begeisterung erfreulicherweise einen starken Kontrast zu dem vornehmen Gleichmut, den derzeit allzu viele Würdenträger unserer Kirche zur Schau tragen.

Nachdem der Verfasser seinen Lesern noch mitgeteilt hat, dass Dr. Haynes niemals verheiratet war, lautet der letzte Absatz:

Nun hätte man annehmen können, dass ein so friedvolles, mildtätiges Leben auf ein ähnlich friedvolles Ende in hohem Alter zugesteuert wäre. Doch die Wege der Vorsehung sind unerforschlich. Der friedliche Lebensabend des Dr. Haynes, der zuletzt sehr zurückgezogen und weltabgeschieden gelebt hat, fand auf keineswegs friedliche Weise ein jähes Ende. Eine ebenso entsetzliche wie unerwartete Tragödie erschütterte sein Leben und zerstörte es schließlich. Am Morgen des 26. Februar …

Doch vielleicht tue ich besser daran, den Schluss dieser Geschichte nicht vorwegzunehmen, sondern zunächst von den Ereignissen zu berichten, die letztendlich den Tod des Archidiakons herbeiführten. Soweit Berichte darüber mittlerweile zugänglich sind, habe ich sie einer anderen Quelle entnommen.

Den hier zitierten Nachruf habe ich eher zufällig gelesen, wie auch viele andere Nachrufe aus derselben Zeit. Der Text hatte eine gewisse Mutmaßung bei mir ausgelöst, aber seinerzeit dachte ich nur daran, Dr. Haynes möglichst in Erinnerung zu behalten, sollte ich Gelegenheit haben, die vor Ort vorhandenen Unterlagen über jene Zeit zu untersuchen. Ich bemühte mich jedenfalls nicht, die Geschichte umgehend weiterzuverfolgen.

Doch kürzlich katalogisierte ich in dem College, dem Dr. Haynes als *Fellow* angehört hatte, den Bestand der in der Bibliothek archivierten Manuskripte. Nachdem ich am Ende der durchnummerierten Schriften in den Bücherregalen angekommen war, fragte ich den Bibliothekar, ob es noch weitere gebe, deren Erfassung sich lohnen könne.

»Ich glaube, nicht«, erwiderte er, »aber sicherheitshalber sehen wir wohl besser noch in der Handschriftenabteilung nach. Haben Sie im Moment Zeit dafür?«

Ja, ich hatte Zeit. Also machten wir uns auf den Weg in die Abteilung, gingen dort die Handschriften durch und stießen am Ende unserer Untersuchung auf ein Regal, das ich bisher übersehen hatte. Hier wurden vor allem handschriftliche Predigten, Bündel fragmentarischer Dokumente und Übungen fürs College aufbewahrt. Außerdem fand ich auch ein episches Gedicht in mehreren Gesängen mit dem Titel *Cyrus* – offenbar hatte sich ein Landpfarrer in seiner freien Zeit als Poet versucht –, mathematische Abhandlungen eines längst verstorbenen Professors und ähnliche Dinge, die mir nur allzu vertraut sind. All das musterte ich nur kurz. Zuletzt fiel unser Blick auf eine Blechkassette. Wir zogen sie heraus und befreiten sie vom Staub, sodass ein bereits stark vergilbtes kleines Schild zum Vorschein kam, das besagte: *Aufzeichnungen seiner Hochwürden, des Archidiakons Haynes. Schenkung seiner Schwester, Miss Letitita Haynes, im Jahre 1834.*

Mir wurde sofort klar, dass ich diesem Namen schon einmal begegnet war, und mir fiel auch schnell ein, wo. »Das muss der Archidiakon Haynes sein, der in Barchester ein so sonderbares Ende genommen hat«, bemerkte ich. »Ich habe den Nachruf im *Gentleman's Magazine* gelesen. Darf ich die Kassette mit nach Hause nehmen? Wissen Sie, ob sie irgendetwas Interessantes enthält?«

Der Bibliothekar war gleich damit einverstanden, dass ich die Kassette mitnahm, damit ich sie zu Hause in aller Ruhe untersuchen konnte. »Ich selbst habe nie hineingeschaut«, sagte er, »obwohl ich es immer schon vorhatte. Höchstwahrscheinlich ist es die Kassette, von der unser früherer Leiter gesagt hat, das College hätte sie niemals annehmen dürfen. Schon vor Jahren hat er das zu Martin gesagt. Und auch, dass man sie, solange er in der Bibliothek das Sagen habe, niemals öffnen dürfe. Martin erzählte es mir und meinte, er würde schrecklich gern wissen, was da drin sei. Aber der Alte war nun mal der Leiter unserer Bibliothek und hatte die Kassette stets privat unter Verschluss, also kam man zu seiner Zeit nicht heran. Und nach seinem Tod haben seine Erben sie versehentlich mitgenommen und erst vor ein paar Jahren zurückgebracht. Eigentlich weiß ich gar nicht, warum ich sie nie aufgemacht habe. Aber da ich heute Nachmittag sowieso unterwegs bin, können Sie sich das Ding ruhig als Erster vornehmen. Ich kann mich ja sicher darauf verlassen, dass Sie nichts Unerwünschtes in unserem Katalog veröffentlichen.«

Ich habe die Kassette dann tatsächlich mit nach Hause genommen, ihren Inhalt untersucht und mich danach mit dem Bibliothekar über Veröffentlichungsmöglichkeiten für die darin enthaltenen Aufzeichnungen unterhalten. Und da er mir genehmigt hat, sie in einer Geschichte zu verarbeiten – unter der Bedingung, die wahre Identität der beteiligten Personen nicht preiszugeben –, will ich sehen, was sich daraus machen lässt.

Natürlich stütze ich mich bei meiner Geschichte vor allem auf die Tagebücher und Briefe des Archidiakons. Wie viel ich daraus wörtlich zitieren werde und wie viel ich zusammenfassen muss, ist eine Frage des Platzes. Zum besseren Verständnis der Situation musste ich zunächst ein paar (nicht sehr aufwendige) Nachforschungen anstellen. Die ausgezeichneten

Illustrationen und Texte des Bandes *Barchester* in Bells Reihe über englische Kathedralen haben mir die Arbeit sehr erleichtert.

Wenn man heute den Chorraum der Kathedrale von Barchester betreten will, muss man zunächst durch die Pforte einer Trennwand aus Erz- und bunten Marmorbildwerken gehen, die der englische Kirchenarchitekt Sir Gilbert Scott entworfen hat. Danach gelangt man in einen Raum, den ich nicht anders als sehr nüchtern und hässlich nennen kann. Das Chorgestühl stammt aus jüngerer Zeit und ist von keinem Zierdach überwölbt. Die Namen der kirchlichen Würdenträger und der Bezieher von Pfründen sind jedoch zum Glück erhalten geblieben und auf kleinen, an den Stühlen befestigten Messingschildern zu lesen. Die Orgel steht im Triforium – in dem der Hochwand vorgelagerten Gang, der zum Mittelschiff hin offen ist. Soweit man ihr Gehäuse sehen kann, entspricht es dem gotischen Stil. Die Altarwand und deren Umfeld unterscheiden sich kaum von der Ausstattung anderer Kirchen.

Sorgfältig angefertigte alte Kupferstiche zeigen jedoch, dass die Kirche noch vor 100 Jahren ganz anders gestaltet war: Damals stand die Orgel auf einem wuchtigen, in klassizistischem Stil gehaltenen Podest. Auch das massive Chorgestühl ist diesem Stil nachempfunden. Über den Altar spannt sich ein hölzerner Baldachin, dessen Ecken Urnen schmücken. Weiter östlich befindet sich eine feste hölzerne Chorwand, ebenfalls klassizistisch, mit einem Ziergiebel, in den ein von Strahlen umgebenes Dreieck eingelassen ist. Es umschließt die goldenen Lettern einer hebräischen Inschrift, in deren Anblick Cherubin versunken sind. Am östlichen Ende des Chorgestühls, auf der Nordseite des Kirchenschiffs, befindet sich eine Kanzel mit breiter Überdachung, die zur Verstärkung des Schalls bei den Predigten dient. Der Fußboden besteht aus schwarzen und weißen Marmorfliesen, die ein

Schachbrettmuster bilden. Auf einem der Stiche sind auch Personen zu sehen: zwei vornehme Damen und ein distinguierter Herr, die das Kircheninnere bewundern.

Anderen Quellen habe ich entnommen, dass sich der Kirchenstuhl des Archidiakons seinerzeit – genau wie heute – gleich neben dem Bischofsthron am südöstlichen Ende des Gestühls befand. Und das Wohnhaus des Archidiakons, ein schöner Backsteinbau aus der Regierungszeit des Königs Wilhelm III. von Oranien-Nassau (1689–1702), liegt der Westseite der Kirche gegenüber.

Hier zog Dr. Haynes 1810, damals schon über die mittleren Jahre hinaus, zusammen mit seiner Schwester ein. Schon lange hatte er das Amt des Archidiakons angestrebt, doch sein Vorgänger weigerte sich bis zum biblischen Alter von 92 Jahren, von dieser Welt zu scheiden.

Rund eine Woche nachdem er seinen 92. Geburtstag in bescheidenem Rahmen gefeiert hatte, brach ein ereignisreicher Morgen in der dunklen Jahreszeit an: Als Dr. Haynes frisch und munter ins Frühstückszimmer eilte – er rieb sich voller Vorfreude die Hände und summte irgendeine Melodie vor sich hin –, trübte sich seine gute Laune sofort, als er einen Blick auf seine Schwester warf. Sie saß zwar wie üblich auf ihrem Stuhl hinter dem Teekessel, hatte sich jedoch vorgebeugt und schluchzte völlig außer sich in ihr Taschentuch.

»Was … was ist denn los?«, fragte er. »Ist irgendetwas Schlimmes passiert?«

»Ach, Johnny, hast du's denn noch nicht gehört? Der liebe alte Archidiakon, der Arme!«

»Der Archidiakon? Was ist mit ihm? Ist er krank geworden?«

»Nein, nein. Man hat ihn heute früh tot auf der Treppe gefunden. Es ist wirklich entsetzlich.«

»Wie ist das möglich? Der liebe alte Pulteney! Meine Güte, der Arme. Hat er einen Schlaganfall gehabt?«

»Nein, vermutlich nicht, und das ist fast das Schlimmste an der Geschichte. Schuld daran scheint allein sein dummes Dienstmädchen zu sein, die Jane.«

Dr. Haynes stutzte. »Das verstehe ich nicht, Letitia. Was kann sie damit zu tun haben?«

»Na ja, soweit ich verstanden habe, hat eine Befestigungsstange des Treppenläufers gefehlt, doch das hat Jane nicht gemeldet. Anscheinend ist der arme Archidiakon auf die Stufenkante getreten, abgerutscht – du weiß ja, wie glatt das Eichenholz ist –, fast die ganze Treppe hinuntergestürzt und hat sich dabei das Genick gebrochen. Wie schrecklich das für Miss Pulteney sein muss! Natürlich wird man das Mädchen sofort entlassen. Ich hab Jane ja noch nie gemocht!«

Erneut brach sich Miss Haynes' Kummer mit einer Tränenflut Bahn, doch nach und nach versiegte diese so weit, dass sie ein leichtes Frühstück zu sich nehmen konnte. Hingegen blieb ihr Bruder einige Minuten schweigend am Fenster stehen, dann verließ er das Zimmer und tauchte an diesem Morgen auch nicht wieder auf.

Mir bleibt nur noch Folgendes hinzuzufügen: Das nachlässige Dienstmädchen wurde unverzüglich gefeuert, und die fehlende Stange des Treppenläufers fand man kurz danach *unter* ebendiesem Läufer – ein zusätzlicher Beweis dafür, wie außerordentlich dumm und schlampig das Dienstmädchen Jane gewesen war.

Schon seit vielen Jahren hatte man Dr. Haynes wegen seiner offenbar wirklich bemerkenswerten Fähigkeiten als möglichen Nachfolger des Archidiakons Pulteney gehandelt, und seine eigenen Hoffnungen wurden nicht enttäuscht. Er wurde mit allen Würden in sein neues Amt eingeführt und nahm voller Diensteifer die Aufgaben in Angriff, die sich ihm in dieser Stellung innerhalb der Kirchenhierarchie zwangsläufig stellten.

Beträchtlichen Raum nehmen in seinen Tagebüchern fortan heftige Beschwerden über das Chaos ein, das Archidiakon Pulteney in seinen Amtsgeschäften und den entsprechenden Unterlagen hinterlassen hatte. Die Abgaben der Pfarrgemeinden Wringham und Barnswood waren demnach seit circa zwölf Jahren nicht mehr eingezogen worden und größtenteils unwiederbringlich verloren. Kirchenvisitationen waren schon seit sieben Jahren nicht mehr durchgeführt worden. Bei vier Kirchen befanden sich die Chor- und Altarräume in so schlechtem Zustand, dass an Renovierung kaum noch zu denken war. Die von Archidiakon Pulteney ernannten Verantwortlichen, schrieb Dr. Haynes, seien fast so unfähig gewesen wie er selbst. Man müsse geradezu dankbar dafür sein, dass dieser Zustand dank höherer Gewalt schließlich ein Ende gefunden habe.

Der Brief eines Freundes bestätigt seine Ausführungen.

> *ὁ κατέχων* (»Der es jetzt aufhält, erst muss hinweggetan werden«, heißt es darin in recht brutaler Anspielung auf den Zweiten Brief des Paulus an die Thessalonicher, Vers 2,8.) *Endlich ist er von uns gegangen. Mein armer Freund, in welches Chaos wirst du nun hineingeraten! Du hast mein Wort dafür, dass er bei meiner letzten Besprechung nicht ein einziges Schriftstück parat hatte, keine Silbe meiner Worte verstehen und sich an keine der von mir erledigten geschäftlichen Angelegenheiten erinnern konnte. Aber nun besteht dank eines nachlässigen Dienstmädchens und einer gelockerten Läuferstange Aussicht darauf, dass das Notwendige durchgeführt werden kann, ohne dass man dabei Stimme und Beherrschung verliert.*

Dieser Brief steckte in der Umschlagtasche eines Tagebuchs. Zweifellos machte sich der neue Archidiakon voller Eifer und Begeisterung an die Arbeit, wie aus einer seiner Notizen hervorgeht:

Man muss mir nur ein bisschen Zeit lassen, die unzähligen Fehler und Folgeschäden, mit denen ich es hier bei den Verwaltungsangelegenheiten zu tun habe, so zu beheben, dass wenigstens ein Anschein von Ordnung entsteht. Dann werde ich frohen und aufrechten Herzens in die Lobpreisung des alten Simeon einstimmen, die für allzu viele Menschen leider nur ein Lippenbekenntnis ist.

Diese Bemerkung habe ich nicht einem seiner Tagebücher, sondern einem seiner Briefe entnommen. Offenbar haben die Freunde von Dr. Haynes nach seinem Tod all seine Briefe der Schwester zurückgegeben.

Der neue Archidiakon beließ es jedoch nicht bei solchen Überlegungen. Vielmehr begann er, die Rechte und Pflichten, die sein Amt mit sich brachte, gründlich und geradezu geschäftsmäßig zu prüfen. An einer Stelle rechnet er sogar aus, dass drei Jahre gerade ausreichen müssten, um die geschäftlichen Angelegenheiten des Archidiakonats wieder auf eine solide Grundlage zu stellen. Diese Schätzung scheint in etwa zuzutreffen, denn drei Jahre beschäftigt sich Dr. Haynes vorrangig mit Reformen.

Doch am Ende dieses Zeitraums suche ich vergeblich nach der angekündigten Lobpreisung, die als *Nunc dimittis* bekannt ist: *Herr, nun lässest du deinen Diener in Frieden fahren, wie du gesagt hast, denn meine Augen haben deinen Heiland gesehen* (Lukasevangelium Vers 2,29–2,32). Der Archidiakon hat ein neues Betätigungsfeld gefunden. Bis jetzt haben ihn seine anderen Pflichten davon abgehalten, regelmäßig an den Gottesdiensten in der Kathedrale teilzunehmen. Nun aber beginnt er, sich für das Gebäude und die Kirchenmusik zu interessieren.

Es würde zu weit führen, an dieser Stelle ausführlich auf seine – letztendlich fruchtlosen – Auseinandersetzungen mit dem Organisten einzugehen, einem älteren Herrn, der bereits seit 1786 sein Amt versah. Wichtiger ist es, hier festzuhalten, dass Dr. Haynes plötzlich mehr und mehr Anteil an der Kathedrale selbst und deren Ausstattung nahm. Beispielsweise verfasst er einen Brief an einen Mann namens Sylvanus Urban (der offenbar nie abgeschickt wurde), in dem er ausführlich auf das Chorgestühl eingeht. Wie schon erwähnt, war dieses Gestühl keineswegs uralt, sondern stammte aus dem Jahre 1700. In dem Briefentwurf heißt es:

Der Stuhl des Archikdiakons am südöstlichen Ende des Chorraums, zur Linken des Bischofsthrons (den jetzt verdientermaßen der wirklich hervorragende Prälat einnimmt, der dem Bistum zur Ehre gereicht), unterscheidet sich vom übrigen Chorgestühl durch sonderbare Verzierungen. Neben dem Wappen des Dekans West, dessen Wirken wir die ganze innere Ausstattung des Chorraums verdanken, weist das Gebetspult rechts vom Stuhl drei winzige, doch wegen ihrer grotesken Ausgestaltung bemerkenswerte Statuetten auf. Eine zeigt eine äußerst kunstfertig modellierte Katze in geduckter, lauernder Haltung und stellt auf bewundernswerte Weise die Geschmeidigkeit, Wachsamkeit und List dieses gefürchteten Widersachers aller Mäuse dar.

Ihr gegenüber sitzt eine wahrhaft königliche Gestalt auf einem Thron. Doch der Künstler hat hier keinen irdischen Monarchen porträtiert. Das lange Gewand, das die Gestalt umhüllt, verbirgt zwar sorgsam die Füße, aber weder die Krone noch die Haube, die dieser König trägt, verdecken die spitzen Ohren und die geschwungenen Hörner, die offenbaren, dass es sich hier um einen Fürsten der Finsternis handelt. Und die Hand, die auf dem Knie ruht, endet in beängstigend scharfen, langen Krallen.

Zwischen diesen beiden Statuetten steht eine in eine lange Kutte gehüllte Gestalt, die man auf den ersten Blick für einen Mönch, genauer gesagt für einen Angehörigen des Franziskanerordens halten könnte, da er eine Kapuze trägt und seine Taille mit einem Strick gegürtet ist. Doch schon beim zweiten Blick kommt man zu völlig anderen Schlüssen: In Wirklichkeit ist der Strick zu einer Galgenschlinge geknotet, nur verdeckt das Gewand fast vollständig die Hand, die diesen Strick hält. Zudem weisen das eingefallene Gesicht und – noch gruseliger – die von keinem Fleisch bedeckten Wangenknochen diese Gestalt als den Meister aller Schrecken aus.

Offensichtlich sind alle drei Figuren das künstlerische Werk einer geübten Hand. Sollte jemand in Ihrem fachkundigen Bekanntenkreis zufällig in der Lage sein, etwas Licht in das Dunkel von Herkunft und Bedeutung dieser Figuren zu bringen, bin ich Ihnen und Ihrer wertvollen Sammlung einmal mehr zu großem Dank verpflichtet.

Der Briefentwurf enthält noch weitere Beschreibungen der drei Statuetten, und in Anbetracht dessen, dass diese Holzschnitzereien heute nicht mehr auffindbar sind, lohnt es sich, insbesondere den letzten Absatz des Schreibens wörtlich zu zitieren:

Meine jüngst angestellten Nachforschungen in den Geschäftsbüchern des Bistums haben gezeigt, dass die Holzschnitzereien des Chorgestühls nicht, wie bisher angenommen, das Werk niederländischer Künstler sind, sondern das eines Einheimischen namens Austin, der entweder in der Stadt Barchester oder in deren Umgebung gelebt hat. Das Holz stammt aus einem Eichenhain unseres Bistums, der »Heiligenwald« genannt wird. Neulich erfuhr ich bei meiner Visitation in der Pfarrgemeinde, in der das Eichenwäldchen liegt, von dem betagten ehrenwerten Pfarrherrn, dass sich die Einheimischen immer noch an den eindrucksvollen Umfang und das hohe Alter der Eichenbäume erinnern, aus deren Holz das Kunstwerk geschnitzt wurde. Oben habe ich es Ihnen ja so genau wie mir möglich beschrieben. Besonders eine Eiche in der Mitte des Gehölzes hat sich dem Gedächtnis der Dorfbewohner eingeprägt, der sogenannte Galgenbaum. Dafür, dass hier tatsächlich Menschen gehenkt wurden, sprechen zahlreiche menschliche Knochen, die rund um den Wurzelstock entdeckt wurden. Außerdem gab es hier einen besonderen Brauch: Leute, die sich in Herzensangelegenheiten oder anderen Dingen des täglichen Lebens einen günstigen Ausgang der Entwicklungen erhofften, befestigten an den Ästen des »Galgenbaums« gern kleine Bildnisse oder unförmige, aus Stroh, Zweigen oder Ähnlichem gefertigte Puppen.

Nach diesem kurzen Abstecher in die historischen Forschungen des Archidiakons wenden wir uns nun wieder seiner Laufbahn zu, soweit sie sich aus seinen Tagebüchern erschließen lässt.

In den ersten drei Jahren harter, sorgfältiger Arbeit wirkt er durchgängig wie ein sehr lebensfroher Mensch. Zweifellos ist in dieser Zeit sein Ruf als gastfreundlicher, weltgewandter Mann, der im Nachruf erwähnt wird, vollauf gerechtfertigt. Doch danach kann ich feststellen, dass sich nach und nach ein Schatten über seine Seele legt, der sein Leben irgendwann völlig verdüstern wird. Und das muss sich auch in seinem Verhalten gegenüber der Außenwelt gezeigt haben.

Viele seiner Ängste und Probleme vertraut er seinem Tagebuch an, denn ein anderes Ventil für seine Sorgen hat er ja nicht. Er ist nicht verheiratet, und seine Schwester ist nicht immer bei ihm. Doch wenn ich mich nicht sehr irre, hat er seinem Tagebuch längst nicht alles anvertraut. Hier einige Auszüge daraus:

30. August 1816
Schon werden die Tage merklich kürzer. Da ich jetzt Ordnung in die Unterlagen des Archidiakonats gebracht habe, muss ich mir ein neues Betätigungsfeld für die Abendstunden in Herbst und Winter suchen. Es macht mir schwer zu schaffen, dass Letitia wegen ihrer angegriffenen Gesundheit in diesen Monaten nicht ständig bei mir bleiben kann. Vielleicht sollte ich weiter an der Verteidigung der bischöflichen Kirchenverfassung *schreiben? Das könnte sich als nützlich erweisen.*

15. September 1816
Letitia ist nach Brighton abgereist.

11. Oktober 1816
Habe im Chorraum beim Abendgebet zum ersten Mal die Kerzen angezündet. Zu meiner Bestürzung muss ich bekennen, dass ich schreckliche Angst vor der dunklen Jahreszeit habe.

17. November 1816
Die Figuren an meinem Gebetspult haben mir einen großen Schrecken eingejagt. Offenbar habe ich sie mir vorher noch nie gründlich angesehen. Wie durch Zufall erregten sie plötzlich meine Aufmerksamkeit. Beim Magnifikat *wäre ich fast eingeschlafen, wie ich gestehen muss. Meine Hand*

ruhte auf dem Rücken der holzgeschnitzten Katze, der mir nächsten Figur an meinem Gebetspult. Ich war mir dessen jedoch nicht bewusst, da ich nicht hinsah, bis mich der Eindruck von irgendetwas Weichem aufschreckte, das sich unter meinen Fingern wie ein ziemlich struppiges, raues Fell anfühlte; außerdem eine plötzliche Bewegung, als hätte das Tier den Kopf herumgeworfen, um mich zu beißen. Sofort war ich wieder hellwach und muss wohl leise aufgeschrien haben, denn unser Kämmerer warf mir einen Blick zu. Das unangenehme Gefühl war so stark, dass ich mir unwillkürlich die Hand an meinem Chorhemd abrieb. Dieser Vorfall brachte mich dazu, mir die Statuetten nach den Gebeten eingehender anzusehen. Und dabei fiel mir zum ersten Mal auf, wie überaus kunstfertig sie geschnitzt sind.

6. Dezember 1816

Ich vermisse Letitia wirklich sehr. Besonders machen mir die Abende zu schaffen, auch wenn ich so lange wie möglich an meiner Verteidigungsschrift arbeite. Doch anschließend wird mir jedes Mal bewusst, dass das Haus zu groß für einen einsamen Mann ist und ich nur allzu selten Besuch, egal von wem, bekomme. Wenn ich mich auf mein Zimmer zurückziehe, habe ich das unangenehme Gefühl, dass sich irgendjemand oder irgendetwas im Haus aufhält. Tatsächlich (ich kann es mir selbst ja ruhig eingestehen) höre ich sogar Stimmen. Mir ist klar, dass so etwas ein bekanntes Symptom beginnenden Gehirnzerfalls ist. Doch das würde mich wohl eher beruhigen als beunruhigen, hätte ich den Verdacht, dass dies wirklich die Ursache meiner sonderbaren Wahrnehmungen ist. Doch ich habe keinerlei Anhaltspunkte dafür, und auch in der Geschichte meiner Familie ist kein solcher Fall bekannt. Arbeit, gewissenhafte Arbeit, und die zuverlässige Erfüllung aller mir auferlegten Pflichten sind die beste Medizin für mich, und ich vertraue darauf, dass sie sich als wirksam erweisen wird.

1. Januar 1817
Ich muss zugeben, dass meine Probleme immer schlimmer werden. Als ich gestern Abend nach Mitternacht vom Dekanat zurückkehrte, zündete ich meine Nachtkerze an, um nach oben zu gehen. Ich war schon fast bis zum Ende der Treppe gelangt, als irgendjemand mir zuraunte: »Ich wünsche dir ein gutes neues Jahr.« Es war keine Einbildung. Die Stimme sprach deutlich und mit Nachdruck. Fast wäre mir die Kerze aus der Hand gefallen, und ich zittere bei der Vorstellung, was das zur Folge gehabt hätte. Doch ich schaffte es, die letzten Stufen hochzusteigen, eilte in mein Zimmer, verriegelte die Tür und wurde danach nicht mehr gestört.

15. Januar 1817
Gestern musste ich am späten Abend noch einmal nach unten ins Arbeitszimmer gehen, da ich meine Uhr auf dem Schreibtisch vergessen hatte. Ich glaube, beim Rückweg befand ich mich auf dem ersten Treppenabsatz, als ich plötzlich zu hören meinte, wie mir jemand ins Ohr zischte: »Sei vorsichtig!« Ich hielt mich am Geländer fest und blickte mich natürlich sofort um. Doch wie immer war niemand zu sehen. Gleich darauf ging ich weiter die Treppe hinauf – umzukehren wäre ja sinnlos gewesen –, wäre dabei aber fast gestürzt: Eine meinem Gefühl nach große Katze schlüpfte zwischen meinen Beinen hindurch, doch wiederum war nichts zu erkennen. Vielleicht war es die Hauskatze, aber eigentlich glaube ich das nicht.

27. Februar 1817
Die seltsame Geschichte von gestern Abend würde ich am liebsten vergessen. Doch wenn ich sie schriftlich festhalte, erkenne ich vielleicht deren wahres Ausmaß. Von neun bis zehn hatte ich in der Bibliothek gearbeitet und einen Brief an den Bischof geschrieben. In dieser Zeit schien sich auf dem Gang und im Treppenhaus ständig irgendetwas zu tun – ich meine damit ein dauerndes, aber fast geräuschloses Kommen und Gehen. Doch jedes Mal wenn ich das Schreiben unterbrach, um zu lauschen, oder sogar auf den Gang trat, herrschte völlige Stille. Auch als ich mich, früher als sonst, gegen halb elf auf mein Zimmer zurückzog, nahm ich kein auffälliges Geräusch wahr.

Wie es der Zufall wollte, hatte ich John aufgetragen, wegen meines Briefes an den Bischof zu mir aufs Zimmer zu kommen, denn ich wollte, dass er ihn schon früh am kommenden Morgen in dessen Palais abgab. Ich hatte John gebeten, aufzubleiben und den Brief bei mir abzuholen, sobald er mich oben hörte. Vorübergehend hatte ich das vergessen, jedoch daran gedacht, den Brief in mein Zimmer mitzunehmen.

Als ich meine Uhr aufzog, hörte ich ein schwaches Klopfen an der Tür und jemanden leise, aber eindeutig hörbar fragen: »Darf ich hereinkommen?« Da fiel mir John wieder ein, also holte ich den Brief von der Kommode und sagte: »Nur zu, treten Sie ein.« Doch niemand folgte meiner Aufforderung.

Als Nächstes machte ich vermutlich einen schweren Fehler: Ich öffnete die Tür und streckte den Brief hinaus. Aber in diesem Moment, da bin ich mir völlig sicher, befand sich niemand auf dem Gang! Während ich vor meiner Tür stehen blieb, ging die Tür am anderen Ende des Korridors auf und John tauchte mit einer Kerze auf. Ich fragte, ob er kurz zuvor an meine Tür geklopft habe, das hatte er jedoch nicht, wie er mir glaubwürdig versicherte. Das gab mir ein sehr ungutes Gefühl. Obwohl nun alle meine Sinne in höchster Alarmbereitschaft waren und ich Mühe beim Einschlafen hatte, blieben mir in dieser Nacht allerdings weitere unangenehme Erlebnisse erspart.

Anfang des Frühjahrs kehrt Dr. Haynes' Schwester zurück, um einige Monate bei ihm zu bleiben. Von da an sind seine Tagebucheinträge wieder voller Optimismus, und es sind keine Anzeichen für eine Depression darin zu finden. Das hält bis Anfang September an, als seine Schwester abreist. Nun deutet alles darauf hin, dass ihn erneut irgendetwas belastet, und zwar schlimmer als zuvor. Ich komme gleich darauf zurück, will zuvor jedoch etwas einschieben, nämlich ein Dokument, das vielleicht ein gewisses Licht auf den Verlauf dieser Geschichte wirft.

Die Geschäftsbücher von Dr. Haynes, die zusammen mit allen anderen Unterlagen aufbewahrt wurden, weisen bald nach seiner Amtseinführung vierteljährliche Zahlungen von 25 Pfund an einen Empfänger oder eine Empfängerin namens J. L. auf. Für sich genommen sagen diese Zahlungen nichts aus. Doch ich verbinde sie mit einem sehr niederträchtigen und schlecht formulierten Brief voller Rechtschreibfehler, der sich, genau wie der schon zitierte, in der Tasche eines Tagebucheinbandes befand. Der Poststempel ist nicht mehr zu lesen, sodass ich den Brief nicht genau datieren kann, auch sein Inhalt ist nur schwer zu entziffern. Ich gebe ihn hier so genau wie möglich mit allen Fehlern wieder.

Geerter Herr
Hab die lezten wochen drauf gewatet von sie zu hörn aber kam nichs und mus ich annemen sie ham mein brief nich

gekrigt. Stand drin ich und mein mann ham schlechte zeiten und läuft alles schif auf unserm hof wissen nich wo pacht hernemen und get uns schlecht. Wern sie so gut [? gütig?] *40 Pfund zu schiken sonst mus ich schrite machen wo ich nich gerne tu. Wo sie doch schuld sind das ich die stele bei Dr. Pulteney verlorn hab is das wol nur gerecht was ich verlang und sie wissen ja am besten was ich sagn könnte wen ich müst aber so was unangenemes wil ich gar nich tun wo ich doch nur in friden anstendich lebn will.*
Immer zu dinsten
Jane

Tatsächlich wurden 40 Pfund an J.L. überwiesen, und aus dem entsprechenden Eintrag in den Geschäftsbüchern lässt sich das Datum des Briefes in etwa schätzen. Doch zurück zu den Tagebüchern.

22. Oktober 1817
Beim Abendgebet, während der Rezitation der Psalmen, hatte ich ein ähnliches Erlebnis wie letztes Jahr. Wie damals ließ ich meine Hand auf einer der geschnitzten Statuetten ruhen (mittlerweile vermeide ich es jedoch, die Katze zu berühren), die sich daraufhin »verwandelte«, wie ich es gerade nennen wollte. Aber damit räume ich einer Wahrnehmung wohl allzu viel Gewicht ein, die letztendlich durch eine körperliche Störung bedingt sein mag. Jedenfalls kam mir das Holz plötzlich feuchtkalt und so weich vor, als wäre es nasses Leinen. Ich weiß noch genau, wann das geschah. Der Chor sang gerade den sechsten Vers des 109. Psalms Davids, in dem es heißt: »Gib ihm einen Gottlosen zum Gegner, und ein Verkläger stehe zu seiner Rechten.«

Heute Abend schien mich das Geraune und Geflüster schlimmer denn je zu verfolgen, erstmals sogar bis in mein Zimmer hinein. Einen übernervösen Menschen – der ich nicht bin und hoffentlich auch niemals sein werde – hätte das wohl sehr irritiert oder sogar in Angst und Schrecken versetzt.

Die Katze hockte abends wieder auf der Treppe. Fast glaube ich, dass sie dort ständig sitzt. Dabei haben wir gar keine Hauskatze.

15. November 1817
Wieder einmal muss ich etwas schriftlich festhalten, das ich nicht begreife. Derzeit schlafe ich sehr schlecht. Gestern Abend stand mir beim Einschlafen kein eindeutiges Bild vor Augen, sondern mich verfolgte der sehr lebhafte und anhaltende Eindruck, dass mir feuchte Lippen hastig und mit großem Nachdruck irgendetwas ins Ohr flüsterten. Trotzdem muss ich wohl eingeschlafen sein, fuhr aber mit dem Gefühl aus dem Schlaf hoch, dass sich eine Hand auf meine Schulter gelegt hatte. Mit fürchterlichem Schreck stellte ich fest, dass ich mich nicht im Bett, sondern auf dem untersten Treppenabsatz befand. Der Mond schien so hell, dass ich unten, auf der zweiten oder dritten Stufe, die riesige Katze erkennen konnte. Keine Ahnung, wie ich wieder ins Bett gekommen bin. Ja, ich trage eine schwere Last.

[Danach folgt eine Zeile, die später durchgestrichen wurde. Ich glaube, ursprünglich hatte dort gestanden: »*… hat sich bestens ausgewirkt*«.]

Bald darauf weisen die Aufzeichnungen darauf hin, dass die geistige Stabilität des Archidiakons unter dem Druck all dieser mysteriösen Vorkommnisse ins Wanken gerät. Ich möchte dem Leser an dieser Stelle die (für die Handlung nicht unbedingt nötige) Schilderung der erschütternden emotionalen Ausbrüche und Stoßgebete des Archidiakons ersparen. Erstmals tauchen sie im Dezember 1817 und im Januar 1818 auf, danach ist im Tagebuch immer häufiger davon zu lesen. Dennoch hält Dr. Haynes in dieser Zeit hartnäckig an der Erfüllung seiner Amtspflichten fest. Ich weiß nicht, warum er sich nicht krankgemeldet und Zuflucht in Bath oder Brighton gesucht hat, habe jedoch den Eindruck, dass ein solcher Kuraufenthalt ihm auch keineswegs gutgetan hätte. Denn vermutlich war er ein Mensch, der sich selbst sofort aufgegeben hätte und zusammengebrochen wäre, hätte er sich eingestanden, dass er wegen dieser Vorkommnisse am Ende seiner Kräfte war. Das muss ihm wohl auch irgendwie bewusst gewesen sein. Allerdings suchte er tatsächlich einen Ausgleich zu seiner seelischen Belastung, indem er Gäste zu sich einlud. Dazu hält er Folgendes fest:

7. Januar 1818
Konnte meinen Cousin Allen dazu überreden, mir einige Tage Gesellschaft zu leisten. Werde ihn im Schlafzimmer neben meinem unterbringen.

8. Januar 1818
Eine ruhige Nacht. Allen hat gut geschlafen, sich allerdings über den »Wind« beschwert. Mir ging es wie in den Nächten zuvor: Hörte ständig ein Raunen und Geflüster. Was will man mir mitteilen?

9. Januar 1818
Allen meint, dieses Haus sei sehr laut. Außerdem findet er die Katze ungewöhnlich groß und ein schönes Tier, doch leider sei sie auch sehr wild.

10. Januar 1818
Allen und ich hielten uns bis elf Uhr abends in der Bibliothek auf. Zweimal ging er hinaus, um nachzusehen, was die Hausmädchen im Gang trieben. Als er das zweite Mal zurückkehrte, erzählte er mir, er habe eines der Mädchen am Ende des Korridors durch eine Tür schlüpfen sehen. Er meinte, wäre seine Frau hier, würde sie den Mädchen ein solches Verhalten sofort austreiben. Ich fragte ihn nach der Farbe des Kleides, das das Mädchen getragen hatte. Grau oder weiß, sagte er. Das hatte ich mir schon gedacht.

11. Januar 1818
Allen ist heute abgereist. Ich muss jetzt stark sein.

Dieser Satz taucht in den folgenden Aufzeichnungen immer wieder auf, manchmal ist es sogar der einzige Eintrag des Tages, in außergewöhnlich großer Schrift so fest ins Papier gedrückt, dass die Schreibfeder dabei zerbrochen sein muss. Doch die Freunde des Archidiakons haben diesen Wesenswandel offenbar gar nicht bemerkt, und das verlangt mir hohe Achtung vor dessen Tapferkeit und Willenskraft ab.

Von seinen letzten Lebenstagen verrät das Tagebuch nicht mehr, als ich bereits erwähnt habe. Sein Ende muss ich deshalb in der geschliffenen Sprache des bereits zitierten Nachrufs wiedergeben.

Der Morgen des 26. Februar war kalt und stürmisch. Die Dienstboten des Dahingeschiedenen seligen Angedenkens waren schon sehr früh auf. Wer kann ihr Entsetzen beschreiben, als sie in der Eingangshalle ihren geliebten und geachteten Dienstherrn auf dem ersten Treppenabsatz liegen sahen, und zwar in einer Haltung, die das Schlimmste befürchten ließ. Sie holten sofort Hilfe herbei, und alle waren fassungslos, als sich herausstellte, dass der Archidiakon Opfer eines brutalen, tödlichen Angriffs geworden war. Das Rückgrat war mehrfach gebrochen, was man noch für die Folge eines Sturzes halten konnte, denn an einer Stufe hatte sich der Treppenläufer offensichtlich gelockert. Doch zusätzlich wiesen Augen-, Nasen- und Mundpartie schwere Verletzungen auf, so als hätte ein wildes Tier das Gesicht zerfleischt. Die Gesichtszüge waren gar nicht mehr zu erkennen, wie ich leider berichten muss. Selbstverständlich war jeder Lebensfunke in ihm erloschen – laut der verlässlichen Aussage der hinzugezogenen Ärzte bereits vor mehreren Stunden. Wer diese unfassbare Gräueltat begangen hat, liegt nach wie vor im Dunkel. Selbst die kühnsten Mutmaßungen weisen auf keine Lösung dieser traurigen Frage hin, die sich nach diesem grausamen Ereignis zwangsläufig stellt.

Anschließend sinniert der Verfasser des Nachrufs darüber, ob die ketzerischen Schriften Percy Shelleys, Lord Byrons und Voltaires zu diesem verhängnisvollen Vorfall beigetragen haben könnten. Er schließt mit der recht verschwommen ausgedrückten Hoffnung, der gewaltsame Tod des Archidiakons möge *»der nachfolgenden Generation als abschreckendes Beispiel dienen«*. Es lohnt sich jedoch nicht, diese Spekulationen in voller Länge zu zitieren.

Ich war schon früher zu dem Schluss gekommen, dass Dr. Haynes für den Tod Dr. Pulteneys verantwortlich gewesen sein musste. Doch welche Rolle die geschnitzte Figur des Todes am Gebetsstuhl des neuen Archidiakons in diesem Zusammenhang spielte, wusste ich nicht. Selbstverständlich lag die Vermutung nahe, dass sie aus dem Holz des Galgenbaums geschnitzt worden war, doch es schien mir unmöglich, das zu beweisen. Trotzdem fuhr ich nach Barchester, nicht zuletzt in der Hoffnung herauszufinden, ob noch irgendwelche Überreste dieser Holzarbeiten erhalten waren.

Einer der Domherren stellte mich dort dem Leiter des heimatgeschichtlichen Museums vor. Wenn mir überhaupt irgendjemand in dieser Sache weiterhelfen könne, dann dieser Mann, sagte er. Ich erzählte dem Museumsdirektor von Dr. Haynes' Aufzeichnungen und den darin beschriebenen Holzfiguren und Wappen, die früher das Chorgestühl geschmückt hatten, und fragte, ob noch irgendetwas davon erhalten sei. Er konnte mir das Wappen des Dekans West und einige andere Relikte zeigen. Diese, sagte er, seien die Schenkung eines alten Einwohners der Stadt Barchester. Früher habe der Mann selbst noch eine geschnitzte Holzfigur besessen – vielleicht sogar eine der von mir gesuchten Statuetten. Um diese Figur ranke sich eine sonderbare Geschichte: »Der alte Herr hat mir erzählt, er habe sie zusammen mit anderen erhaltenen Stücken in einem Holzlager aufgelesen und als Geschenk für seine Kinder mit nach Hause genommen. Doch auf dem Heimweg hat er damit herumhantiert, und dabei ist sie in zwei Teile zerbrochen. Offenbar ist dabei ein Zettel herausgefallen, den er aufgehoben hat. Den Zettel hat er kurz angesehen, bemerkt, dass er beschrieben war, ihn in die Manteltasche gesteckt und daheim in einer Vase auf dem Kaminsims verborgen.

Vor Kurzem habe ich den Alten zu Hause besucht und dabei die Vase umgedreht, weil ich nachsehen wollte, ob sie unten das Markenzeichen eines Herstellers trägt. Dabei fiel mir der Zettel in die Hand. Als ich ihn dem alten Herrn reichte, erzählte er mir dessen Geschichte und sagte, ich könne ihn behalten. Da er ziemlich zerknittert und an den Seiten eingerissen war, habe ich ihn auf Karton aufgezogen. Ich habe ihn sogar bei mir und würde mich sehr freuen, wenn Sie mir sagen könnten, was der Text bedeuten soll. Allerdings würde es mich sehr wundern, wenn Sie daraus schlau würden.«

Er reichte mir den auf Karton geklebten Zettel. Die Handschrift wirkte altertümlich, war aber recht gut lesbar, und der Text lautete:

Herangewachsen im Wald
wässerte mich Blut.
Und wer mich in dieser Kirche
mit blutbefleckter Hand berührt
sei gewarnt:
Bei Tag und bei Nacht
kann ihn sein Schicksal ereilen.
Er hüte sich besonders vor
einer sturmumtosten Februarnacht.
Geträumt am 26. Februar 1699, John Austin

»Ich nehme an, es handelt sich um eine Verwünschung oder einen Fluch – oder wie würden Sie das nennen?«, fragte der Museumsdirektor.

»Ja, das ist gut möglich«, erwiderte ich. »Was ist eigentlich aus der Figur geworden, in der dieser Zettel verborgen war?«

»Ach, das habe ich vergessen zu erwähnen. Der alte Herr hat mir erzählt, sie sei so hässlich gewesen und habe seinen Kindern so viel Angst eingejagt, dass er sie verbrannt hat.«

Der Schatz des Abtes Thomas

I

Verum usque in præsentem diem multa garriunt inter se Canonici de abscondito quodam istius Abbatis Thomæ thesauro, quem sæpe, quanquam adhuc incassum, quæsiverunt Steinfeldenses. Ipsum enim Thomam adhuc florida in ætate existentem ingentem auri massam circa monasterium defodisse perhibent; de quo multoties interrogatus ubi esset, cum risu respondere solitus erat: »Job, Johannes, et Zacharias vel vobis vel posteris indicabunt«; idemque aliquando adiicere se inventuris minime invisurum. Inter alia huius Abbatis opera, hoc memoria præcipue dignum iudico quod fenestram magnam in orientali parte alæ australis in ecclesia sua imaginibus optime in vitro depictis impleverit: id quod et ipsius effigies et insignia ibidem posita demonstrant. Domum quoque Abbatialem fere totam restauravit: puteo in atrio ipsius effosso et lapidibus marmoreis pulchre cælatis exornato. Decessit autem, morte aliquantulum subitanea perculsus, ætatis suæ anno lxxii, incarnationis vero Dominic mdxxix.

»Das werde ich wohl übersetzen müssen«, murmelte der Altertumsforscher vor sich hin, als er mit der Abschrift dieses Abschnitts aus dem ziemlich kostbaren und sehr weitschweifigen Werk *Sertum Steinfeldense Norbertinum* fertig war.

Die Chronik des Prämonstratenser-Klosters Steinfeld in der Eifel, die auch die Biografien der Äbte enthält, wurde 1712 in Köln von dem dort ansässigen Christian Albert Erhard gedruckt. Der Zusatz *Norbertinum* verweist auf Norbert von Xanten, der den römisch-katholischen Orden der Chorherren – später ein Zusammenschluss selbstständiger Klöster in mehreren Ländern – 1120 gründete.

»Na, dann mache ich mich am besten gleich an die Arbeit«, sagte sich der Forscher, und bald darauf lag die Übersetzung vor:

Bis auf den heutigen Tag gibt es unter den Klosterbrüdern viel Gerede über einen verborgenen Schatz, nach dem in Steinfeld schon oft gesucht wurde, doch bis jetzt vergeblich. Angeblich hat der Abt Thomas in der Blüte seiner Jahre irgendwo in der Abtei sehr viel Gold versteckt. Oft wurde er danach gefragt, doch jedes Mal hat er lachend erwidert: »Hiob, Johannes und Zacharias werden es entweder euch oder euren Nachfolgern offenbaren.« Manchmal setzte er noch hinzu, die Finder des Schatzes seien nicht zu beneiden. Von den vielen Werken des Abtes will ich besonders hervorheben, dass er die Ausgestaltung des großen Ostfensters im Südschiff der Kirche mit wunderbarer Glasmalerei in Auftrag gegeben hat. Unter den dargestellten Figuren ist auch er selbst als Stifter mit einem Ebenbild und seinem Wappen zu finden. Darüber hinaus hat er fast den ganzen Wohntrakt des Abtes renovieren und im Innenhof einen Brunnen graben lassen, der mit schönen Marmorarbeiten verziert wurde. Abt Thomas verschied recht unerwartet in seinem 72. Lebensjahr, Anno Domini 1529.

Derzeit befasste sich der Altertumsforscher damit, herauszufinden, wo das oben beschriebene Fenster abgeblieben war. In der Folge der Französischen Revolution und der anschließenden Säkularisation in den rechts- und linksrheinischen Gebieten um 1802 waren sehr viele Glasmalereien von den aufgelösten deutschen und belgischen Klöstern nach England gelangt, wo sie dann Dorfkirchen, Kathedralen oder auch private Kapellen schmückten.

Das Kloster Steinfeld zählte zu den bedeutendsten Abteien, die auf diese Weise unfreiwillig zur Vermehrung der englischen Kunstschätze beigetragen hatten. (Als Autor stütze ich mich hier auf das ziemlich umständliche Vorwort des Werks, das der Altertumsforscher später verfasst hat.) Man kann die Glasmalereien aus dem Kloster Steinfeld zumeist ohne viel Mühe identifizieren, entweder anhand der zahlreichen Inschriften, in denen der Ort erwähnt wird, oder anhand der biblischen Themenkreise, die in diesen Glasmalereien bildnerisch dargestellt werden.

Der Absatz, den ich eingangs zitiert habe, hatte den Altertumsforscher jedoch noch auf eine andere Spur gebracht, die möglicherweise eine dritte Möglichkeit der Identifizierung barg. In einer privaten Kapelle – der Ort spielt hier keine Rolle – hatte er jüngst nämlich drei überlebensgroße Figuren entdeckt, die die volle Höhe eines dreigeteilten bemalten Fensters einnahmen und offensichtlich alle vom selben Künstler stammten. Dem Stil nach musste er ein deutscher Maler des 16. Jahrhunderts gewesen sein, doch bisher war eine genauere Bestimmung des Kunstwerks nicht gelungen.

Die Figuren – ahnt der Leser es schon? – stellten den Patriarchen Hiob, den Evangelisten Johannes und den Propheten Zacharias dar. Jeder der drei hielt entweder ein Buch oder eine Pergamentrolle in der Hand, beschriftet mit einem ihm zugeordneten biblischen Zitat.

Selbstverständlich hatte der Altertumsforscher das bemerkt. Darüber hinaus war ihm aufgefallen, dass diese Zitate ein wenig von jedem ihm bekannten Bibeltext in der lateinischen Sprache abwichen, wie sie seit der Spätantike allgemein benutzt wurde. Beispielsweise war auf Hiobs Schriftrolle zu lesen: *Auro est locus in quo absconditur (Das Gold hat seinen Ort, wo man es versteckt)* statt *Auro est locus in quo conflatur (Das Gold hat seinen Ort, wo man es läutert),* wie es nach Hiob 28,1 korrekt heißen müsste.

Auf dem Buch des Johannes stand: *Habent in vestimentis suis scripturam quam nemo novit* – und die folgenden Wörter waren einem anderen Bibelvers entnommen. Die ursprünglichen, aus der Offenbarung des Johannes 19,2 und 19,16 zusammengefügten Zitate hätten in der Übersetzung gelautet: *Und trägt einen Namen geschrieben auf seinem Kleid und auf seiner Hüfte (...) den niemand wusste als er selbst.* Hier aber war zu lesen: *Und trugen Namen auf ihren Kleidern, die keiner wusste.*

Der einzige unveränderte biblische Satz, mal abgesehen von einer Auslassung, fand sich bei Zacharias: *Super lapidem unum septem oculi sunt.* Übersetzt: *Siehe, auf dem einen Stein sind sieben Augen* (der Prophet Sacharja 3,9).

Verzweifelt hatte der Forscher bisher eine Erklärung dafür gesucht, dass ausgerechnet diese drei biblischen Gestalten gemeinsam in einem Kirchenfenster dargestellt waren. Es gab ja weder eine historische noch symbolische oder religionskundliche Verbindung zwischen ihnen. Er konnte nur vermuten, dass diese Glasmalerei Teil einer ganzen Serie von Kirchenfenstern gewesen war, die Propheten und Apostel zeigte. Solche Serien gab es in sehr großen Kirchen, etwa in Form der Lichtgadenfenster.

Doch die Passage aus dem *Sertum Steinfeldense Norbertinum* warf ein völlig neues Licht auf diese Dreiergruppe. Der Text bezeugte, dass Thomas von Eschenhausen, Abt des Klosters Steinfeld, die Namen der drei biblischen Gestalten oft erwähnt hatte. Und ebendieser Abt hatte seiner Klosterkirche ein Buntglasfenster im Südschiff gestiftet – vermutlich um das Jahr 1520 herum.

Also war es mehr als reine Spekulation, dass dieses dreigeteilte Fenster (jede Figur nahm eine Glasscheibe für sich ein), das jetzt die Privatkapelle des englischen Lords D. zierte, zu den Stiftungen des Abtes Thomas gehört haben musste. Eine gründliche Untersuchung des Fensters würde letzte Sicherheit bringen oder den Irrtum beweisen.

Da Mr. Somerton – so hieß der Altertumsforscher – ein wohlhabender Privatgelehrter war und über sehr viel freie Zeit verfügte, trat er bald darauf ein zweites Mal die Pilgerfahrt zur Privatkapelle des Lord D. an.

Dort bestätigten sich alle Vermutungen. Nicht nur passten Stil und Technik der Glasmalerei perfekt zum angenommenen Ort und zur angenommenen Zeit der Entstehung, sondern Somerton entdeckte hier auch eine weitere Glasmalerei, die das Wappen des Abtes Thomas von Eschenhausen trug. Die Familie des Lords hatte sie zusammen mit der Dreiergruppe erworben.

Während seiner Untersuchungen fiel Somerton immer wieder das Gerede der Klosterbrüder über den verborgenen Schatz ein, und als er die Geschichte gründlich durchdachte, ging ihm ein Licht auf: Falls Abt Thomas mit der rätselhaften Antwort auf die Frage nach dem Schatz tatsächlich auf etwas Reales angespielt hatte, musste die Lösung in dem Fenster verborgen sein, das er der Abtei gestiftet hatte. Zumal die erste der drei seltsam ausgewählten Bibelstellen auf den Schriftrollen und Büchern der drei Figuren sich durchaus auf einen verborgenen Schatz beziehen konnte. Denn dort hieß es ja: *Das Gold hat seinen Ort, wo man es versteckt.*

Also hielt Somerton penibel jede auffällige Einzelheit dieser Glasmalerei schriftlich fest, in der Hoffnung, auf diese Weise etwas Licht in das Geheimnis bringen zu können. Denn er war davon überzeugt, dass der Abt die Lösung des Rätsels bewusst der Nachwelt überlassen hatte.

Nach Rückkehr in sein Herrenhaus in Berkshire verbrachte er im Schein der Petroleumlampe viele Nachtstunden damit, auf Spurensuche zu gehen, und zog dazu auch seine Skizzen heran. Nach zwei oder drei Wochen kam der Tag, an dem er seinen persönlichen Gehilfen damit beauftragte, für sich und ihn die Koffer zu packen, sie müssten für kurze Zeit ins Ausland reisen.

Doch für den Augenblick will ich nicht weiter darauf eingehen.

II

Mr. Gregory, der anglikanische Pfarrer von Parsbury, unternahm noch vor dem Frühstück einen kleinen Spaziergang, da dieser Herbstmorgen besonders schön war. Er ging bis zum Tor seiner Auffahrt, um dort auf den Postboten zu warten und dabei die frische, kühle Luft zu genießen. Weder das Wetter noch der Postbote ließen ihn im Stich.

Ihm blieb kaum Zeit, all die neugierigen Fragen seiner aufgeweckten Kinder zu beantworten, die er mitgenommen hatte, da war der Postbote auch schon zur Stelle und gab ihm seine Briefe, darunter auch einen mit ausländischer Briefmarke und ausländischem Stempel (den jeder der kleinen Gregorys sofort untersuchen wollte).

Als der Pfarrer den Brief öffnete und sich die Unterschrift ansah, merkte er sofort, dass sein Freund, der Gutsherr Somerton, diesen Brief in Auftrag gegeben haben musste.

Er war nämlich von dessen Gehilfen William Brown unterschrieben, der das volle Vertrauen Somertons genoss. Der Brief lautete:

Sehr geerter Her Pfarer!
Bin in groser sorge um meinen Hern. Möchte Sie biten gleich zu komen. Der Her hat einen schlimen Schokk bekomen. Ligt im Bett. Hab ihn ni so gesehn. Aber kein wunder. Der Her sagt ich sol schreiben der schnelste weg ist nach Koblentz fahrn und von da aus mit dem ferdewagen. Hofe jetzt ist alles klar. Bin selbst durch einander vor angst wegen jeder nacht. Bitte entschuldigen Sie aber freue mich darauf wider ein erliches gesicht aus der heimat zu sehn unter all disen fremden gesichtern.

Hochachtungsvoll
ihr William Brown
P. S. Der name vom dorf denn statt ist es nich ist Steinfeld.

Ich muss es der Fantasie des Lesers überlassen, sich die Verblüffung und Verwirrung des Pfarrers und dessen hastige Reisevorbereitungen auszumalen. Denn dieser Brief platzte ja mitten in ein friedliches Pfarrhaus des Jahres 1859 in Berkshire hinein, in dem stets alles seinen geordneten Gang nahm.

Nur so viel will ich hier erwähnen: Pfarrer Gregory bestieg noch am selben Tag den Zug zu der nächsten größeren Stadt, schaffte es, eine Kabine auf dem Fährschiff nach Antwerpen zu buchen und einen Platz für den Zug nach Koblenz zu reservieren. Von dort aus nach Steinfeld weiterzufahren war dann nicht weiter schwierig.

Leider muss ich zugeben, dass ich Steinfeld niemals mit eigenen Augen gesehen habe. Keine der Hauptpersonen in dieser Geschichte (auf deren Aussagen ich mich stütze) konnte mir mehr als ein vages und ziemlich trostloses Bild dieses Ortes vermitteln. Ich vermute jedoch, dass Steinfeld recht klein ist und eine große Klosterkirche hat, die jetzt – ihrer uralten Einrichtungen beraubt – irgendwie fehl am Platz wirkt. Die Kirche umgeben zahlreiche großartige Bauten, die jedoch inzwischen verfallen sind. Die meisten davon stammen aus dem 17. Jahrhundert, denn die Abtei wurde in jener Zeit wie die meisten Klöster auf dem europäischen Festland von ihren Bewohnern prächtig herausgeputzt und ausgebaut.

Es schien mir nie lohnend, Geld für eine Reise nach Steinfeld auszugeben, selbst wenn es weit anziehender sein mag, als es Mr. Somerton und dem Pfarrer Gregory seinerzeit vorkam. Aber offensichtlich gibt es dort kaum etwas wirklich Interessantes zu besichtigen – mal abgesehen von einem einzigen Objekt, das ich mir aus guten Gründen aber lieber nicht ansehen möchte.

Der Gasthof, in dem Somerton und sein Gehilfe Brown Quartier nahmen, war der einzige »annehmbare« im ganzen Dorf. Der Kutscher brachte Pfarrer Gregory dann auch direkt dorthin. Brown, in einen leichten Tweedanzug gekleidet, wartete bereits am Eingang. In seiner Heimat Berkshire wirkte er wie das Musterexemplar eines unerschütterlichen vollbärtigen Faktotums, dem man vollständig vertrauen konnte. Doch jetzt war er von der Situation ganz und gar überfordert. Er war überaus nervös, fast gereizt, und eindeutig nicht mehr Herr der Lage.

Beim Anblick des *»erlichen gesichts aus der heimat«* war er über alle Maßen erleichtert, fand aber keine Worte dafür, sondern brachte nur heraus: »Also ich freu mich wirklich, Sie zu sehen, Herr Pfarrer. Und so wird's auch Mr. Somerton gehen.«

»Wie steht's denn um ihn, Brown?«, wollte der Pfarrer sofort wissen.

»Ich glaub, es geht ihm schon wieder besser. Aber er hat Schreckliches durchgemacht. Ich hoffe, er kann jetzt endlich mal wieder schlafen, aber …«

»Was ist denn überhaupt passiert? Aus Ihrem Brief bin ich gar nicht schlau geworden. Hatte er einen Unfall?«

»Na ja, ich weiß gar nicht, ob ich Ihnen was drüber sagen soll. Mr. Somerton wollte es Ihnen unbedingt selbst erzählen. Zumindest ist nichts gebrochen, schon dafür müssen wir sehr dankbar sein …«

»Und was meint der Arzt?«

Da sie inzwischen vor der Zimmertür standen, senkten sie die Stimmen. Pfarrer Gregory, der zufällig vor Brown an der Tür war, tastete nach der Klinke und streifte dabei unabsichtlich das Holz. Ehe Brown die Frage des Pfarrers beantworten konnte, drang ein entsetzlicher Schrei aus dem Zimmer. »Wer, um Himmels willen, ist da draußen? Brown, sind Sie das?«

»Ja, ich bin's, zusammen mit Pfarrer Gregory«, rief Brown, worauf Somerton vor Erleichterung hörbar aufseufzte.

Als sie das Zimmer betraten, das wegen der Nachmittagssonne abgedunkelt war, sah Pfarrer Gregory bestürzt und voller Mitleid, wie ausgezehrt sein Freund wirkte. Auf dem normalerweise gelassenen Gesicht perlte Angstschweiß. Somerton setzte sich in dem Bettalkoven auf und streckte seinem Freund die zitternde Hand zur Begrüßung entgegen.

»Schon besser, da du jetzt hier bist, mein lieber Gregory«, erwiderte er auf die erste Frage des Pfarrers, wie es ihm gehe. Und diese Antwort entsprach auch der Wahrheit, wie dem Kranken anzusehen war.

Schon nach fünfminütigem Gespräch sei Somerton mehr und mehr der Alte geworden, berichtete Brown später. Der Kranke schaffte es sogar, ein mehr als beachtliches Abendessen zu sich zu nehmen, und erklärte voller Zuversicht, er werde innerhalb von 24 Stunden wieder so weit auf die Beine kommen, dass er sich auch die Reise nach Koblenz zumuten könne.

»Doch da gibt es eine Sache, die du vorher bitte noch für mich erledigen musst, lieber Gregory«, sagte er mit einem erneuten Anflug von Erregung, den sein Freund gar nicht gerne sah. »Frag mich jetzt aber nicht gleich, um was es sich handelt«, fuhr er fort und legte seine Hand auf die Gregorys, um jedem Einwand zuvorzukommen. »Und auch nicht nach meinen Beweggründen. Ich bin einfach noch nicht so weit, dir diese Sache zu erklären. Es würde mich in den früheren Zustand zurückwerfen und das Gute, das du mir durch dein Kommen getan hast, zunichtemachen. Ich will im Moment nur so viel dazu sagen: Für dich ist kein Risiko damit verbunden, und Brown kann und wird dir morgen zeigen, was zu tun ist. Du musst nur etwas an seinen ursprünglichen Platz zurückbringen – es wieder verwahren. Nein, ich kann noch nicht darüber reden. Kannst du jetzt bitte Brown rufen?«

»Also gut, Somerton«, erwiderte Pfarrer Gregory, während er zur Tür ging. »Ich werde keine Erklärungen von dir verlangen, bis du dich dazu in der Lage fühlst. Und wenn diese Sache tatsächlich so einfach durchzuführen ist, wie du es darstellst, werde ich sie gern an deiner Stelle erledigen. Gleich als Erstes morgen früh.«

»Hab's gewusst, dass ich mich auf dich verlassen kann. Und ich schulde dir dafür mehr Dank, als ich ausdrücken kann. – Ah, da kommt er ja. Nur auf ein Wort, Brown.«

»Soll ich gehen?«, fragte Pfarrer Gregory.

»Ach was, das ist nicht nötig. Brown, gleich morgen früh – ich weiß ja, dass du ein Frühaufsteher bist, Gregory – müssen Sie als Erstes den Pfarrer zu dem besagten Ort bringen, Sie wissen schon.«

Brown nickte mit ernster, besorgter Miene.

»Gemeinsam werdet ihr diesen Gegenstand dorthin zurückbringen, wo er hingehört. Es gibt keinen Anlass zur Sorge – tagsüber besteht dabei keinerlei Gefahr. Der Gegenstand liegt immer noch … dort, wo wir ihn hingelegt haben, auf der Stufe.«

Brown, dem es offenbar die Sprache verschlagen hatte, schluckte ein- oder zweimal trocken, verbeugte sich und verließ das Zimmer, während sich Somerton wieder dem Pfarrer zuwandte.

»Nur noch eines, Gregory: Ich wäre dir sehr dankbar, wenn du es über dich bringst, Brown nicht nach Einzelheiten zu fragen. Wenn alles gut läuft, werde ich dir wohl spätestens morgen Abend die ganze Geschichte vom Anfang bis zum Ende erzählen. Und jetzt wünsche ich dir eine gute Nacht. Brown wird auf mich aufpassen, er schläft hier. Und ich an deiner Stelle würde die Zimmertür abschließen. Die Leute hier machen es alle so, es ist auf jeden Fall besser. Und nun schlaf gut.«

Damit verabschiedeten sie sich voneinander. Und wenn Pfarrer Gregory in den frühen Morgenstunden mehrmals aufwachte und sich einbildete, jemand oder etwas mache sich an seiner Zimmertür zu schaffen, so war das bei einem innere Ruhe und Stille gewöhnten Menschen, der sich plötzlich in einem fremden Bett und in mysteriöse Vorgänge verstrickt wiederfand, wohl ganz natürlich. Dennoch glaubte Gregory bis ans Ende seiner Tage, zwischen Mitternacht und Morgendämmerung zwei- oder dreimal verdächtige Geräusche gehört zu haben.

Bei Sonnenaufgang war er bereits auf den Beinen und bald darauf mit Brown zusammen unterwegs. So rätselhaft ihm der Dienst, um den Somerton ihn gebeten hatte, auch vorkam: Zumindest war er weder schwierig noch beängstigend, und eine halbe Stunde nach ihrem Aufbruch vom Gasthof erledigt. Worin dieser Dienst bestand, dazu später.

Am Vormittag war Somerton schon fast wieder wie früher, sodass sie abreisen konnten. Noch am selben Abend – ich weiß nicht, ob es in Koblenz war oder bei einem anderen Zwischenstopp – löste Somerton sein Versprechen ein und erzählte dem Pfarrer die ganze Geschichte. Brown war dabei anwesend, doch wie viel er letztendlich davon begriffen hat, äußerte er nie, und ich kann mir dazu kein Urteil anmaßen.

III

»Ihr beide wisst ja in groben Zügen«, begann Somerton seine Erläuterungen, »dass der Zweck meiner Reise darin bestand, eine Sache aufzuklären, die mit den Glasmalereien in Lord D.s privater Kapelle zu tun hat. Der Auslöser war eine Passage aus einem uralten Buch, die ich euch jetzt vorlesen möchte.« Die Stelle, die er zitierte, ist den Lesern bereits bekannt und muss hier nicht wiederholt werden.

»Bei meinem zweiten Besuch in der Kapelle«, fuhr er fort, »ging es mir darum, alle Auffälligkeiten dieser Glasmalerei schriftlich festzuhalten und dabei alles einzubeziehen – die dargestellten Figuren, die Inschriften, die Kratzer auf den Glasscheiben und auch anscheinend zufällige Beschädigungen. Als Erstes konzentrierte ich mich auf die Schriftrollen. Ich war fest davon überzeugt, dass die erste davon, die von Hiob, mit ihrem absichtlich geänderten Text – *Das Gold hat seinen Ort, wo man es versteckt* – auf den Schatz hinwies. Also widmete ich mich zuversichtlich der nächsten Inschrift bei der Figur des Johannes, die lautete: *Und trugen Namen auf ihren Kleidern, die keiner wusste.*

Daraus ergab sich natürlich die Frage, ob die Gewänder der Figuren Aufschriften trugen. Ich konnte jedoch keine entdecken. Doch die Mäntel der drei hatten einen auffällig breiten schwarzen Saum, der sich hässlich von der übrigen Glasmalerei abhob. Das verwirrte mich, wie ich zugeben muss, und sicher hätte ich die Suche an diesem Punkt abgebrochen, genau wie die Klosterbrüder in Steinfeld, wäre mir nicht ein sonderbarer Zufall zu Hilfe gekommen.

Es lag viel Staub auf den Glasscheiben, und als Lord D. einmal hereinkam, fielen ihm meine schmutzigen Hände auf. Liebenswürdigerweise bestand er darauf, nach einem Staubwedel zu schicken und das Fenster durch einen Gehilfen von der dicksten Schicht befreien zu lassen. Offenbar hatte sich in dem Staubwedel zuvor irgendein scharfer Gegenstand verfangen. Denn als der Gehilfe damit über den Saum eines Gewandes fuhr, hinterließ er einen langen Kratzer, durch den etwas Gelbliches blitzte.

Ich bat den Mann, die Arbeit einen Augenblick zu unterbrechen, und eilte die Leiter hinauf, um die Stelle zu untersuchen. Und tatsächlich befand sich dort unter dickem schwarzen Pigment eine gelbe Farbschicht. Offensichtlich war die schwarze Farbe erst nachträglich – nach dem Brennen des Glases – mit einem Pinsel aufgetragen worden. Deshalb konnte man sie mühelos abkratzen, ohne Schaden anzurichten.

Ihr werdet mir kaum glauben – halt, da tue ich euch unrecht, sicher habt ihr's schon geahnt –, jedenfalls stieß ich unter der schwarzen Pigmentschicht auf einige deutlich lesbare Großbuchstaben auf hellem Grund. Vor Freude konnte ich kaum an mich halten. Unverzüglich erzählte ich Lord D., ich hätte eine meinem Eindruck nach höchst interessante Inschrift entdeckt, und bat ihn um Erlaubnis, sie in ihrer ganzen Länge freizulegen. Er hatte nichts dagegen und ließ mir völlig freie Hand mit allem Weiteren. Bald darauf ging er und ließ mich allein zurück, was mir mehr als recht war. Sofort machte ich mich an die Arbeit, die sich als verhältnismäßig einfach erwies. Die schwarze Pigmentschicht hatte sich im Laufe der Zeit nämlich stark zersetzt und löste sich fast schon bei bloßer Berührung ab. Ich habe, glaube ich, insgesamt nicht mehr als zwei Stunden dazu gebraucht, die schwarzen Mantelsäume bei allen drei Figuren zu entfernen. Und alle trugen, wie eine der Inschriften besagte, *Namen auf ihren Kleidern, die keiner wusste.*

Diese Entdeckung war für mich der letzte Beweis, dass ich auf der richtigen Fährte war. Doch welche Inschriften waren da zutage gekommen? Während ich die Pigmentschichten abtrug, hatte ich bewusst darauf verzichtet, die Buchstaben zu lesen. Dieses Vergnügen wollte ich mir erst gönnen, wenn alle Inschriften frei lagen. Als es dann so weit war, hätte ich vor Enttäuschung losheulen können, das kannst du mir glauben, lieber Gregory. Denn was ich da vor mir hatte, war der schlimmste Buchstabensalat aller Zeiten.

Bei Hiob lautete er:

DREVICIOPEDMOOMSMVIVLISLCAVIBASBATAOVT

Bei Johannes:

RDIIEAMRLESIPVSPODSEEIRSETTAAESGIAVNNR

Und bei Zacharias:

FTEEAILNQDPVAIVMTLEEATTOHIOONVMCA
AT.H.Q.E

Fassungslos, wie ich war, blieb ich einige Minuten wie angewurzelt stehen. Aber die Enttäuschung hielt nicht lange an. Denn ziemlich schnell ging mir auf, dass ich es hier mit einem Verschlüsselungsverfahren oder Kryptogramm zu tun hatte. Und in Anbetracht der frühen Entstehungszeit musste es ein ziemlich einfaches sein. Also schrieb ich die Buchstabenreihen mit größter Sorgfalt ab.

Dabei fiel mir noch etwas auf, wie ich erwähnen sollte, denn es bestärkte mich in der Annahme, dass es sich um Kryptogramme handelte. Nachdem ich die Buchstaben auf Hiobs

Gewand notiert hatte, zählte ich sie durch, um sicherzugehen, dass ich alle erfasst hatte. Es waren 38. Ich war sie gerade durchgegangen, da fiel mein Blick auf einen Kratzer am Rand des Mantelsaums, der wie von etwas Scharfkantigem eingeritzt aussah. Er entpuppte sich als die Zahl 38 – *XXXVIII* in römischen Ziffern. Derselbe Vermerk, wie ich es nenne, befand sich auch auf den anderen Mantelsäumen. Ich nahm das als Beleg dafür, dass der Glasmaler, soweit es die Inschriften betraf, sehr genaue Anweisungen von Abt Thomas bekommen haben musste und sich große Mühe gegeben hatte, sie korrekt umzusetzen.

Nun ja, sicher könnt ihr euch vorstellen, wie penibel ich nach dieser Entdeckung die ganze Glasfläche nach weiteren Hinweisen absuchte. Selbstverständlich berücksichtigte ich auch den Text auf der Schriftrolle des Zacharias – *Siehe, auf dem einen Stein sind sieben Augen* –, doch ich kam schnell zu dem Schluss, dass sich dieser Hinweis auf einen Stein direkt vor Ort beziehen musste, das heißt an der Stelle, wo der Schatz versteckt war.

Kurz gesagt machte ich mir alle möglichen Notizen, fertigte Zeichnungen an, schrieb meine Vermutungen auf und kehrte dann nach Parsbury zurück, um die Kryptogramme dort in aller Ruhe zu entschlüsseln. Doch welche Qualen ich dabei durchmachte! Anfangs hielt ich mich ja für sehr schlau, denn ich ging davon aus, der Schlüssel müsse in irgendeinem der alten Werke über Geheimschriften zu finden sein. Besonders viel versprach ich mir von der *Steganographia* des Benediktinerabtes Johannes Trithemius, die auf circa 1500 datiert wird. Er war also ein älterer Zeitgenosse des Abtes Thomas. Also besorgte ich mir das Werk, außerdem auch die *Cryptographia* von Gustavus Selenus und Francis Bacons *De Augmentis Scientiarum* sowie einige andere Bücher. Doch darin konnte ich nichts Aufschlussreiches finden.

Danach probierte ich es mit der Methode, die am häufigsten vorkommenden Buchstaben herauszuschreiben, doch auch das brachte nichts. Also widmete ich mich wieder dem Fenster selbst, ging nochmals meine Notizen durch und hoffte – fast wider besseres Wissen –, der Abt könne selbst den Schlüssel zu den Buchstabenfolgen bereitgestellt haben. Doch weder der Farbe noch dem Muster der Gewänder konnte ich irgendeinen Hinweis entnehmen. Und es gab im Hintergrund keine Landschaften, in denen sich Botschaften hätten verbergen können. Auch der Himmel offenbarte nichts. Also blieb mir als Letztes nur noch die Körperhaltung der drei Figuren.

Hiob, las ich in meinen Notizen nach, *hält Schriftrolle in linker Hand, Zeigefinger der rechten Hand ist nach oben gestreckt. Johannes hält das Buch mit der Inschrift in der Linken. Erteilt mit zwei Fingern der rechten Hand den Segen. Zacharias: Schriftrolle in linker Hand. Rechte Hand wie bei Hiob nach oben gestreckt, weist aber nicht mit Zeigefinger, sondern mit drei Fingern zum Himmel.*

Anders ausgedrückt: Hiob hält *einen* Finger ausgestreckt, Johannes *zwei* und Zacharias *drei.* Konnte darin ein Zahlenschlüssel verborgen sein?«

Somerton legte seinem Freund die Hand aufs Knie. »Genauso war es, mein lieber Gregory. Zuerst kam ich damit nicht zurecht, aber nach zwei oder drei Versuchen begriff ich, wie es funktionierte. Nach dem ersten Buchstaben der Inschrift überspringt man einen Buchstaben, nach dem nächsten zwei, danach drei. Schaut euch mal das Ergebnis an. Die Buchstaben, die Wörter bilden, habe ich unterstrichen.

DREVICIOPEDMOOMSMVIVLISLCAVIBASBATAOVT
RDIIEAMRLESIPVSPODSEEIRSETTAAESGIAVNNR
FTEEAILNQDPVAIVMTLEEATTOHIOONVMC-
AAT.H.Q.E.

Erkennt ihr es? Der Text lautet jetzt: *Decem millia auri reposita sunt in puteo in at…*

Übersetzt heißt das: *10.000 Goldstücke sind aufbewahrt im Brunnen des ???* Das letzte Wort ist unvollständig. So weit, so gut. Ich versuchte dasselbe mit den verbliebenen Buchstaben, doch das klappte nicht. Und so überlegte ich, ob die Punkte hinter den letzten drei Buchstaben vielleicht einen Wechsel des Schlüssels anzeigen sollen. Danach fragte ich mich, ob im *Sertum* innerhalb der Passage, die sich auf Abt Thomas bezieht, irgendein Brunnen erwähnt wird. Volltreffer: Er hatte im Innenhof (lateinisch *in atrio*) der Abtei einen Brunnen graben lassen. Der nächste Schritt bestand darin, die verbliebenen Buchstaben der Inschriften abzuschreiben und diejenigen wegzulassen, die ich schon benutzt hatte. Daraus ergab sich, was hier auf dem Zettel steht:

RVIIOPDOOSMVVISCAVBSBTAOTDIEAMLSIVSPDEERS ETAEGIANRFEEALQDVAIMLEATTHOOVMCA.H.Q.E.

Außerdem wusste ich jetzt ja, dass die drei fehlenden Buchstaben hinter *at,* siehe oben, *rio* lauten mussten, damit sich das Wort *atrio* ergab. Wie ihr sehen könnt, sind die drei Buchstaben R, I und O unter den ersten fünf Buchstaben der ersten Zeile *(RVIIO).* Anfangs war ich leicht verwirrt, weil zwei I hintereinander vorkommen. Doch dann merkte ich, dass man bei diesen zwei Zeilen jeden zweiten Buchstaben überspringen muss. Ihr könnt es ja selbst mal ausprobieren. Anschließend an den obigen Text, der mit *at* aufhört, heißt es:

rio domus abbatialis de Steinfeld a me, Thoma, qui posui custodem super ea. Gare à qui la touche.

Und damit hatte ich das Rätsel gelöst. Der ganze Text lautete nun:

10.000 Goldstücke sind aufbewahrt im Brunnen des Hofes am Abthaus von Steinfeld, durch mich, Thomas, der einen Wächter darüber gesetzt hat. Gare à qui la touche.

Ich muss hier noch erwähnen, dass der letzte, französische Satz ein Motto ist, das sich Abt Thomas gewählt hatte. Ich fand es zusammen mit seinem Wappen in einer weiteren Glasmalerei in Lord D.s Kapelle. Der Abt hat es wortwörtlich in seine Geheimschrift übernommen, obwohl es grammatikalische Fehler aufweist.

Nun, lieber Gregory, was hätte wohl irgendein anderer an meiner Stelle getan? Hätte er der Verlockung widerstehen können, nach Steinfeld zu fahren und dem Geheimnis im wahrsten Sinne des Wortes auf den Grund zu gehen? Ich glaube, nicht. Ich jedenfalls bin gefahren. Wie du weißt, war ich so schnell in Steinfeld, wie es mir die Wunder der modernen Zivilisation erlaubten, und stieg in dem dir bekannten Gasthof ab. Allerdings muss ich dir gestehen, dass ich nicht ganz frei von bösen Vorahnungen war. Einerseits fürchtete ich Enttäuschungen, andererseits auch Gefahr. Natürlich bestand auch die Möglichkeit, dass der von Abt Thomas geschaffene Brunnen gar nicht mehr existierte oder irgendjemand, der von den Kryptogrammen gar nichts wusste, durch einen glücklichen Zufall auf den Schatz gestoßen war. Außerdem bekenne ich, dass ich beim Gedanken an die Worte des Abtes, er habe einen Wächter über den Schatz eingesetzt, ein ungutes Gefühl hatte. Doch wenn's dir nichts ausmacht, will ich erst darüber reden, wenn es unbedingt nötig ist.

Bei der ersten Gelegenheit sahen Brown und ich uns in Steinfeld um. Natürlich hatte ich mich als Altertumsforscher vorgestellt, der sich für die Überreste der Abtei interessiere. Deshalb ging kein Weg daran vorbei, die Klosterkirche zu besichtigen, obwohl ich mich gern sofort anderswo umgesehen hätte. Trotzdem fand ich es durchaus interessant, mir die Fenster anzuschauen, in denen sich früher die Glasmalereien befunden hatten, insbesondere das Fenster am östlichen Ende des Südschiffs. Zu meiner Verblüffung steckten in der Fensterführung noch Bruchstücke der ursprünglichen Verglasung, darunter auch Wappen. Ich entdeckte das des Abtes Thomas, außerdem eine kleine Figur mit einer Schriftrolle, auf der geschrieben stand: *Oculos habent, et non videbunt,* übersetzt: Sie haben Augen, werden aber nichts erkennen. Vermutlich ein Seitenhieb des Abtes auf seine Klosterbrüder.

Natürlich ging es mir vor allem darum, die früheren Gemächer des Abtes zu finden. Soweit ich weiß, gibt es in der Anlage von Klöstern dafür keinen vorgeschriebenen Ort. Man kann die Lage also nicht so vorhersagen wie die des Kapitelsaals, der stets östlich des Kreuzgangs liegt, oder die des Dormitoriums, das mit dem Querschiff der Kirche korrespondiert. Doch ich wollte nicht allzu viele Fragen stellen, denn dann hätte ich womöglich schlummernde Erinnerungen geweckt, und hielt es für das Beste, erst einmal auf eigene Faust auf die Suche zu gehen, die übrigens nicht lange dauerte und auch nicht schwierig war.

Der gesuchte Ort war der von Gras überwucherte Innenhof südöstlich der Kirche, auf drei Seiten von verfallenen Gebäuden umgeben. Du hast ihn heute Morgen ja gesehen, Gregory. Ich war froh, dass er nicht mehr genutzt wurde, nicht weit von unserem Gasthof lag und von keinem bewohnten Gebäude her einzusehen war. Östlich der Kirche lagen nur Hänge mit Obstgärten und Pferdekoppeln. Nebenbei bemerkt leuchtete das schöne alte Mauerwerk der Kirche am Dienstagabend bei Sonnenuntergang ganz wunderbar im goldenen Licht, auch wenn es recht dunstig war.

Und wo lag der Brunnen? Der war noch leichter zu finden, wie du sicher bestätigen kannst. Schließlich ist er ja wirklich bemerkenswert. Meinem Eindruck nach besteht die Einfassung aus italienischem Marmor, und auch die Reliefs mit Bibelszenen müssen wohl italienischen Ursprungs sein. Eines zeigt Elieser und Rebekka, ein anderes, wie Jakob für Rachel den Brunnen abdeckt. Trotz allen Argwohns gehe ich davon aus, dass der Abt hier auf irgendwelche Inschriften mit zynischen Anspielungen auf seinen Schatz verzichtet hat.

Natürlich habe ich die ganze Konstruktion mit größter Neugier untersucht. Die Brunneneinfassung ist rechtwinklig und zu einer Seite hin offen. Dort war ein Bogen mit einer Seilrolle angebracht, die sich offenbar immer noch in gutem Zustand befand. Ich nehme an, dass der Brunnen bis vor 60 Jahren, vielleicht auch später noch, benutzt worden ist, allerdings nicht mehr in jüngster Zeit.

Als Nächstes waren die Tiefe des Brunnens und der Zugang zum Inneren zu klären. Die Tiefe schätzte ich auf 18 bis 20 Meter. Und was den Zugang betrifft: Es kam mir wirklich so vor, als hätte der Abt die Schatzsucher direkt mit der Nase auf das Versteck stoßen wollen. Wie du ja selbst gesehen hast, sind rundum große Steinquader wie Stufen ins innere Mauerwerk eingelassen, sodass man wie auf einer Wendeltreppe hinuntersteigen kann.

Das schien mir fast zu schön, um wahr zu sein. Ich vermutete eine Falle. Waren die Steinquader so ausgeklügelt befestigt, dass sie kippen würden, sobald man sie mit einem Gewicht belastete? Mithilfe des eigenen Körpergewichts und auch mit einem Stock probierte ich es aus, doch alle Quader wirkten stabil und entpuppten sich dann auch als fest mit dem Mauerwerk verbunden. Deshalb beschloss ich, mein Experiment schon in dieser Nacht zusammen mit Brown durchzuführen.

Ich war gut vorbereitet. Da ich wusste, dass ich einen Brunnen untersuchen musste, hatte ich mir noch in England ein dickes Sicherheitsseil, Gurtbänder, eine Querstange zum Festhalten, Laternen, Kerzen und ein Brecheisen besorgt. Alle Utensilien passten in eine einzige Reisetasche, die nicht weiter auffiel.

Ich vergewisserte mich, dass mein Seil bis nach unten reichen würde und die ursprünglich für den Wassereimer gedachte Seilrolle noch einwandfrei funktionierte. Nach diesen Vorbereitungen kehrten wir zum Abendessen in den Gasthof zurück.

Beim Essen begann ich ein vorsichtiges Gespräch mit dem Wirt. Er hatte durchaus Verständnis dafür, dass ich mit meinem Gehilfen gegen neun Uhr abends nochmals ausgehen wollte, um eine Skizze der Abtei bei Mondlicht anzufertigen. (Der Himmel möge mir meine Lüge verzeihen!) Nach dem Brunnen fragte ich nicht und habe auch nicht vor, es jemals zu tun. Wahrscheinlich weiß ich genauso viel darüber wie irgendein Bewohner von Steinfeld. Zumindest«, Somerton zitterte bei diesen Worten sichtlich, »will ich nichts Weiteres darüber erfahren.

Und jetzt kommen wir zum entscheidenden Punkt dieser Geschichte, Gregory. Mir ist es zwar zuwider, auch nur daran zu denken, aber ich bin davon überzeugt, dass es mir guttun wird, mir die Geschichte von der Seele zu reden und die Ereignisse der Reihe nach zu rekapitulieren.

Abends gegen neun brachen Brown und ich mit unserer Reisetasche vom Gasthof auf. Niemand bemerkte uns, denn wir schlichen uns durch das hintere Tor des Innenhofs auf eine Gasse, die fast bis zum Ende des Dorfes führte. Wir brauchten nur fünf Minuten bis zum Brunnen und blieben dort ein Weilchen auf dem Rand sitzen, um uns zu vergewissern, dass sich in der Nähe niemand aufhielt oder uns nachspioniert hatte.

Offenbar beobachtete uns kein Mensch, und wir hörten auch nichts, bis auf ein paar Pferde, die außerhalb unseres Blickfelds unten am Osthang auf ihrer Koppel Gräser rupften. Wegen des Vollmonds hatten wir sogar so viel Licht, dass wir nicht mal unsere Laternen brauchten, um das mitgebrachte Seil sachgerecht um die Rolle zu schlingen. Danach schnallte ich meinen Sicherheitsgurt unterhalb der Achseln fest, sicherte das Halteseil an einem Ring im oberen Mauerwerk, griff nach der Brechstange und kletterte als Erster in den Brunnen. Brown folgte mir mit einer brennenden Laterne. Vorsichtig begannen wir mit dem Abstieg, prüften jede Stufe, ehe wir den Fuß darauf setzten, und suchten dabei die Wände nach irgendwelchen besonders gekennzeichneten Steinen ab.

Halblaut zählte ich die Stufen mit. Bald darauf waren wir schon bei der 38. Stufe angekommen, ohne dass ich irgendetwas Ungewöhnliches im Mauerwerk bemerkt hatte. Allmählich fragte ich mich, ob die Kryptogramme des Abtes nur sorgfältig ausgetüftelte Täuschungsmanöver darstellten. Hatte er sich einen groben Scherz erlaubt?

Bei der 49. Stufe endete die Treppe. Völlig entmutigt machte ich mich auf den Rückweg. Als ich erneut auf der 38. Stufe stand – Brown befand sich mit der Laterne eine Stufe oder auch zwei über mir –, suchte ich die Brunnenwände nochmals mit höchster Konzentration nach Unregelmäßigkeiten ab, fand aber keine.

Doch dann fiel mir auf, dass die Oberfläche eines Steins ein bisschen glatter wirkte als die der übrigen, zumindest irgendwie anders. Vielleicht bestand sie gar nicht aus Stein, sondern aus Mörtel? Als ich mit meiner Brechstange kräftig dagegenschlug, klang das eindeutig hohl, aber das mochte auch daher kommen, dass wir uns tief unten in einem Brunnenschacht befanden. Nein, ich hatte mich nicht geirrt und erhielt gleich darauf den Beweis dafür: Ein großer Mörtelbrocken, der sich gelöst hatte, fiel mir auf die Füße.

Und auf der jetzt bloßgelegten Steinfläche entdeckte ich Markierungen. Ich war dem Abt auf die Schliche gekommen, Gregory, und das erfüllt mich noch immer mit einem gewissen Stolz. Nach weiteren Stößen mit der Brechstange löste sich der Mörtel vollständig, sodass die ganze Steinplatte sichtbar wurde. Sie war etwa 60 Zentimeter breit und hoch und mit einem eingemeißelten Kreuz versehen. Zunächst war ich wieder enttäuscht, doch dann half mir Brown auf die Sprünge.«

Somerton wandte sich seinem Gehilfen zu. »Soweit ich mich erinnere, sagten Sie, das sei aber ein sonderbares Kreuz, es sehe aus wie jede Menge Augen. Und dann habe ich Ihnen die Laterne sofort aus der Hand gerissen und mit unbeschreiblicher Freude entdeckt, dass das Kreuz aus sieben Augen bestand – aus vier senkrecht übereinander angeordneten und aus drei waagerechten, die nebeneinanderlagen. Die dritte Schriftrolle der Glasmalerei hatte also genau auf das hingewiesen, was ich vermutet hatte. Vor mir sah ich den *Stein mit den sieben Augen.* Also hatten sich bis jetzt alle Angaben des Abtes als wahrheitsgemäß erwiesen.

Als ich darüber nachdachte, packte mich erneut eine böse Vorahnung, diesmal jedoch noch heftiger als zuvor. Denn der Abt hatte ja auch den *Wächter des Schatzes* erwähnt. Dennoch wollte ich, so weit wie wir gekommen waren, nun auf keinen Fall den Rückzug antreten.

Ohne weiter zu überlegen, stieß ich den restlichen Mörtel rings um die markierte Steinplatte weg und stemmte sie auf der rechten Seite mit dem Brecheisen auf. Sie ließ sich mühelos bewegen, und ich sah, dass sie so dünn und leicht war, dass ich sie allein herauslösen konnte. Darunter lag ein Hohlraum, den die Platte bislang versiegelt hatte. Es gelang mir, sie ohne irgendwelche Beschädigungen auf der Stufe abzulegen, auf der ich stand. Das war insofern wichtig, als wir hinterher die Öffnung wieder verschließen wollten. Danach blieb ich einige Minuten auf der nächsthöheren Stufe stehen und wartete ab. Warum ich das tat, weiß ich selbst nicht genau. Vermutlich um zu sehen, ob irgendein grässliches Ungeheuer aus dem Hohlraum schießen würde. Aber es tat sich nichts.

Als Nächstes zündete ich eine Kerze an und leuchtete vorsichtig ins Innere des Lochs, weil ich wissen wollte, wie es da drinnen aussah und ob die Luft stickig war. Tatsächlich stank die Luft und hätte die Kerzenflamme fast verlöschen lassen, doch dann fing sich die Flamme wieder und brannte weiter, ohne allzu heftig zu flackern.

Der Hohlraum reichte ein Stück weit nach hinten und weitete sich auch nach rechts und links. Ich konnte einige runde, helle Gegenstände darin erkennen, die Säcke sein mochten. Da es keinen Zweck hatte, diese Sache weiter aufzuschieben, streckte ich den Kopf vor und spähte in die Öffnung. Unmittelbar vor dem Eingang stieß ich auf keinerlei Widerstand, deshalb schob ich meinen Arm weiter hinein und tastete sehr vorsichtig nach rechts …

Jetzt kann ich einen Cognac brauchen, Brown, schenken Sie mir bitte ein Gläschen ein. Ich erzähle gleich weiter, Gregory.

Nun ja, ich tastete also die rechte Seite ab und stieß dabei auf etwas Rundliches, das sich mehr oder weniger wie … Leder anfühlte. Es war etwas feucht und anscheinend Teil von etwas Schwerem, Massivem, hatte aber nichts an sich, das mir Angst machte. Also wurde ich mutiger, streckte beide Hände so weit wie möglich vor und zog es an mich heran, was auch gelang. Es hatte zwar einiges Gewicht, ließ sich aber leichter bewegen als erwartet. Als ich es zum Eingang zerrte, rutschte ich mit dem Ellbogen ab und löschte dabei die Kerze. Trotzdem schaffte ich es, das Ding bis zur Öffnung zu ziehen, und wollte es herausholen.

Genau in diesem Moment schrie Brown laut auf und eilte mit der Laterne die Stufen hinauf. Er wird gleich erzählen, warum.

Erschrocken drehte ich mich zu ihm um und beobachtete, wie er etwa eine Minute lang oben stehen blieb und sich dann ein paar Meter vom Brunnen entfernte. Dann hörte ich ihn leise rufen, es sei alles in Ordnung, und zerrte weiter an dem schweren Sack – wohlgemerkt in völliger Dunkelheit. Der Sack blieb kurz am Rande des Lochs hängen, rutschte dann bis zu meiner Brust vor und *schlang mir die Arme um den Hals.*

Mein lieber Gregory, ich erzähle es dir genau so, wie es sich abgespielt hat. Ich glaube, ich habe dabei das Äußerste an Entsetzen und Ekel empfunden, das ein Mensch ertragen kann, ohne den Verstand zu verlieren. Und ich kann dir diese Erfahrung auch nur in groben Zügen vermitteln, mehr bringe ich nicht fertig.

Also weiter: Ich nahm einen grauenhaften Modergeruch wahr, außerdem ein kaltes Gesicht, das sich gegen meines presste und langsam darüberfuhr, sowie zahlreiche – ich weiß nicht, wie viele – Beine, Arme, Tentakel oder sonstige Gliedmaßen, die meinen Körper umklammerten. Brown sagte, ich hätte wie ein wildes Tier gebrüllt und sei dann rücklings von meiner Stufe gestürzt. Zugleich rutschte das Monster nach unten, ich vermute auf die Stufe, auf der ich eben noch gestanden hatte. Zum Glück hielt der Gurt, mit dem ich am Sicherheitsseil befestigt war.

Brown behielt einen klaren Kopf und brachte genügend Kraft auf, um mich bis nach oben zu ziehen und unverzüglich über den Brunnenrand ins Freie zu zerren. Keine Ahnung, wie er das geschafft hat – vermutlich weiß er's selbst nicht. Ich glaube, er hat es sogar noch fertiggebracht, unser Werkzeug im erstbesten verlassenen Gebäude zu verstecken. Und dann hat er mich unter großen Mühen zurück in den Gasthof geschleppt.

Ich war nicht in der Verfassung, dort irgendwelche Erklärungen abzugeben, und Brown spricht und versteht kein Deutsch.

Am nächsten Morgen habe ich den Leuten erzählt, ich sei in den Ruinen der Abtei schwer gestürzt, und ich glaube, sie haben mir die Geschichte sogar abgenommen.

Doch ehe ich fortfahre, hör dir bitte zuerst an, was Brown während dieser Schreckensminuten erlebt hat. Erzählen Sie dem Pfarrer, was Sie mir schon erzählt haben, Brown.«

»Na ja«, sagte Brown mit leiser, nervöser Stimme, »es war so: Mr. Somerton hat sich da unten mit dem Loch beschäftigt, und ich hab ihm mit der Laterne geleuchtet und zugeguckt. Und dann hab ich plötzlich gemeint, ich hör was von oben ins Wasser fallen. Also hab ich nach oben geschaut und gesehen, wie irgendein Kopf auf uns runterblickt. Ich glaub, ich hab was gerufen und mit der Laterne raufgeleuchtet. Und dann bin ich die Stufen hoch und hab dem Mann die Laterne direkt ins Gesicht gehalten. Hab nie eine schlimmere Fratze gesehen. War ein uralter Kerl mit völlig eingefallenem Gesicht, und gegrinst hat der auch noch, glaube ich. Ich bin also, wie gesagt, so schnell es ging die Stufen hoch, und als ich oben war, hab ich nichts und niemand mehr gesehen. Dabei hat er in der kurzen Zeit doch gar nicht einfach so verschwinden können, schon gar nicht so ein alter Kerl. Hab auch nachgesehen, ob er sich irgendwo hinterm Brunnen duckt, aber der war einfach weg. In der nächsten Sekunde hör ich, wie Mr. Somerton da unten ganz fürchterlich brüllt, und seh, wie er im Seil hängt. Aber wie er schon gesagt hat: Hab keine Ahnung, wie ich ihn heraufgebracht hab.«

»Hörst du, Gregory?«, fragte Somerton. »Fällt dir dazu irgendeine Erklärung ein?«

»Die ganze Geschichte ist so gruselig und abartig, dass ich überhaupt nicht durchblicke, wie ich zugeben muss. Mir fällt nur eines dazu ein: Vielleicht ist derjenige, der die Falle gestellt hat, an den Tatort zurückgekommen, um nachzusehen, ob sein Plan geklappt hat.«

»Genau, ganz genau! Ich kann mir nichts anderes vorstellen, das derart … *plausibel* ist – würde ich sagen, wenn in dieser Geschichte überhaupt irgendetwas plausibel sein kann. Ich glaube, der Alte muss der Abt gewesen sein …

Also gut, sonst gibt's kaum noch was zu berichten. Die Nacht war furchtbar für mich. Brown hat bei mir gewacht. Und am nächsten Tag ging's mir auch nicht besser. Ich schaffte es nicht mal aufzustehen. Ein Arzt war nicht zu erreichen. Und selbst wenn einer verfügbar gewesen wäre, hätte er wohl kaum viel für mich tun können. Dann hab ich Brown damit beauftragt, dir zu schreiben, und eine zweite schreckliche Nacht hinter mich gebracht.

Einer Sache bin ich mir völlig sicher, Gregory, und ich glaube, sie hat mir weit mehr zugesetzt als der erste Schock und auch viel längere Nachwirkungen gehabt: Irgendjemand oder irgendetwas hat die ganze Nacht vor meiner Zimmertür gelauert.

Vielleicht waren es sogar zwei Personen oder Wesen. Darauf deuten nicht nur die leisen Geräusche hin, die ich während der Nachtstunden immer wieder gehört habe, sondern auch der Geruch – dieser widerliche Modergeruch. Jeden Fetzen, den ich an jenem Abend trug, habe ich mir vom Leib gerissen und Brown gesagt, er soll alles fortschaffen. Ich glaube, er hat die Kleidung in seinen Ofen gesteckt und verbrannt. Und trotzdem ist der Geruch nicht verschwunden; er hing genauso penetrant in der Luft wie unten im Brunnenschacht. Und er stammte nicht aus meinem Zimmer, sondern kam von draußen und drang durch die Türritzen.

Doch beim ersten Morgengrauen verschwand der Geruch, und auch die Geräusche hörten auf. Das hat mich davon überzeugt, dass das Ding an der Schwelle, wenn es nicht sogar mehrere waren, ein Geschöpf der Finsternis gewesen sein muss, das das Tageslicht nicht erträgt. Und ich war mir auch sicher, dass es all seine Macht verliert, sobald jemand den Hohlraum im Brunnenschacht wieder mit der Steinplatte versiegelt – jedenfalls so lange, bis ein anderer sie wieder entfernt.

Mit der Versiegelung musste ich warten, bis du hier eingetroffen warst, Gregory. Denn natürlich konnte ich Brown nicht allein dort hinunterschicken. Und schon gar nicht konnte ich einen Einheimischen damit beauftragen.

Da hast du meine Geschichte. Und wenn du sie mir nicht glaubst, kann ich auch nichts daran ändern. Aber ich habe den Eindruck, du nimmst sie mir ab.«

»Allerdings«, erwiderte Gregory. »Ich kann ja gar nicht anders, als dir zu glauben. Schließlich habe ich den Brunnen und die Steinplatte mit eigenen Augen gesehen und auch die Säcke oder Ähnliches in dem Hohlraum bemerkt. Und offen gesagt hatte auch ich letzte Nacht das Gefühl, dass irgendetwas vor meiner Tür lauert.«

»Bestimmt hast du damit recht, Gregory. Doch jetzt ist das ja, Gott sei Dank, ausgestanden. Ach, was ich dich noch fragen wollte: Ist dir eigentlich irgendetwas Besonderes bei deinem Abstecher in diesen grässlichen Brunnen aufgefallen?«

»Nicht viel. Brown und ich haben es ohne große Mühe geschafft, die Steinplatte wieder einzusetzen. Anschließend hat er sie mit den Winkeleisen und Keilen, die er in deinem Auftrag besorgt hat, fest verschlossen. Und es ist uns gelungen, die Oberfläche der Platte mit Schlamm aus dem Brunnen so zu verschmieren, dass sie sich gar nicht mehr von der übrigen Wand abhebt.

Nur eines ist mir an der Brunneneinfassung aufgefallen, das dir sicher entgangen ist: Eines der Reliefs zeigt ein scheußliches Geschöpf, das am ehesten einer Kröte ähnelt. Und darunter ist eine kleine Tafel angebracht, auf der nur zwei lateinische Wörter stehen: *Depositum custodi,* übersetzt: Bewache das dir anvertraute Gut.

Die ungewöhnlichen Gebetbücher

I

Mr. Davidson verbrachte die erste Januarwoche allein in einem Landstädtchen. Verschiedene Umstände hatten ihn zu diesem für ihn sehr ungewöhnlichen Schritt bewogen: Seine nächsten Angehörigen waren zum Wintersport ins Ausland gefahren und die Freunde, die netterweise angeboten hatten, sich in dieser Zeit um ihn zu kümmern, hielt eine ansteckende Krankheit im Haus fest. Sicher hätte er irgendjemanden finden können, der sich seiner erbarmte. »Doch die meisten von ihnen haben sicher schon anderes vor«, überlegte er laut, »und schließlich muss ich mich höchstens drei oder vier Tage allein durchschlagen. Also kann ich die Zeit genauso gut dazu nutzen, mit meiner Einführung zu den Dokumenten der Leventhorps voranzukommen. Ich könnte mich dabei auch mit Gaulsford und dessen Umgebung vertraut machen. Muss mir unbedingt die Überreste des Hauses der Leventhorps und auch die Grabstätten in der Kirche anschauen.«

Am ersten Tag nach seiner Ankunft im *Swan Hotel* in Longbridge wütete ein solcher Sturm, dass er es nur bis zum Tabakladen schaffte. Den nächsten Tag, an dem das Wetter besser war, nutzte er gleich zu einem Besuch in Gaulsford, denn der Ort interessierte ihn sehr. Doch für unsere Geschichte ist dieser Ausflug ohne Belang. Am dritten Tag herrschte für Anfang Januar so wunderbares Wetter, dass es Mr. Davidson ins Freie zog.

Vom Hotelinhaber erfuhr er, dass Sommergäste gern mit dem Frühzug einige Bahnstationen nach Westen fuhren, um dann durch das Tal des Tent und die beiden äußerst malerischen Dörfer Stanford St. Thomas und Stanford Magadalene nach Longbridge zurückzuwandern.

Dieser Vorschlag gefiel Mr. Davidson, sodass er, auf dem Weg nach Kingsbourne Junction, bereits um Viertel vor zehn Uhr morgens in einem Zugabteil dritter Klasse saß und sich mit einer Landkarte der Umgebung befasste. Sein einziger Mitreisender war ein alter Mann, der Pfeife rauchte und einem Gespräch nicht abgeneigt schien. Also erkundigte sich Mr. Davidson nach dem unvermeidlichen Austausch von Bemerkungen über das Wetter bei ihm, ob er noch weit fahre.

»Nein, Sir, heute Morgen nicht«, erwiderte der Alte. »Nur bis Kingsbourne Junction. Ist nur zwei Stationen von hier. Wie gesagt: Die Station heißt Kingsbourne Junction.«

»Da fahre ich auch hin«, bemerkte Mr. Davidson.

»Ach ja? Kennen Sie den Ort?«

»Nein, ich fahre nur hin, um von dort aus zurück nach Longbridge zu wandern und ein bisschen was von der Gegend zu sehen.«

»Aha. Nun ja, es ist wirklich ein schöner Tag zum Wandern, wenn man so was mag.«

»Genau. Haben Sie's von Kingsbourne aus denn noch weit?«

»Nein, gar nicht. Ich will meine Tochter besuchen, sie wohnt in Brockstone. Von der Bahnstation Kingsbourne Junction aus ist das circa zwei Meilen entfernt, wenn man quer durch die Felder geht. Sie finden das sicher auf Ihrer Karte.«

»Gut möglich. Der Ort heißt Brockstone, sagten Sie? Ja, hier ist Kingsbourne eingezeichnet. Und in welcher Richtung liegt Brockstone? In der Richtung der beiden Stanfords? Ah, jetzt hab ich's gefunden: Brockstone Court, mitten in einem Park. Aber das Dorf sehe ich auf dieser Karte nicht.«

»Nein, da gibt's ja auch gar kein Dorf. Nur den Gutshof und die Kapelle.«

»Kapelle? O ja, die ist hier auch eingezeichnet. Offenbar liegt sie nahe beim Gutshof. Gehört sie dazu?«

»Ja, sie liegt nur ein paar Schritte vom Gut entfernt. Wissen Sie, meine Tochter ist mit dem Hausmeister verheiratet und wohnt auf dem Hof. In Abwesenheit der Gutsbesitzerfamilie kümmert sie sich dort um alles.«

»Die Familie wohnt dort also gar nicht?«

»Nein, schon seit Jahren nicht mehr. In meiner Jugend lebte der alte Herr noch auf dem Gut und seine Frau blieb nach seinem Tod dort wohnen, bis auch sie mit fast 90 Jahren starb. Die jetzigen Besitzer haben noch ein anderes Gut – ich glaube, in Warwickshire –, machen jedoch keine Anstalten, dieses Gut hier zu verpachten. Aber Oberst Wildman ist in Brockstone Jagdaufseher, und der Gutsverwalter, der junge Mr. Clark, kommt alle paar Wochen mal vorbei, um nach dem Rechten zu sehen. Der Mann meiner Tochter ist der Hausmeister.«

»Und wer nutzt die Kapelle? Wohl nur die Leute aus der Nachbarschaft, wie?«

»O nein, niemand nutzt die Kapelle. Ist ja auch keiner da, der dort Gottesdienst hält. Die Leute aus der Umgebung gehen alle zur Sankt-Thomas-Kirche in Stanford. Aber mein Schwiegersohn geht mittlerweile zur Kirche in Kingsbourne, weil der Pfarrer in Stanford diese gregorianischen Wechselgesänge eingeführt hat, und die mag mein Schwiegersohn nicht. Er sagt, er kann jeden Tag der Woche den alten Esel schreien hören, und am Sonntag hätte er lieber mal fröhlichere Töne.« Der Alte wischte sich über den Mund und lachte. »Ja, das sagt mein Schwiegersohn immerzu. Er sagt, er kann den alten Esel jeden Tag der Woche schreien hören …« Und er wiederholt alles noch einmal.

Während sich Mr. Davidson redliche Mühe gab, in das Lachen einzustimmen, dachte er daran, dass es sich wohl lohnen würde, den Gutshof und die Kapelle in Brockstone in sein Ausflugsprogramm einzubeziehen. Die Karte zeigte ihm, dass er das Tal des Tent ebenso gut von Brockstone erreichen konnte, wie wenn er der Hauptstraße von Kingsbourne nach Longbridge folgte.

Als sich die durch das Bonmot des Schwiegersohns ausgelöste Heiterkeit des Alten wieder gelegt hatte, brachte Mr. Davidson deshalb das Gespräch wieder auf Brockstone, vergewisserte sich, dass der Gutshof und die Kapelle zu den sogenannten historischen Sehenswürdigkeiten zählten und der Alte bereit war, ihn dort herumzuführen. Er versicherte Mr. Davidson, seine Tochter werde ihm bestimmt gern alles zeigen, was es dort zu sehen gebe. »Allerdings ist das nicht viel«, setzte er nach. »Die Gutsherrenfamilie wohnt dort ja nicht mehr. Alle Spiegel und Gemälde sind verhängt und die Vorhänge und Teppiche irgendwo verstaut. Aber einige Dinge wird meine Tochter Ihnen wohl zeigen können. Sie muss sie ja sowieso hin und wieder durchsehen und dafür sorgen, dass sie nicht von Motten zerfressen werden.«

»Das ist eigentlich gar nicht nötig«, erwiderte Mr. Davidson, »aber vielen Dank für das Angebot. Am liebsten würde ich das Innere der Kapelle sehen; wenn Ihre Tochter mir das zeigen könnte …«

»Selbstverständlich. Sie hat ja einen Schlüssel zur Kapelle und geht fast jede Woche hinein, um dort Staub zu wischen. Die Kapelle ist wirklich schön. Mein Schwiegersohn sagt immer, er wird nie zulassen, dass dort gregorianische Wechselgesänge zu hören sind. Mein Güte! Ich muss jedes Mal lachen, wenn ich an das denke, was er über den alten Esel sagt – dass er ihn jeden Tag der Woche schreien hören kann. Und das stimmt, das kann er wirklich.«

Der Spaziergang querfeldein von Kingsbourne nach Brockstone erwies sich als sehr angenehm, denn er führte die meiste Zeit über Höhen, die einen wunderbaren Ausblick auf eine Hügelkette mit Äckern und Weideland oder dunkelblau schimmernden Wäldern boten. Der Weg mündete rechter Hand fast übergangslos in ein Vorgebirge, das zum Westen hin oberhalb eines weiten Flusstals lag. An das letzte Feld, das sie überquerten, grenzte ein dichtes Gehölz. Von dort aus führte ein Pfad steil nach unten und nun war zu sehen, dass Brockstone in ein sehr enges Tal eingebettet war, das sich plötzlich vor ihnen öffnete. Bald darauf konnten sie nicht weit unter sich Ziegeldächer mit Schornsteinen erkennen, aus denen jedoch kein Rauch aufstieg. Wenige Minuten später putzten sie sich am Hintereingang zum Gutshof die Schuhe ab, während die Hunde des Hausmeisters irgendwo laut bellten. Mrs. Porter rief ihnen sofort zu, sie sollten aufhören zu kläffen, begrüßte ihren Vater und bat beide Gäste ins Haus.

II

Wie nicht anders zu erwarten, ließen Mrs. Porter und ihr Vater es sich nicht nehmen, Mr. Davidson die wichtigsten Räume des Gutshauses zu zeigen, auch wenn sie nicht mehr genutzt wurden.

Die Gemälde, Teppiche, Vorhänge und Möbel waren alle, wie der alte Mr. Avery bereits erwähnt hatte, verhängt oder irgendwo anders verstaut. So musste sich unser Freund in den bewundernden Bemerkungen, die er bereitwillig äußerte, auf die Proportionen der Räume und das einzige Deckengemälde im Haus beschränken. Darin hatte der Künstler, der im Pestjahr 1665 aus London geflohen war, den Sieg bürgerlicher Loyalität über den Geist des Aufruhrs dargestellt.

Mr. Davidsons Interesse daran war keineswegs geheuchelt. Offensichtlich hatte der Künstler die größte Mühe auf die Porträts von Oliver Cromwell, Henry Ireton, John Bradshaw, Hugh Peters und deren Gesinnungsgenossen verwendet, die sich aufgrund ausgeklügelter Foltermethoden in höllischen Qualen wanden.

»Das Gemälde hat die alte Lady Sadleir in Auftrag gegeben; sie hat auch die Kapelle bauen lassen. Angeblich war sie die Erste, die nach London gefahren ist, um auf Oliver Cromwells Grab zu tanzen«, erklärte Mr. Avery und fuhr nachdenklich fort: »Na ja, das war ihr wohl irgendwie eine Genugtuung, aber ich weiß nicht, ob ich dafür die Kosten für eine Fahrt nach London und zurück auf mich genommen hätte. Und mein Schwiegersohn ist derselben Meinung. Er sagt, er weiß nicht, ob ihm das die Sache wert gewesen wäre. Übrigens hab ich diesem Herrn im Zug erzählt, was dein Harry immer über den gregorianischen Wechselgesang in Stanford sagt, Mary. Das hat uns ganz schön zum Lachen gebracht, stimmt's, Sir?«

»Allerdings. Haha!« Erneut bemühte sich Mr. Davidson, den Scherz des Hausverwalters gebührend zu würdigen. »Aber es wäre nett, wenn Mrs. Porter mir jetzt die Kapelle zeigen könnte, denn die Tage sind ja kurz, und ich möchte gern vor Einbruch der Dunkelheit zurück in Longbridge sein.«

Ich möchte hier nicht näher auf die Vorzüge des Gutes Brockstone eingehen (auch wenn es meines Wissens noch niemals in der Zeitschrift *Landleben* vorgestellt wurde), jedoch kurz die Kapelle beschreiben. Sie liegt etwa 100 Yards vom Haus entfernt und ist von einem kleinen Friedhof und Bäumen umgeben. Der Länge nach misst sie rund 70 Fuß und wurde im gotischen Stil – oder in dem Stil, den man Mitte des 17. Jahrhunderts als solchen bezeichnete – aus Stein errichtet. Vom Gesamteindruck her ähnelt sie weitgehend einigen College-Kapellen in Oxford, nur hat sie wie eine Pfarrkirche einen deutlich abgegrenzten Chorraum und zum Südwesten hin einen Glockenturm mit einem fantastisch anmutenden Kuppeldach.

Als sich das Westtor vor Mr. Davidson auftat, entfuhr ihm angesichts der geradezu vollendet wirkenden, reichen Innenausstattung ein Ausruf verblüfften Entzückens. Die Chorschranken, die Kanzel, das Gestühl und die Glasmalereien stammten alle aus derselben Epoche. Als er bis zum Mittelschiff ging und auf der westlichen Empore das Orgelgehäuse mit den vergoldeten Pfeifen entdeckte, war er restlos begeistert. Die Glasfenster im Mittelschiff zeigten vor allem Wappen, die im Chorraum dagegen figürliche Darstellungen der Art, wie man sie auch, geschaffen von Lord Scudamore, in der ehemaligen Zisterzienserabtei Dore Abbey in der Grafschaft Herefordshire findet.

Aber ich will mich hier nicht in kunstgeschichtlichen Betrachtungen verlieren.

Während sich Mr. Davidson immer noch mit der historisch wertvollen Orgel befasste (soweit ich weiß, schreibt man sie einem Orgelbauer der Familie Dallam aus Lancashire zu), war der alte Mr. Avery die Stufen zum Chorraum hinaufgestapft und zog nun die Tücher weg, welche die mit blauem Samt ausgepolsterten Chorstühle vor Staub schützten. Offensichtlich waren diese Stühle der Gutsherrenfamilie vorbehalten gewesen.

Mr. Davidson hörte, wie der Alte mit gedämpfter Stimme verwundert bemerkte: »Meine Güte, Mary, die Bücher sind schon wieder alle aufgeschlagen!«

Die Antwort seiner Tochter klang eher gereizt als verblüfft: »Ts – ts – ts, na so was aber auch! Da haben wir's mal wieder! Immer derselbe Ärger!« Sie ging zu ihrem Vater hinüber und unterhielt sich leise mit ihm. Mr. Davidson war klar, dass sich dieses Gespräch um etwas Außergewöhnliches drehte, deshalb stieg er die Treppe hinunter und gesellte sich zu den beiden.

Im Chorraum war wie in der ganzen Kapelle alles sehr sauber und keine Spur von Unordnung zu entdecken. Aber die acht Gebetbücher auf den gepolsterten Pulten des Chorgestühls waren eindeutig aufgeschlagen und Mrs. Porter schien sehr aufgebracht darüber. »Wer kann das nur sein, der so etwas tut?«, sagte sie. »Es gibt ja nur einen einzigen Schlüssel zur Kapelle, den ich stets verwahre, und nur den einen Eingang, durch den wir gekommen sind. Und die Fenster sind alle verriegelt. Das gefällt mir ganz und gar nicht, Vater.«

»Was ist los, Mrs. Porter?«, fragte Mr. Davidson. »Stimmt hier irgendetwas nicht?«

»Das kann man eigentlich nicht sagen, es geht nur um diese Bücher. Fast jedes Mal, wenn ich hierherkomme, um sauber zu machen, klappe ich die Bücher zu und lege ein Tuch darüber, um den Staub abzuhalten. Gleich nach meiner Ankunft auf dem Gut hat Mr. Clark mir das aufgetragen, und seitdem mache ich es immer so. Und trotzdem sind sie beim nächsten Mal wieder aufgeschlagen, und immer auf derselben Seite. Wer kann das nur tun, wenn die Tür und die Fenster verriegelt sind? Da wird einem ja unheimlich, wenn man ganz allein hier hineingeht – und das muss ich nun mal Woche für Woche. Obwohl ich gar nicht zu so was neige; ich meine, eigentlich bin ich gar kein ängstlicher Mensch. Und Ratten gibt es hier nicht. Eine Ratte würde sich ja auch wohl kaum die Mühe machen, so was zu tun, oder?«

»Das ist kaum anzunehmen. Aber diese Geschichte kommt mir wirklich sehr sonderbar vor«, erwiderte Mr. Davidson. »Und die Bücher, sagen Sie, sind immer auf derselben Seite aufgeschlagen?«

»Ja, auf einer Seite, auf der ein Psalm steht, nur hab ich das anfangs gar nicht bemerkt. Bis ich eine kurze, rot gedruckte

Zeile auf dem Blatt entdeckt habe, und die fällt mir seitdem jedes Mal auf.«

Mr. Davidson schritt das Chorgestühl ab und sah sich die aufgeschlagenen Gebetbücher an. Tatsächlich waren alle auf der Seite geöffnet, über der in römischen Ziffern *Psalm 109* stand. Und zwischen dieser Zahl, *CIX*, und dem *Deus laudum* war vermerkt: *Zu lesen am 25. April.*

Zwar bildete sich Mr. Davidson nicht ein, sich in der Geschichte des *Allgemeinen Gebetbuchs*, das in der anglikanischen Kirche überall verwendet wurde, gut auszukennen, doch immerhin war er sich sicher, dass irgendjemand den seltsamen Zusatz eigenmächtig hinzugefügt haben musste. Er wusste noch, dass der 25. April dem Apostel Markus gewidmet war, konnte sich aber nicht vorstellen, was dieser ziemlich grausame Psalm damit zu tun haben konnte. Mit ungutem Gefühl schlug er schließlich die Titelseite auf, und da ihm klar war, dass es bei diesen Dingen auf besondere Genauigkeit ankam, schrieb er die Einträge darauf Wort für Wort ab, was mehr als zehn Minuten dauerte. Als Erscheinungsjahr war 1653 angegeben, als Drucker Anthony Cadman. Danach wandte sich Mr. Davidson dem Verzeichnis von Psalmen zu, die nach dem Kirchenkalender jeweils bestimmten Tagen zugeordnet waren. Und auch hier stieß er auf den sonderbaren, eigenmächtig hinzugefügten Eintrag: *Psalm 109. Zu lesen am 25. April.*

Ein Fachmann hätte in den Gebetbüchern zweifellos noch nach weiteren Auffälligkeiten gesucht, doch Mr. Davidson war, wie gesagt, kein Experte in solchen Dingen. Nur den Einband der Gebetbücher musterte er gründlich. Es war ein schön verzierter Einband aus blauem Leder, in das jenes Wappen eingeprägt war, das auch in den Darstellungen auf den Glasfenstern des Mittelschiffs auftauchte.

Schließlich wandte er sich Mrs. Porter zu und fragte: »Und wie oft haben Sie diese Bücher aufgeschlagen vorgefunden?«

»Das kann ich nicht genau sagen, aber mittlerweile ist es sehr häufig passiert. Weißt du noch, wann ich dir das erste Mal davon erzählt habe, Vater?«

»Ja, Liebes. Du warst damals ziemlich aufgeregt, und das war ja auch kein Wunder. Es war vor fünf Jahren, als ich euch zu Michaelis besucht hab. Am Spätnachmittag kamst du zur Tür herein und sagtest: ›Vater, die Bücher, die unter den Tüchern liegen, sind schon wieder aufgeschlagen.‹ Und ich wusste gar nicht, von was meine Tochter redete, Sir, und fragte: ›Bücher? Was für Bücher?‹ Und da rückte sie mit der ganzen Geschichte heraus. Aber wie Harry – das ist mein Schwiegersohn, Sir – immer sagt: ›Egal wer so was fertigbringt, obwohl es nur eine einzige Tür zur Kapelle gibt, die wir verschlossen halten, und jedes einzelne Fenster verriegelt ist: Wenn ich den mal dabei erwische, macht er das kein zweites Mal, das könnt ihr mir glauben.‹ Und das glaub ich ihm aufs Wort. Nun ja, das ist jetzt fünf Jahre her, und seitdem ist es ständig wieder passiert. Wie du sagst, mein Liebes. Dem jungen Mr. Clark scheint das ziemlich gleichgültig zu sein, aber der wohnt ja auch nicht hier. Der muss ja nicht an dunklen Nachmittagen ganz allein in die Kapelle zum Saubermachen, stimmt's?«

»Und sonst ist Ihnen nie irgendetwas Seltsames bei Ihrer Arbeit aufgefallen, Mrs. Porter?«, fragte Mr. Davidson.

»Nein, gar nichts. Und das kommt mir auch selbst merkwürdig vor, denn wenn ich auf der Orgelempore sauber mache oder das Gestühl abstaube, habe ich immer das Gefühl, dass jemand hier – nein, im Chorraum – sitzt und mich die ganze Zeit über beobachtet. Aber in der Kapelle bin ich nie etwas Schlimmerem als meinem eigenen Schatten begegnet, wie man so sagt, und ich hoffe, das bleibt auch so!«

III

In dem anschließenden kurzen Gespräch tauchten keine neuen Aspekte dieses »Falles« auf, sodass sich Mr. Davidson bald darauf herzlich von Mr. Avery und seiner Tochter verabschiedete und sich auf den acht Meilen langen Rückweg nach Longbridge machte. Von dem engen Tal, in dem das Gut Brockstone lag, gelangte er schnell in das weitere Tal des Tent und von dort aus ins Dorf Stanford St. Thomas, wo er kurz in einer Wirtschaft einkehrte.

Auf dem weiteren Weg nach Longbridge geschah nichts Erwähnenswertes. Aber als er sich zum Abendessen umzog und die Socken wechselte, hielt er plötzlich inne und murmelte: »Mein Gott, das ist ja wirklich seltsam!« Erst jetzt fiel ihm auf, wie sonderbar es war, dass als Erscheinungsjahr des Gebetbuchs 1653 angegeben war. 1653 – das war sieben Jahre vor der Wiederherstellung der englischen Monarchie unter Charles II. und fünf Jahre vor dem Tode Oliver Cromwells. Damals war nicht nur die Drucklegung des Buches, sondern schon die Benutzung eine Straftat gewesen.

Es musste ein mutiger Mann gewesen sein, der die Titelseite mit seinem Namen und dem Erscheinungsjahr 1653 versehen hatte. Aber vielleicht hatte er ein Pseudonym benutzt, denn zu dieser List hatten ja viele Drucker in dieser schwierigen Zeit gegriffen.

Als Mr. Davidson an diesem Abend im Foyer des *Swan Hotel* stand und im Kursbuch nach Zugverbindungen suchte, hielt ein kleiner Wagen vor dem Eingang, dem ein kleiner Mann im Pelzmantel entstieg. Auf der Außentreppe blieb er stehen und gab mit ausländischem Akzent und in recht barschem Ton seinem Chauffeur einige Anweisungen. Als er ins erleuchtete Foyer trat, entpuppte er sich als ein schwarzhaariger Mann mit auffällig blassem Gesicht, einem kleinen

Spitzbart und einem goldenen Kneifer auf der Nase. Alles in allem wirkte er sehr gepflegt.

Er ging gleich auf sein Zimmer, sodass Mr. Davidson ihn erst beim Abendessen wiedersah. Da sie an diesem Abend die einzigen Gäste waren, die im Hotel speisten, fiel es dem Neuankömmling leicht, unter irgendeinem Vorwand ein Gespräch anzufangen. Offensichtlich wollte er gern erfahren, was Mr. Davidson zu dieser Jahreszeit in dieser Gegend suchte.

»Können Sie mir sagen, wie weit es von hier nach Arlingworth ist?«, war eine seiner ersten Fragen, mit der er zugleich einen Hinweis auf die eigenen Pläne gab. Denn Mr. Davidson fiel ein, dass er am Bahnhof eine Werbung für eine Auktion in Arlingworth Hall gesehen hatte, bei der alte Möbel, Gemälde und Bücher versteigert werden sollten. Also hatte er es hier offenbar mit einem Londoner Antiquitätenhändler zu tun.

»Nein, ich bin noch nie dort gewesen«, erwiderte er. »Aber ich glaube, es liegt nahe bei Kingsbourne, mindestens zwölf Meilen von hier. Soweit ich weiß, findet dort demnächst eine Auktion statt.«

Als sein Gegenüber ihn forschend ansah, musste er lachen. »Nein, nein«, beantwortete er die unausgesprochene Frage, »Sie haben in mir keine Konkurrenz zu befürchten. Ich reise morgen ab.«

Das reinigte die Atmosphäre. Der Händler, er hieß Homberger, gab zu, sich für den Ankauf von Büchern zu interessieren. Seiner Erfahrung nach seien in den Bibliotheken alter Landsitze oft Schätze zu bergen, die eine Reise lohnten. »Schließlich haben wir Engländer das wunderbare Talent, ausgerechnet dort Kostbarkeiten anzuhäufen, wo niemand sie erwarten würde, nicht wahr?«

Im Laufe des Abends erzählte er recht interessant über Entdeckungen, die er oder andere an solchen Orten gemacht hatten. »Nach der Auktion werde ich die Gelegenheit nutzen, mich ein wenig in dieser Gegend umzusehen. Vielleicht haben Sie ein paar Tipps für mich, Mr. Davidson?«

Davidson hatte im Gutshof Brockstone zwar einige vielversprechende, leider abgeschlossene Bücherschränke gesehen, doch er hielt sich mit Vorschlägen zurück, da Mr. Homberger ihm nicht besonders sympathisch war.

Als er am nächsten Tag im Zug saß und einen Taschenkalender für das neue Jahr durchblätterte, ging ihm plötzlich ein Licht auf, soweit es eine der ungeklärten Fragen des Vortags betraf. Beim Blättern war ihm nämlich die Idee gekommen nachzuschauen, welche besonderen Ereignisse für den 25. April vermerkt waren. Da stand es: *Tag des Apostels Markus. Geburtstag (1599) von Oliver Cromwell.*

Diese Einträge schienen eine Menge zu erklären, insbesondere wenn man das Deckengemälde in der Kapelle von Brockstone in die Überlegungen einbezog. Die Gestalt der alten Lady Sadleir nahm in Davidsons Fantasie jetzt deutlichere Züge an. Offenbar hatte sich aus ihrer Liebe zu Kirche und König im Laufe der Zeit ein leidenschaftlicher Hass auf die politischen Kräfte entwickelt, die die Kirche zum Schweigen verurteilt und den König hingerichtet hatten.

Welchen sonderbaren unheiligen Gottesdienst mochten sie und einige Gleichgesinnte Jahr für Jahr in diesem abgeschiedenen Tal gefeiert haben? Und wie, um alles in der Welt, war es ihr gelungen, der Verfolgung durch die herrschende Macht zu entgehen? Und passte dieses hartnäckige Aufschlagen der Gebetbücher nicht eigentümlich gut zu den anderen ihm bekannten Zügen ihrer Persönlichkeit? Für jeden, der sich am 25. April zufällig in der Umgebung von Brockstone aufhielt, würde es sich sicher lohnen, der Kapelle einen Besuch abzustatten und nachzusehen, ob sich dort irgendetwas Außergewöhnliches tat.

Bei genauerer Überlegung schien Davidson nichts dagegenzusprechen, zum 25. April nach Brockstone zu fahren – wenn möglich, mit einem geistesverwandten Freund. Er beschloss, dieses Vorhaben in die Tat umzusetzen.

Da ihm klar war, dass er so gut wie nichts über den Druck von Gebetbüchern und dessen Geschichte wusste, nahm er sich außerdem vor, sich vor dieser Reise eingehend damit zu beschäftigen und Nachforschungen anzustellen, ohne seine Gründe irgendeinem Menschen gegenüber zu offenbaren.

Ich nehme hier gleich vorweg, dass Davidsons Nachforschungen zu nicht viel führten. Nur ein einziger Autor des frühen 19. Jahrhunderts, bekannt für recht geschwätzige, überschwängliche Buchrezensionen, behauptete, von einer besonderen, gegen Cromwell gerichteten Ausgabe des *Allgemeinen Gebetbuchs* gehört zu haben; sie sei mitten in der Epoche des *Commonwealth of England* – der Zeit der englischen Republik, die von 1649 bis 1660 angedauert hatte – veröffentlicht worden. Da der Autor jedoch zugeben musste, ein solches Exemplar nie mit eigenen Augen gesehen zu haben, hatte ihm niemand diese Geschichte abgenommen.

Mr. Davidson ging der Sache nach und fand heraus, dass diese Behauptung sich auf Briefe eines Korrespondenten stützte, der in der Nähe von Longbridge gewohnt hatte. Deshalb vermutete er, dass sich der Korrespondent auf die Gebetbücher von Brockstone bezogen hatte, für die er sich wohl kurzzeitig interessiert hatte.

Mittlerweile war der Tag des Apostels Markus näher gerückt. Nichts stand Mr. Davidsons Reiseplänen entgegen, und auch dem Freund, den er zum Mitfahren überredet hatte, war nichts dazwischengekommen. Nur ihn hatte Davidson in die rätselhafte Geschichte der Gebetbücher von Brockstone eingeweiht.

Wie im Januar bestieg er, nun begleitet von seinem Freund, den Zug, der um 9:45 Uhr von Longbridge nach Kingsbourne

Junction fuhr. Und auf demselben Feldweg wie damals gelangten sie nach Brockstone. Doch diesmal blieben sie mehrmals stehen, um Schlüsselblumen zu pflücken. Die fernen Wälder und die gepflügten Äcker an den Hügeln hatten die Farben gewechselt, und das Unterholz war vom Gezwitscher der Vögel »wie verzaubert«, wie Mrs. Porter später meinte. »Manchmal kann es einem sogar die Sinne verwirren«, setzte sie nach.

Sie erkannte Mr. Davidson sofort wieder und war gern bereit, die beiden Herren in die Kapelle zu führen. Deren Innenraum beeindruckte Mr. Witham beim ersten Betreten genauso sehr wie seinerzeit seinen Freund Davidson. »Sicher einmalig in ganz England!«, meinte er.

»Sind die Bücher wieder aufgeschlagen, Mrs. Porter?«, fragte Mr. Davidson auf dem Weg in den Chorraum.

»Oje, davon gehe ich aus«, erwiderte sie, während sie die Schutztücher entfernte. »Na so was!«, rief sie gleich darauf. »Die sind ja geschlossen! Das ist tatsächlich das erste Mal seit Jahren, dass ich sie geschlossen vorfinde! Aber wären sie jetzt geöffnet, dann nicht wegen einer Nachlässigkeit von mir, wie ich Ihnen versichern kann, meine Herren. Denn ehe ich letzte Woche die Kapelle zugesperrt hab, nachdem dieser Fotograf Bilder vom Ostfenster gemacht hatte, hab ich als Letztes die Tücher abgetastet, und da waren alle Gebetbücher geschlossen. Und da, wo noch Bänder an den Büchern hingen, hab ich sie vorher sogar noch zugebunden. Wenn ich jetzt genauer darüber nachdenke, fällt mir auf, dass ich das noch nie zuvor getan hab, soweit ich mich erinnere. Vielleicht ist das der Grund, dass sie immer noch geschlossen sind. Das zeigt doch wieder mal, dass man nie zu früh die Flinte ins Korn werfen darf, stimmt's?«

Inzwischen hatten die beiden Männer die Gebetbücher untersucht. »Leider muss ich Ihnen sagen, dass hier etwas faul ist, Mrs. Porter«, bemerkte Mr. Davidson. »Das hier sind nicht dieselben Gebetbücher wie früher.«

Es würde zu lange dauern, an dieser Stelle ausführlich auf die entrüsteten Ausrufe von Mrs. Porter und die anschließenden Fragen einzugehen, die ihr die beiden Männer stellten. Kurz gesagt hatte Anfang Januar ein vornehmer Herr die Kapelle besichtigt, und sie hatte ihn so beeindruckt, dass er gesagt hatte, er wolle im Frühjahr wiederkommen, um einige Fotos vom Innenraum zu machen. Vor einer Woche war er dann tatsächlich mit seinem Auto vorgefahren. Er hatte eine sehr schwere Kiste mit Fotoplatten mitgebracht. Mrs. Porter hatte ihn auf seinen Wunsch hin für eine knappe Stunde in die Kapelle eingeschlossen, damit er bei seiner Arbeit nicht gestört wurde. Die Bilder hätten nämlich lange Belichtungszeiten, hatte er gesagt. Mrs. Porter hatte befürchtet, er könne irgendetwas in der Kapelle beim Fotografieren beschädigen, aber er hatte sie beruhigt, indem er versicherte, es werde dabei nichts in die Luft fliegen – nur arbeite die Lampe, die er für die Aufnahmen brauche, sehr langsam. Jedenfalls hatte sie ihn so verstanden.

Also verbrachte er fast eine Stunde allein in der Kapelle, bis Mrs. Porter aufschloss und ihn wieder herausließ. Er gab ihr seine Visitenkarte und fuhr gleich darauf mit seiner Kiste und den Fotoplatten davon.

Nie im Leben habe sie mit so etwas gerechnet, sagte sie. Er müsse die Gebetbücher ausgetauscht und die alten in seiner Kiste mitgenommen haben!

»Und wie sah der Mann aus?«, fragte Mr. Davidson.

»Na ja, er war ein recht klein gewachsener Herr, wenn man ihn nach dem, was er getan hat, überhaupt noch als Herrn bezeichnen kann. Er hatte schwarzes Haar, falls das keine Perücke war, und eine in Gold gefasste Brille, falls das tatsächlich Gold war. Ich weiß nämlich nicht, was an dem Mann echt war und was nicht. Weiß ja nicht mal mehr, ob's wirklich ein Engländer war, auch wenn er die Sprache gut beherrschte. Und auf der Visitenkarte stand wie üblich der Name.«

»Aha. Dürfen wir die Karte mal sehen? Ja, hier ist als Name T. W. Henderson und als Adresse eine in der Nähe von Bristol angegeben. Nun ja, Mrs. Porter, offensichtlich ist dieser sogenannte Mr. Henderson mit Ihren acht Gebetbüchern aus der Kapelle spaziert und hat dort an deren Stelle acht andere Gebetbücher ähnlicher Größe hinterlassen. Und nun hören Sie mir gut zu. Ihrem Mann werden Sie wohl von dieser Sache erzählen müssen, aber Sie beide dürfen nach außen hin kein Wort darüber verlieren. Wenn Sie mir die Adresse des Gutsverwalters geben – er heißt doch Mr. Clark, oder? –, werde ich ihm in meinem Brief genau beschreiben, was passiert ist, und auch bezeugen, dass Sie keinerlei Schuld trifft. Aber wir müssen die ganze Geschichte unter Verschluss halten, verstehen Sie? Warum? Weil der Mann, der diese Gebetbücher gestohlen hat, selbstverständlich versuchen wird, einen Band nach dem anderen zu verkaufen. Die Bücher sind nämlich sehr viel wert, wie ich Ihnen versichern kann. Und wir können ihm nur auf die Schliche kommen, wenn wir seine nächsten Schritte genau überwachen und nach außen hin nichts verlauten lassen.«

Diesen Ratschlag wiederholten Davidson und sein Freund mehrmals, jedes Mal mit anderen Worten, bis sie Mrs. Porter schließlich davon überzeugt hatten, dass sie und ihr Mann völliges Stillschweigen über den Vorfall bewahren mussten. Allerdings mussten sie ihr eine Ausnahme zugestehen: Sie wollte unbedingt ihren Vater, Mr. Avery, einweihen, der sie demnächst besuchen werde. »Aber Sie können sich darauf verlassen, dass er nichts herumerzählt. Das ist nicht seine Art«, setzte sie nach.

Mr. Davidson hatte zwar einen etwas anderen Eindruck von Mr. Avery gewonnen, aber wenigstens gab es in Brockstone keine unmittelbaren Nachbarn. Und selbst Mr. Avery musste klar sein, dass Klatsch und Tratsch in diesem Fall schlimme Folgen haben konnten: Das Ehepaar Porter würde sich dann vermutlich nach neuen Arbeitsstellen umsehen müssen.

Als Letztes fragte Mr. Davidson, ob dieser sogenannte Mr. Henderson in Begleitung gekommen sei.

»Nein«, erwiderte Mrs. Porter, »er fuhr allein vor und steuerte den Wagen selbst. Und sein Gepäck … Da muss ich einen Augenblick überlegen. In seinem Wagen lagen nur der Apparat und die Kiste mit den Fotoplatten. Und nichts ahnend hab ich sogar noch geholfen, all das in die Kapelle und zurück zum Wagen zu schleppen! Er hatte den Wagen unter der großen Eibe am Grabmal abgestellt. Und als er wegfuhr, fiel mir auf, dass oben auf dem Dachgepäckträger ein längliches weißes Bündel lag, das ich bei seiner Ankunft gar nicht bemerkt hatte. Aber er saß allein vorne im Wagen, und hinten lag nur sein Gepäck. Und Sie glauben wirklich, dass Henderson nur ein angenommener Name ist? Meine Güte, was für eine schreckliche Geschichte! Da könnte er ja einen Unschuldigen dieses Namens, der niemals einen Fuß in die Kapelle gesetzt hat, in größte Schwierigkeiten bringen!«

Als sie aufbrachen, weinte Mrs. Porter immer noch. Auf der Heimfahrt diskutierten sie vor allem über die besten Möglichkeiten, den vermutlich bevorstehenden Verkauf der Bücher zu überwachen.

Offensichtlich hatte sich Henderson/Homberger (denn sicher steckte er hinter diesen Machenschaften) die erforderliche Anzahl von gebundenen Gebetbüchern aus alten College-Beständen und ähnlichen Quellen besorgt – ausrangierte Exemplare, bei denen es nur darauf ankam, dass deren Einbände bei oberflächlicher Betrachtung wie die der alten Gebetbücher in Brockstone aussahen. Während Homberger in der Kapelle allein gewesen war, hatte er in aller Ruhe den Austausch der Bücher vornehmen können.

Inzwischen war seit ihrer Reise nach Brockstone eine ganze Woche vergangen, ohne dass von dem Diebstahl irgendetwas an die Öffentlichkeit gelangt war. Homberger würde ein wenig Zeit brauchen, um herauszufinden, welchen Preis er für diese seltenen Buchausgaben erzielen konnte. Und danach würde er zweifellos versuchen, sie vorsichtig und unter der Hand zu verkaufen.

Wegen ihrer beruflichen Stellung kannten sich sowohl Davidson als auch sein Freund Witham gut in der Welt der Bücher aus und konnten den Markt nahezu vollständig überblicken. Nur wussten sie nicht, unter welchem oder welchen angenommenen Namen Henderson/Homberger seine Geschäfte derzeit tätigte. Aber auch dieses Problem würde sich lösen lassen.

Doch es erledigte sich sozusagen von selbst.

IV

Szenenwechsel: Ein Geschäftsraum in London an ebenjenem denkwürdigen 25. April. Es ist früher Abend. Hinter verschlossenen Türen befinden sich darin zwei Polizeikommissare, damit beschäftigt, einen Dienstmann und einen jungen Angestellten, die auf Stühlen Platz genommen haben, zu verhören und die Aussagen sofort mitzuschreiben. Die beiden Befragten sind recht blass um die Nase und wirken aufgeregt.

»Wie lange, sagten Sie, sind Sie bei diesem Mr. Poschwitz schon angestellt? Sechs Monate? Und in welcher Branche war er tätig? Er besuchte überall im Lande Auktionen und brachte davon Bücherpakete mit? Aha. Und betrieb er irgendwo einen Buchladen? Nein? Er veräußerte sie also hier und dort und verkaufte sie hin und wieder auch an private Sammler? Also gut. Wann war er das letzte Mal unterwegs? Ungefähr vor einer Woche? Hat er Ihnen mitgeteilt, wo er hinfahren wollte? Nein? Er hat also gesagt, er werde am kommenden Tag von seiner Wohnung aus losfahren und erst in zwei Tagen wieder im Büro sein. Das ist dieser Raum hier, ja? Und Sie sollten wie üblich Ihrer Arbeit nachgehen.

Wo wohnte er denn überhaupt? Also am Norwood Way. Keine Familie? Keine Angehörigen in England?

Was können Sie uns über die Zeit nach seiner Rückkehr berichten? Er kam also am Dienstag wieder ins Büro, und heute haben wir Samstag. Und er hatte ein Bücherpaket dabei. Wo ist es jetzt? Im Safe? Haben Sie einen Schlüssel dafür? Nein, nicht nötig, der Safe steht ja offen. Wie wirkte er denn nach seiner Rückkehr? War er guter Stimmung? Er verhielt sich seltsam, sagen Sie? Was meinen Sie damit? Sie dachten also, bei ihm sei vielleicht eine Krankheit im Anzug – und das hat er auch selbst geäußert, wie? Sagte, ihm steche ständig ein sonderbarer Geruch in die Nase, den er nicht loswerden könne. Wies Sie an, ihm jeden Besucher erst einmal zu melden und nicht sofort hereinzulassen, was bei Ihnen nicht üblich war. Ähnlich verhielt er sich also auch am Mittwoch, Donnerstag und Freitag. Aber an diesen Tagen war er auch viel unterwegs. Kündigte an, er wolle ins Britische Museum gehen, was er oft tat, um Nachforschungen anzustellen, die mit seinen Geschäften zusammenhingen. Tigerte im Büro ständig auf und ab.

Kamen in diesen Tagen irgendwelche Besucher? Vor allem wenn er unterwegs war, sagen Sie? Traf ihn irgendjemand im Büro an? Oh, ein Mr. Collison? Wer ist das? Aha, ein alter Kunde. Wissen Sie, wo er wohnt? Ja, geben Sie uns nachher seine Adresse.

Und nun zum heutigen Morgen. Sie ließen Mr. Poschwitz hier also allein zurück, als Sie um zwölf Uhr mittags nach Hause gingen. Hat jemand Sie gesehen, als Sie das Haus verließen? Der Dienstmann vielleicht? Ach ja? Und Sie blieben zu Hause, bis man Sie einbestellte? Also gut.

Nun zu Ihnen. Sie sind hier als Dienstmann beschäftigt und heißen Watkins, richtig? Gut, beginnen Sie jetzt mit Ihrer Aussage, aber reden Sie schön langsam, damit wir sie protokollieren können.«

»Ich bin heute Vormittag länger als üblich geblieben, weil Mr. Potwitch mich darum gebeten hatte. Ich bestellte ihm sein Mittagessen, das bald darauf geliefert wurde. Von halb zwölf an hielt ich mich im Foyer auf und sah gegen zwölf, wie der junge Angestellte Mr. Bligh das Gebäude verließ. Danach blieb ich allein im Foyer zurück, bis um ein Uhr ein Bote Mr. Potwitchs Mittagessen brachte. Der Mann blieb aber nur fünf Minuten.

Am frühen Nachmittag hatte ich genug davon, auf Aufträge zu warten und im Foyer herumzustehen, und ging in den ersten Stock hinauf. Die Außentür zum Büro stand offen, deshalb ging ich bis zur Innentür, dieser Glastür hier, durch die ich Mr. Potwitch sehen konnte. Er stand hinter dem Tisch und rauchte eine Zigarre. Gleich darauf legte er sie auf dem Kaminsims ab, griff in seine Hosentasche, zog einen Schlüssel heraus und wandte sich dem Safe zu. Ich klopfte an die Glasscheibe, weil ich wissen wollte, ob ich hereinkommen und Mr. Potwitch das Tablett vom Mittagessen abnehmen und es zurückbringen sollte. Aber er war so mit der Safetür beschäftigt, dass er mein Klopfen überhörte. Schließlich gelang es ihm, den Safe zu öffnen. Er beugte sich hinunter, offenbar um aus dem untersten Fach ein Paket herauszunehmen. Mr. Potwitch stand noch gebückt da, als aus dem Inneren des Safes etwas Großes fiel und gegen seine Schultern stieß. Es sah aus wie eine riesige Rolle alten, zerschlissenen Baumwollstoffs, vier oder fünf Fuß lang. Mr. Potwitch richtete sich auf, stützte die Hände auf das Paket im unteren Fach und schrie laut auf. Ich kann ja kaum davon ausgehen, dass Sie mir das Folgende abnehmen werden, aber so wahr ich hier stehe, sah ich, dass oben auf dieser Rolle eine Art Gesicht saß. Darüber war ich genauso verblüfft wie Sie in diesem Moment, das dürfen Sie mir glauben. Und ich hab in meinem Leben schon viel gesehen.

Ja, ich kann das Gesicht beschreiben, wenn Sie wollen. Es hatte eine sehr ähnliche Farbe wie diese Wand hier, erdfarben getüncht, und unter dem Gesicht saß eine Art Binde. Die Augen waren wie ausgetrocknet, und es sah so aus, als lauerten zwei große Spinnen in den Augenhöhlen.

Kopfhaare? Nicht dass ich wüsste. Aber der Kopf war oben ja auch von dem Baumwollstoff eingehüllt. Ja, ich bin mir völlig sicher, dass mit diesem Bündel etwas ganz und gar nicht stimmte. Ich hab's ja nur ganz kurz gesehen, aber das Bild hat sich mir wie eine Fotografie eingeprägt – leider, wie ich sagen muss.

Ja, Sir, das Bündel fiel genau über Mr. Potwitchs Schulter, und das Gesicht grub sich in seinen Hals, etwa an der Stelle, wo die Verletzung ist. Es sah so aus, als stürzte sich ein Frettchen auf ein Kaninchen. Mr. Potwitch fiel gleich darauf um, und natürlich versuchte ich, ihm zu Hilfe zu kommen. Aber wie Sie selbst wissen, war die Tür von innen zugeschlossen. Also konnte ich nichts anderes tun, als vom Foyer aus alle möglichen Stellen anzurufen, den Arzt und die Polizei, und Sie beide kamen dann ja auch. Und über das Weitere wissen Sie ebenso gut Bescheid wie ich. Wenn Sie mich heute nicht mehr brauchen, würde ich jetzt gern nach Hause gehen. Diese Geschichte hat mich doch mehr mitgenommen, als ich dachte.«

»Und nun?«, sagte einer der Polizeikommissare, als sie allein waren.

»Ja, und nun?«, gab der andere zurück, schwieg kurz und fragte dann: »Wie heißt es doch gleich im Bericht des Arztes?

Gib ihn mir mal rüber. Ja: *Blutvergiftung wie vom Biss einer sehr giftigen Schlange. Der Tod ist fast in Sekundenschnelle eingetreten.* War für Poschwitz auch besser so, er sah ja wirklich schlimm aus. Jedenfalls gibt's keinen Grund, diesen Watkins festzunehmen. Wir wissen ja genau über ihn Bescheid. Und was machen wir jetzt mit dem Safe? Wir durchsuchen ihn wohl besser noch einmal. Übrigens haben wir auch noch gar nicht das Paket aufgemacht, mit dem sich Poschwitz vor seinem Tod beschäftigt hat.«

»Sei bloß vorsichtig damit«, sagte der andere. »Wer weiß, vielleicht hat sich die Schlange darin verkrochen. Leuchte beim Safe mal in die Winkel. Ja, darin ist so viel Platz, dass eine kleine Person darin aufrecht stehen könnte. Aber wie sieht's mit der Belüftung aus?«

»Vielleicht hatte der- oder diejenige nicht mehr viel Sauerstoff nötig«, bemerkte sein Kollege trocken, während er den Safe mit der Taschenlampe ausleuchtete. »Meine Güte, der Safe strahlt ja geradezu Wärme ab. Wie aus einem Gewölbe! Und woher kommt diese Staubschicht, die sich über das ganze Zimmer verteilt hat? Die hat sich anscheinend erst gebildet, seitdem die Safetür offen steht. Sobald man die Tür bewegt, fliegt der ganze Staub auf, siehst du das? Und wie erklärst du dir diesen Staub? Was hältst du davon?«

»Was ich davon halte? Genauso viel oder genauso wenig wie von allen anderen Umständen dieses Falls. Soweit ich es beurteilen kann, wird er in die Sammlung ungelöster Londoner Fälle eingehen. Und eine Kiste, die für Fotoplatten vorgesehen ist, aber uralte, großformatige Gebetbücher enthält, wird uns in unseren Ermittlungen wohl auch nicht viel weiterbringen. Genau das befindet sich nämlich in diesem Paket.«

Dass der Polizeibeamte die Situation so einschätzte, war zwar ganz natürlich, aber voreilig. Die zuvor berichtete Geschichte aus Brockstone zeigt ja, dass in Wirklichkeit jede

Menge Material vorlag, um eine Straftat zu rekonstruieren. Und sobald die Herren Davidson und Witham ihren Teil der Geschichte Scotland Yard vorgetragen hatten, war die Verbindung zwischen beiden Vorfällen hergestellt und der Kreis geschlossen.

Als die Besitzer des Gutes Brockstone entschieden, die alten Gebetbücher nicht in die Kapelle zurückbringen zu lassen, fiel Mrs. Porter ein Stein vom Herzen. Soweit ich weiß, sind die Bücher jetzt im Safe einer Londoner Bank eingeschlossen.

Die Polizei hat ihre eigenen Methoden, der Presse gewisse Dinge vorzuenthalten. Nur so ist zu erklären, dass Watkins' Augenzeugenbericht über den Tod des Händlers Poschwitz (oder »Potwitch«, wie Watkins ihn nannte) keine aufsehenerregenden Schlagzeilen machte.

Blick von einem Hügel

Wie angenehm es sein kann, am ersten Tag recht langer Ferien allein in einem Eisenbahnabteil erster Klasse zu sitzen und in einem Bummelzug, der an jeder Station hält, durch eine einem noch unbekannte englische Landschaft zu fahren!

Auf dem Schoß hast du eine Landkarte ausgebreitet und suchst darauf nach den Dörfern, die rechts und links der Bahnlinie liegen, wie du an den Kirchtürmen erkennst. Du staunst über die völlige Stille auf den kleinen Bahnhöfen, an denen der Zug haltmacht – eine Stille, die höchstens auf dem Kies knirschende Schritte durchbrechen. Mag sein, dass solche Erlebnisse am schönsten nach Sonnenuntergang sind.

Doch der Reisende, von dem ich hier erzählen will, war früher am Tag in diesem Bummelzug unterwegs: an einem sonnigen Nachmittag, in der zweiten Junihälfte. Er fuhr mitten durch eine sehr ländliche Gegend, von der ich an dieser Stelle nur sagen will, dass sie im südwestlichen Teil Englands lag, wenn man die Landeskarte grob in vier Regionen aufteilt.

Er war Universitätslehrer und sein Semester war gerade zu Ende gegangen. Jetzt befand er sich auf dem Weg zu einem neuen Freund, der erheblich älter war als er. Die beiden hatten sich bei irgendeinem offiziellen Anlass in der Stadt kennengelernt und gemerkt, dass sie viele Vorlieben und Gewohnheiten miteinander teilten. Da sie einander sehr sympathisch waren, hatte der Gutsbesitzer Richards den Dozenten

Fanshawe zu sich eingeladen, und nun nutzte dieser die Semesterferien zu einem Besuch.

Gegen fünf Uhr nachmittags kam er an seinem Reiseziel an. Ein freundlicher Gepäckträger teilte ihm mit, der Wagen vom Gutshof sei zwar schon vorgefahren, er solle dem Gast jedoch ausrichten, man müsse in der Nähe erst noch etwas abholen und bitte ihn, ein paar Minuten zu warten.

»Aber ich sehe, dass Sie Ihr Fahrrad mitgebracht haben«, fuhr der Mann fort. »Vielleicht haben Sie ja Lust, schon vorauszufahren? Immer diese Straße entlang, und dann müssen Sie bei erster Gelegenheit nach links abbiegen. Der Gutshof ist nur zwei Meilen entfernt. Und ich sorge dafür, dass Ihr Gepäck im Wagen nachkommt. Entschuldigen Sie meine Einmischung, aber ich finde, es ist ein besonders schöner Spätnachmittag, bestens geeignet für eine kleine Fahrradtour. Und ideales Wetter dafür, das Heu einzubringen. Warten Sie mal … Ja, ich habe den Gepäckschein für Ihr Fahrrad. Oh! Vielen Dank auch, Sir. Die Straße können Sie gar nicht verfehlen.« Der Mann fand fast kein Ende.

Die zwei Meilen Fahrt zum Gutshaus waren genau das, was Fanshawe nach dem stundenlangen Sitzen im Zug jetzt brauchte. Beim Radeln legte sich seine Müdigkeit sofort, und er freute sich bereits auf den Tee. Auch der Gutshof, der jetzt in sein Blickfeld rückte, versprach genau das, was er brauchte: Stille und die Möglichkeit, nach all den Ausschusssitzungen und Konferenzen an der Universität endlich auszuspannen.

Das Gebäude war weder Ehrfurcht gebietend alt noch enttäuschend neu. Während Fanshawe die Auffahrt hinaufradelte, fielen ihm als Erstes die verputzten Mauern, die Schiebefenster, die alten Bäume und die gepflegten Rasenflächen auf. Der Gutsherr Richards, ein kräftig gebauter Mann in den Sechzigern, erwartete ihn mit offensichtlicher Vorfreude am Treppenaufgang zur Eingangsterrasse.

»Zuerst mal Tee«, sagte er. »Oder hättest du lieber etwas Stärkeres? Nein? Gut, der Tee wartet schon auf uns – im Garten. Komm gleich mit. Um das Fahrrad kümmern sich meine Leute. An Tagen wie diesen genieße ich meinen Tee immer unter der Linde am Bach.«

Einen schöneren Ort für die Teestunde hätte man sich nicht vorstellen können. Ein warmer Nachmittag im Hochsommer, ein Platz im Schatten, der Duft der riesigen Linde, in unmittelbarer Nähe der plätschernde Bach: Keiner der beiden Freunde hatte Lust, schnell wieder aufzubrechen.

Doch gegen sechs Uhr setzte sich Mr. Richards auf, klopfte seine Pfeife aus und sagte: »Hör mal, jetzt hat es so abgekühlt, dass wir einen kleinen Spaziergang machen könnten, einverstanden? Gut, dann schlage ich vor, dass wir durch den Park zum Hügel hinaufgehen. Von dort aus haben wir einen wunderbaren Ausblick. Ich nehme eine Karte mit und kann dir darauf zeigen, wo alles liegt. In den kommenden Tagen kannst du dann mit dem Rad dorthin fahren, falls du ein bisschen Sport treiben willst. Wir können aber auch den Wagen nehmen. Falls du so weit bist, sollten wir gleich losgehen, dann sind wir vor acht Uhr längst zurück und müssen uns nicht hetzen.«

»Ja, ich bin so weit, nur würde ich gern meinen Spazierstock mitnehmen. Und besitzt du irgendein Fernglas? Vor einer Woche habe ich meines jemandem geliehen und es nicht zurückbekommen. Weiß der Himmel, wohin er damit verschwunden ist.«

Mr. Richards überlegte. »Ja, ich habe ein Fernglas«, sagte er schließlich. »Nur benutze ich nie eines, deshalb weiß ich nicht, ob du mit meinem was anfangen kannst. Es ist ein sehr altmodisches Modell und fast zweimal so schwer wie die heutigen Gläser. Du kannst es gern haben, aber mitschleppen musst du's selbst. Ach, noch was: Was möchtest du nach dem Abendessen trinken?«

Fanshawe versicherte, ihm sei alles recht, doch das ließ Richards ihm nicht durchgehen. Auf dem Weg zur Eingangshalle einigten sie sich schließlich auf die Getränke. In der Halle fand Fanshawe auch seinen Spazierstock vor. Richards, der sich nachdenklich an der Unterlippe gezupft hatte, ging zum Tisch in der Mitte der Halle hinüber, holte einen Schlüssel aus der Schublade, wandte sich einem kleinen Wandschrank zu, öffnete ihn, entnahm ihm ein Kästchen und stellte es auf dem Tisch ab.

»Das Fernglas liegt da drin«, sagte er. »Aber man muss das Kästchen mit einem bestimmten Trick öffnen, den ich leider vergessen habe. Versuch du es mal.«

Fanshawe musterte das Kästchen: Es war schwer, massiv gebaut und hatte rundherum glatte Flächen. Ein Schlüsselloch war nicht zu erkennen. Es lag auf der Hand, dass man an irgendeiner Stelle drücken musste, damit es aufklappte. »Vermutlich an den Ecken«, murmelte er vor sich hin. »Und die hier sind verdammt scharf«, setzte er nach, nachdem er an einer unteren Ecke gedrückt hatte, und steckte sich den blutenden Daumen in den Mund.

»Was ist los?«, fragte sein Freund.

»Ach, diese bösartige Schatulle, die aus den Beständen der Borgias stammen könnte, hat mich gekratzt. Der Teufel soll sie holen.«

Richards kicherte ohne jedes Mitgefühl. »Na, jedenfalls hast du sie aufbekommen.«

»Allerdings. Was soll's, ich spende ja gern einen Tropfen Blut für einen guten Zweck. Hier ist das Fernglas – ziemlich schwer, wie du ja schon angekündigt hast. Aber ich glaube, ich kann's mitschleppen.«

»Alles klar? Dann komm. Wir gehen durch die Gartenanlagen.«

Sie durchquerten den Park, der ziemlich steil zu einem Hügel hinaufführte. Wie Fanshawe schon vom Zug aus gesehen hatte, beherrschte dieser Ausläufer einer noch höheren Hügelkette die Landschaft ringsum.

Unterwegs deutete der Gutsherr, der sich sehr für Erdbefestigungen interessierte, immer wieder auf Stellen, an denen er Spuren von vorzeitlichen Anlagen entdeckt hatte oder vermutete. »Und hier«, er blieb auf einem eingeebneten, von hohen Bäumen gesäumten Platz stehen, »hat Baxter Spuren einer Villa aus der Römerzeit gefunden.«

»Baxter?«

»Hab ganz vergessen, dass du ja nichts über ihn weißt. Von dem alten Baxter hab ich das Fernglas. Ich glaube, er hat es selbst angefertigt. Er war ein Uhrmacher mit einer Werkstatt unten im Dorf, außerdem ein großer Altertumsforscher. Mein Vater hat ihm erlaubt, überall, wo er wollte, Ausgrabungen zu machen. Und wenn er tatsächlich auf irgendetwas Interessantes stieß, hat mein Vater ihm meistens ein paar Männer zum Graben ausgeliehen. Baxter hat verblüffend viele alte Gegenstände aufgespürt. Und als er starb – das ist zehn, vielleicht auch schon 15 Jahre her –, hab ich all diese Bestände erworben und sie dem Heimatmuseum geschenkt. Wir können dort irgendwann in den nächsten Tagen mal vorbeischauen und uns die Ausstellung ansehen. Das Fernglas war bei den anderen Sachen dabei, aber das hab ich natürlich behalten. Wie du siehst, ist es mehr oder weniger die Arbeit eines Amateurs – das Gehäuse, meine ich. Die Linsen hat Baxter natürlich nicht selbst hergestellt.«

»Ja, ich sehe dem Ding an, dass es die Arbeit eines begabten Hobbybastlers ist. Aber wieso ist das Gehäuse so schwer? Und hat Baxter hier tatsächlich Spuren eines römischen Landhauses entdeckt?«

»Ja, genau hier, wo wir jetzt herumlaufen, liegt unter dem Gras ein römischer Steinboden. Aber er bestand nur aus unbehauenen Steinen, war also nichts Besonderes, deshalb haben wir ihn in der Erde gelassen. Es gibt aber Zeichnungen davon. Und die kleineren Objekte und Tongefäße, die zum Vorschein kamen, waren durchaus bemerkenswert. Der alte Baxter war schon ein genialer Bursche. Er schien so etwas wie den sechsten Sinn für solche Dinge zu besitzen. Für unsere Archäologen war er von unbezahlbarem Wert. Manchmal machte er seine Werkstatt tagelang zu und streifte durch die Umgebung. Und dann trug er auf seiner Generalstabskarte die Orte ein, an denen er etwas witterte. Außerdem führte er auch ein Buch, in dem er solche Stellen ausführlich beschrieb. Seit seinem Tod hat man an vielen dieser Stellen gegraben und stets etwas gefunden, das seine Vermutungen bestätigte.«

»Offenbar ein guter Mann«, bemerkte Fanshawe.

»Gut?« Richards blieb abrupt stehen.

»Ja, ist doch sehr nützlich, wenn man einen solchen Mann im Dorf wohnen hat. Oder hatte er irgendetwas Böses an sich?«

»Das kann ich weder bejahen noch verneinen. Aber wenn er tatsächlich ein guter Mensch war, dann doch kein glücklicher. Im Dorf mochte man ihn nicht – und ich mochte ihn auch nicht«, setzte Richards nach kurzem Zögern nach.

»Ach nein?«

»Nein, wirklich nicht, aber lassen wir das Thema. Außerdem beginnt hier die steilste Strecke, und ich möchte beim Laufen nichts reden.«

Beim Besteigen dieses mit Gras bewachsenen Hangs, auf dem man ständig abzurutschen drohte, konnte man zweifellos leicht ins Schwitzen kommen.

»Ich hab dir ja angekündigt, wir würden die Abkürzung nehmen«, keuchte der Gutsherr, »aber das bereue ich jetzt. Wenn wir nach Hause kommen, wird uns ein Bad sicher guttun. So, wir sind da. Und da drüben können wir uns hinsetzen.«

Eine kleine Gruppe alter Fichten krönte den Hügel. Und an deren Rand, am besten Aussichtspunkt, stand eine breite, massive Holzbank. Dort nahmen die Freunde Platz, wischten sich den Schweiß von der Stirn und kamen nach und nach wieder zu Atem.

»Hier kannst du das Fernglas gut gebrauchen«, bemerkte Richards, als er wieder zusammenhängende Sätze von sich geben konnte. »Aber als Erstes siehst du dich vielleicht mal ohne Fernglas um. Ich muss sagen, den Ausblick fand ich noch nie so schön wie heute.«

Während ich das hier schreibe, rüttelt ein rauer, winterlicher Wind an meinen Fenstern. Draußen ist es trübe und dunkel, und nur 100 Yards entfernt tobt und rauscht das Meer. Deshalb fällt es mir schwer, mit bloßen Worten die Stimmung jenes frühen Juniabends heraufzubeschwören und meinen Lesern die wunderbare Landschaft, die der Gutsherr so bewunderte, plastisch vor Augen zu führen.

Über die weitläufige Ebene des Tals hinweg blickten die beiden Freunde auf eine hoch aufragende Hügelkette, die oben teils mit Wiesen, teils mit Wäldern bedeckt war. Die Sonne zog bereits nach Westen, stand aber noch nicht tief und tauchte die Hügelspitzen in goldenes Licht. Das flache Land unter ihnen, von einem Wasserlauf außerhalb ihres Sichtfelds durchzogen, wirkte mit seinen Weizenfeldern, Wiesen, Gehölzen und grünen Hecken überaus fruchtbar. Dazwischen bewegte sich ein dichtes weißes Wölkchen vorwärts – dort fuhr der Abendzug. Sie konnten auch rote Bauernhäuser und graue Gebäude erkennen, näher am Gutshof verstreute Katen und das Gutshaus selbst, das sich an den Fuß des Hügels schmiegte. Aus den Schornsteinen stieg bläulicher Rauch kerzengerade in die Luft, die den Duft von Heu herübertrug. Und an ihrem Aussichtspunkt dort oben blühten Büsche wilder Rosen. Es war ein Hochsommertag, wie er schöner nicht hätte sein können.

Nachdem sie die Landschaft eine Weile wortlos betrachtet hatten, erläuterte der Gutsherr die Eigenarten dieser Umgebung, deutete auf Hügel und Täler und wies Fanshawe darauf hin, wo die kleinen Städte und Dörfer lagen. »Und mit dem Fernglas müsstest du jetzt auch Fulnaker Abbey erkennen können. Schau zuerst zu dem großen grünen Feld hinüber, dann zu dem Wald dahinter und danach bis zu dem Bauernhof auf der Anhöhe.«

»Ja, ich seh's«, erwiderte Fanshawe. »Was für ein schöner Turm!«

»Offenbar hast du in die falsche Richtung geblickt«, meinte Richards. »Soweit ich mich erinnere, hat Fulnaker Abbey gar keinen richtigen Turm. Vielleicht meinst du die Kirche von Oldbourne. Aber wenn du deren Turm schön nennst, hast du nicht gerade hohe Ansprüche.«

»Ich bleibe dabei, dass es ein schöner Turm ist«, entgegnete Fanshawe, das Fernglas immer noch an den Augen. »Ob es der von Oldbourne ist oder irgendein anderer. Und er muss zu einer stattlichen Kirche gehören. Sieht mir wie ein Mittelturm aus, hat vier große Spitzen an den Ecken und vier kleinere dazwischen. Den muss ich mir unbedingt ansehen. Wie weit ist es dorthin?«

»Oldbourne liegt knapp neun Meilen entfernt. Bin schon lange nicht mehr dort gewesen, aber die Kirche ist mir nie als bemerkenswert aufgefallen. Jetzt zeige ich dir etwas anderes.«

Fanshawe hatte das Fernglas mittlerweile gesenkt, spähte aber immer noch in die Richtung von Oldbourne. »Nein, mit bloßem Auge kann ich da drüben nichts erkennen. Was wolltest du mir zeigen?«

»Schau weit nach links, du müsstest es eigentlich leicht finden können. Erkennst du dort einen einzelnen Hügel, oben dicht bewaldet, der wie ein Höcker aufragt? Liegt auf einer

Linie mit dem einzigen Baum da oben auf dem großen Hügelkamm.«

»Ja, jetzt sehe ich diesen Höcker. Und ich glaube, ich kann dir sogar sagen, wie man ihn nennt.«

»Ach ja? Sag schon.«

»Galgenhügel.«

»Wie hast du das erraten?«

»Na ja, wie soll man das nicht erraten, wenn dort die Attrappe eines Galgens steht, an dem eine Strohpuppe baumelt?«

»Wie bitte? Da oben auf dem Hügel ist doch nichts als Wald!«

»Falsch. Oben liegt eine große Wiese, und in deren Mitte steht der nachgebaute Galgen. Auf den ersten Blick schien mir auch etwas vom Galgen herunterzubaumeln, aber jetzt ist dort nichts mehr davon zu sehen. Oder doch? Ich kann es nicht mit Sicherheit sagen.«

»Ach Unsinn, Fanshawe, auf dem Hügel gibt es keine Galgenattrappe oder Ähnliches. Nur dichten Wald, und der ist noch ziemlich jung. Ist noch kein Jahr her, dass ich dort oben war. Reich mir doch bitte mal das Fernglas. Allerdings werde ich wohl kaum was Besonderes entdecken… Aha, genau wie ich dachte. Da ist nichts dergleichen.«

Inzwischen spähte Fanshawe mit bloßem Auge zum Hügel hinüber, der höchstens zwei oder drei Meilen entfernt lag. »Seltsam«, sagte er. »Ohne Fernglas ist dort wirklich nur ein Wald zu erkennen.« Erneut hob er den alten Feldstecher an die Augen. »Kaum zu glauben! Jetzt kann ich den Galgen und die Wiese wieder deutlich erkennen. Da oben scheinen sich sogar Menschen aufzuhalten, und ich sehe mindestens einen Karren, in dem Männer sitzen. Aber sobald ich mit bloßem Auge hinüberblicke, verschwindet alles. Vermutlich liegt es am Einfallswinkel des Lichts am frühen Abend. Ich werde dort mal bei vollem Tageslicht hinaufsteigen.«

»Und du hast da oben tatsächlich Menschen und einen Karren gesehen? Mag ja sein, dass dort Bäume gefällt wurden und eine Lichtung entstanden ist, aber was sollten dort irgendwelche Leute zu dieser Tageszeit treiben? Das ist doch Unsinn! Schau noch mal durchs Fernglas.«

»Na ja, ich hab wirklich gemeint, dort Menschen zu sehen. Einige Leute, die gerade im Aufbruch waren. Und jetzt ... Ach du lieber Himmel! Sieht tatsächlich so aus, als baumelte irgendetwas vom Galgen herunter! Aber dieses Fernglas ist so verdammt schwer, dass ich es nicht lange ruhig halten und auf einen bestimmten Punkt richten kann. Jedenfalls darfst du mir glauben, dass durch das Fernglas dort oben kein Wald zu sehen ist. Wenn du mir den Weg auf der Karte zeigst, fahre ich morgen hin.«

Der Gutsherr dachte noch einen Augenblick nach. Schließlich stand er auf und sagte: »Ja, das wird wohl das Beste sein, um diese Geschichte zu klären. Und jetzt kehren wir wohl besser zum Haus zurück. Erst ein Bad nehmen, dann zu Abend essen, schlage ich vor.« Auf dem Rückweg war er nicht besonders gesprächig.

Sie nahmen wieder den Weg durch den Park, betraten die Empfangshalle und verstauten ihre Spazierstöcke. Dort wartete der betagte Butler Patten bereits auf sie. Offenbar beunruhigte ihn irgendetwas.

»Entschuldigen Sie, Mr. Richards«, platzte er sofort heraus, »aber ich fürchte, hier hat jemand böse Absichten gehabt.« Er deutete auf das offene Kästchen, in dem das Fernglas gelegen hatte.

»Ach, wenn's nichts Schlimmeres ist«, erwiderte der Gutsherr. »Wieso sollte ich nicht mein Fernglas herausholen, um es einem Freund zu leihen? Hab's ja mit eigenem Geld bezahlt, erinnern Sie sich? Als der Nachlass vom alten Baxter verkauft wurde, stimmt's?«

Patten verbeugte sich, wirkte aber keineswegs beruhigt. »Na gut, Mr. Richards, solange Sie wissen, wer das Ding in den Händen gehabt hat. Ich fand es nur richtig, die Sache zu erwähnen. Denn soweit ich weiß, war das Kästchen bisher immer auf dem Regal, wo Sie's nach dem Kauf hingestellt haben. Und, verzeihen Sie mir die Bemerkung, nach allem, was damals geschehen ist …« Der Butler setzte noch irgendetwas nach, aber so leise, dass Fanshawe es nicht verstehen konnte. Richards tat es mit einer kurzen Entgegnung und einem Lachen ab. Danach bat er Fanshawe mitzukommen, denn er wollte ihm das Gästezimmer zeigen.

Vom restlichen Abend und der Nacht gibt es nichts zu berichten, das für diese Geschichte Bedeutung hätte. Außer vielleicht, dass Fanshawe in den frühen Morgenstunden das Gefühl beschlich, es sei etwas freigesetzt worden, das besser hinter Schloss und Riegel geblieben wäre. Und davon träumte er auch.

In seinem Traum ging er durch einen ihm irgendwie vertrauten Park und blieb vor einem Steingarten stehen. Er bestand aus einem Sammelsurium: alte behauene Steine, Reste vom Maßwerk eines Kirchenfensters und Teile figürlicher Darstellungen. Eine dieser Darstellungen weckte seine Neugier. Es war der obere Abschluss einer Säule, ein Kapitell mit einigen eingemeißelten Szenen. Er spürte, dass er diesen Steinblock unbedingt freilegen musste, und schob die Steine, die ihn verdeckten, ohne viel Mühe (was ihn überraschte) zur Seite. Als er den Steinblock herauszog, fiel ihm mit leisem Scheppern ein Blechschild vor die Füße. Er hob es auf und las: *Bewegen Sie diesen Stein auf keinen Fall von der Stelle. Hochachtungsvoll J. Patten.*

Wie es so oft in Träumen vorkommt, war ihm klar, dass diese Anweisung äußerst wichtig war. Voller Sorge, sogar Angst sah er nach, ob sich der Stein bereits verschoben hatte.

Tatsächlich, er war spurlos verschwunden. Dort, wo er vorher gelegen hatte, klaffte jetzt eine Erdhöhle auf. Als er sich bückte, um hineinzuschauen, bewegte sich irgendetwas in dem dunklen Loch. Und dann tauchte zu seinem Entsetzen eine Hand auf – eine saubere rechte Hand, die in einer ordentlichen Hemdmanschette und einem Jackenärmel steckte, so ausgestreckt, als wollte sie seine Hand ergreifen und schütteln. Er fragte sich, ob es unhöflich sei, die Geste nicht zu erwidern.

Doch noch während er die Hand betrachtete, verwandelte sie sich in eine stark behaarte, ausgezehrte, schmutzige Klaue und fuhr so nach oben, als wollte sie eines seiner Beine umklammern. Nun verschwendete er keinen Gedanken mehr an Höflichkeiten, sondern beschloss davonzulaufen und wachte schreiend auf.

An diesen Traum konnte er sich erinnern. Doch es kam ihm so vor, als hätte er davor von ähnlich wichtigen Dingen geträumt, nur nicht so intensiv. (Auch dieses Gefühl, an bestimmte Träume nach dem Erwachen nicht mehr heranzukommen, hat man ja oft.) Er blieb noch eine Weile wach und versuchte, sich Einzelheiten des letzten Traums ins Gedächtnis zu rufen. Insbesondere hätte er gern gewusst, welche eingemeißelten Darstellungen oder Teile davon er auf dem Kapitell gesehen hatte. Doch er konnte sich nur noch daran erinnern, dass die abgebildeten Szenen nicht zusammengepasst hatten.

Vielleicht lag es an diesem Traum, vielleicht wollte Fanshawe an seinem ersten Ferientag auch nur ausschlafen: Jedenfalls stand er an diesem Morgen ziemlich spät auf. Und er unterließ es auch, nach dem Frühstück unverzüglich die Umgebung zu erkunden. Stattdessen verbrachte er den Vormittag – teils aus körperlicher Trägheit, teils aus Wissbegier – damit, sich die in mehreren Bänden zusammengefassten Berichte der örtlichen Archäologischen Gesellschaft anzusehen. Darin stieß er auf zahlreiche Beiträge Mr. Baxters – Berichte über seine Funde –, in denen er unter anderem die Entdeckung von Steinwerkzeugen, Anlagen der Römer und Klosterruinen behandelte. Offenbar hatte sich Baxter auf fast allen Gebieten der Archäologie gut ausgekannt. Doch sein sonderbarer, aufgeblasener Schreibstil verriet den Autodidakten.

Hätte der Mann eine bessere Schulbildung genossen, dachte Fanshawe, *wäre er sicher ein ausgezeichneter Altertumsforscher geworden. Oder hätte es werden können* (berichtigte sich Fanshawe gleich darauf), *hätte er nicht diese Vorliebe für Polemiken gehabt und auf den herablassenden Ton eines Besserwissers verzichtet. Beides stößt einem beim Lesen als sehr unangenehm auf.*

Darüber hinaus hatte Baxter offensichtlich beträchtliche künstlerische Fähigkeiten besessen, wie Fanshawe auffiel, als er eine Zeichnung des Uhrmachers entdeckte: die gut durchdachte Rekonstruktion einer Klosterkirche, deren auffälligste Besonderheit ein schöner, mit Spitzen versehener Mittelturm war. Dieser Turm ähnelte in allen Einzelheiten dem, den Fanshawe vom Hügel aus durch das Fernglas gesehen hatte. Sein Freund Richards hatte behauptet, es müsse der Kirchturm von Oldbourne sein, aber das konnte nicht stimmen. Hier wurde er als Turm der Abtei Fulnaker Priory bezeichnet.

Nun ja, gut möglich, dass Mönche der Abtei die Kirche von Oldbourne haben errichten lassen und Baxter tatsächlich den Turm von Oldbourne gezeichnet hat, sagte er sich. *Ob in den Anmerkungen irgendetwas darüber steht? Aha, hier ist vermerkt, dass diese Zeichnung erst nach Baxters Tod veröffentlicht wurde. Man hat sie in seinem Nachlass gefunden.*

Nach dem Mittagessen fragte der Gutsherr Fanshawe nach seinen Plänen für den Nachmittag. »Ich glaube, ich radle gegen vier Uhr mal bis nach Oldbourne und schaue mir auf dem Rückweg den Galgenhügel an. Das dürfte insgesamt wohl eine Strecke von 15 Meilen sein, oder?«

»Ja, stimmt. Und du wirst dabei auch durch Lambsfield und Wanstone kommen, beides sehenswerte Dörfer. In Lambsfield gibt es ein schönes kleines Kirchenfenster und in Wanstone einen bemerkenswerten uralten Stein.«

»Gut, dann trinke ich irgendwo unterwegs Tee. Darf ich dein Fernglas mitnehmen? Ich kann es auf dem Gepäckträger festschnallen.«

»Selbstverständlich, wenn du das möchtest. Aber ich brauche wirklich ein besseres. Wenn ich heute in die Stadt fahre, kann ich vielleicht eines besorgen.«

»Wozu die Mühe, wenn du selbst nie ein Fernglas benutzt?«

»Ach, jeder sollte doch eigentlich ein gutes Fernglas besitzen, meinst du nicht? Selbst der alte Patten hält dieses Fernglas für völlig unbrauchbar.«

»Und er kann das tatsächlich beurteilen?«

»Zumindest kennt er irgendeine Geschichte über dieses Fernglas, die wohl irgendwie mit dem alten Baxter zu tun hat. Ich hab ihm versprochen, mir diese Geschichte demnächst anzuhören. Sie scheint ihn seit gestern Abend sehr zu beschäftigen.«

»Und wieso? Hat er auch so einen Albtraum wie ich gehabt?«

»Irgendetwas hat ihm jedenfalls zu schaffen gemacht. Heute Morgen sah er wirklich wie ein sehr alter Mann aus. Sagte, er habe nachts kein Auge zugetan.«

»Vielleicht kann er mit seiner Geschichte so lange warten, bis ich wieder da bin?«

»Mal sehen, ob ich ihn so lange hinhalten kann. Vielleicht bist du ja erst sehr spät zurück? Was ist, falls du acht Meilen von hier eine Reifenpanne hast und zu Fuß zurückkehren musst? Ich trau diesen Fahrrädern ja nicht über den Weg. Ich bestelle in der Küche wohl besser ein kaltes Abendessen.«

»Mir macht ein kaltes Essen nichts aus, ob ich nun spät oder früh zurückkomme. Aber ich hab für alle Fälle Flickzeug für das Rad dabei. Also – bis später.«

Nur gut, dass Richards ein kaltes Abendessen bestellt hat, dachte Fanshawe nicht zum ersten Mal, als er sein Rad gegen neun Uhr abends die Auffahrt zum Gut hinaufschob.

Und das dachte und sagte auch der Gutsherr mehrmals, als er Fanshawe in der Eingangshalle empfing. Eher freute sich Richards, dass er sein mangelndes Vertrauen zu Fahrrädern bestätigt sah, als dass er Mitgefühl mit seinem verschwitzten, erschöpften, durstigen Freund gezeigt hätte, obwohl Fanshawe fix und fertig aussah.

Noch das Netteste, was über seine Lippen kam, war die Frage: »Möchtest du zum Abendessen etwas trinken, das deinen Durst löscht? Wie wär's mit Apfelmost? Also gut. Haben Sie das gehört, Patten? Eisgekühlter Apfelmost, ein großer Krug.« Und an Fanshawe gerichtet: »Bade bloß nicht den ganzen Abend!«

Um halb zehn saßen sie endlich beim Abendessen, und Fanshawe berichtete dabei über seine Fahrt (falls man es überhaupt als *Fahrt* bezeichnen kann).

»Bis nach Lambsfield ging alles glatt, und ich habe mir dort das Glasfenster in der Kirche angesehen. Sehr interessant, aber viele Inschriften konnte ich nicht entziffern.«

»Selbst mit dem Fernglas nicht?«

»Innerhalb einer Kirche nützt dein Fernglas überhaupt nichts – vermutlich gilt das für alle Innenräume. Aber ich hab's nur in Kirchen ausprobiert.«

»Hm. Erzähl weiter.«

»Allerdings hab ich ein Foto vom Fenster gemacht, und wahrscheinlich ist der Text auf einer Vergrößerung zu lesen. Danach bin ich nach Wanstone gefahren. Der Feldstein sieht wirklich sehr ungewöhnlich aus, nur kenne ich mich mit dieser Art von Altertümern nicht aus. Hat mal irgendjemand den Erdhügel, auf dem er steht, geöffnet?«

»Baxter hatte es vor, doch der Bauer hat's ihm nicht erlaubt.«

»Ich glaube, es würde sich lohnen. Später waren Fulnaker und Oldbourne an der Reihe. Weißt du, diese Sache mit dem Turm, den ich vom Hügel aus durchs Fernglas gesehen habe, ist wirklich seltsam. Die Kirche von Oldbourne sieht ganz anders aus, und in Fulnaker ist nichts erhalten, das höher als 30 Fuß ist. Allerdings kann man noch sehen, dass die Abtei früher einen Mittelturm hatte. – Ich hab's dir noch gar nicht erzählt, oder? Baxter hat eine kunstvolle Zeichnung der Abtei angefertigt – eine Rekonstruktion –, die genau so einen Turm zeigt, wie ich ihn vom Hügel aus gesehen habe.«

»Zu sehen meintest, würde ich sagen«, warf Richards ein.

»Nein, den Turm habe ich mir nicht eingebildet. Baxters Zeichnung erinnerte mich ja gerade an das, was ich vom Hügel aus gesehen hatte. Und ich hatte mich seinerzeit bei dir vergewissert, dass es der Turm von Oldbourne sein musste. Auf die Bildunterschrift unter Baxters Zeichnung habe ich erst viel später geblickt.«

»Nun ja, Baxter kannte sich in der Architektur recht gut aus. Vermutlich konnte er anhand der Überreste des früheren Mittelturms in Fulnaker den vollständigen Turm mühelos rekonstruieren.«

»Das kann natürlich sein. Aber selbst einem Experten in Sachen Architektur traue ich nicht recht zu, eine derart genaue Rekonstruktion anzufertigen. Besonders wenn man bedenkt, dass in der Abtei vom Turm nur noch die Sockel der Stützpfeiler erhalten sind. Aber das ist noch längst nicht das Merkwürdigste, das ich zu berichten habe.«

»Was war mit dem Galgenhügel?«, fragte Richards. »Hören Sie zu, Patten. Ich hab Ihnen ja erzählt, was Mr. Fanshawe seiner Meinung nach vom Hügel aus beobachtet hat.«

»Ja, das haben Sie, Mr. Richards. Und nach allem, was passiert ist, kann ich nicht behaupten, dass mich das besonders wundert.«

»Schon gut. Bewahren Sie sich das für später auf. Wir wollen erst hören, was Mr. Fanshawe dort heute gesehen hat. Fahr fort, ja? Nachdem du Fulnaker Abbey gesehen hattest, bist du vermutlich umgekehrt und über Ackford und Thorfield zurückgefahren?«

»Ja, und ich habe mir beide Kirchen kurz angesehen. Danach habe ich die Abzweigung zum Galgenhügel genommen. Ich dachte, ich könnte mein Rad oben auf dem Hügel über das Feld schieben und würde auf der anderen Seite wieder auf die Straße zum Gutshof stoßen. Es war gegen halb sieben, als ich oben ankam. Rechter Hand fand ich ein Gatter, und dahinter lag der Baumgürtel.«

»Haben Sie das gehört, Patten? Er sagt, da sei ein Baumgürtel.«

»Ja, anfangs hielt ich es für einen bloßen Gürtel, aber das war ein Irrtum. Du hattest völlig recht: Der Hügel ist oben überall dicht bewaldet. Das begreife ich einfach nicht. Ich ging also in den Wald hinein, wobei ich mein Rad schob und über die Baumwurzeln zerrte. Jeden Augenblick erwartete ich, auf eine Lichtung zu stoßen. Und dann fing der Ärger an, vermutlich verursacht von Dornen. Zuerst merkte ich, dass der Vorderreifen platt war, bald darauf folgte der Hinterreifen. Ich konnte in diesem dichten Wald nichts anderes tun, als die Löcher zu suchen und zu kennzeichnen, doch selbst das war vergebliche Mühe. Also schob ich das Rad weiter. Und je weiter ich kam, desto unheimlicher wurde mir der Wald.«

»Selbst Wilderer meiden ihn, stimmt's, Patten?«, fragte der Gutsherr.

»Ja, da zieht's kaum einen Menschen hin …«

»Ich weiß, aber lassen wir das. Fahr fort, Fanshawe.«

»Kein Wunder, dass sich dort niemand freiwillig aufhält. Ich zumindest habe mir dort alle möglichen gruseligen Dinge eingebildet: knackende Zweige, Schritte in meinem Rücken, Umrisse von Menschen vor mir, die sich schnell hinter Bäume duckten, und sogar eine Hand, die sich auf meine Schulter legte. Bei dieser Berührung blieb ich sofort stehen und blickte mich um, weil ich dachte, ich könnte einen Ast oder einen Busch gestreift haben, aber es waren weder Büsche noch Bäume in meiner unmittelbaren Nähe. Und als ich die Mitte des Waldes erreicht hatte, war ich davon überzeugt, dass mich jemand von einem Baumwipfel aus beobachtete – mit keineswegs freundlichen Absichten.

Also blieb ich erneut stehen oder ging zumindest langsamer, um nach oben zu schauen. Und dabei stolperte ich, schlug der Länge nach hin und schürfte mir die Schienbeine auf. Und woran? An einem Steinblock, der oben eine große viereckige Öffnung hatte. Wenige Schritte entfernt lagen zwei weitere Steinblöcke dieser Art. Zusammen bildeten sie ein Dreieck. Wieso nur hat man sie dort hingelegt?«

»Ich glaube, ich weiß es«, erwiderte Richards, der fasziniert zugehört hatte und dabei sehr ernst geworden war. »Nehmen Sie doch Platz, Patten.«

Diese Einladung war auch überfällig, denn der alte Butler hielt sich nur noch dadurch aufrecht, dass er sich mit einer Hand schwer auf den Tisch stützte. Nun ließ er sich auf einen Stuhl fallen und fragte mit heftig zitternder Stimme: »Sie sind doch hoffentlich nicht auf das mit Steinen markierte Dreieck getreten, Sir?«

»Nein«, erwiderte Fanshawe mit Nachdruck. »Ich mag mich ja wie ein Esel verhalten haben, aber sobald mir dämmerte, wo ich mich befand, hab ich sofort mein Rad geschultert und bin so schnell wie möglich weggerannt. Mir kam es so vor, als wäre ich auf einen heidnischen, Böses ausstrahlenden Friedhof geraten, und war nur dankbar dafür, dass es einer der längsten Sommertage war und die Sonne immer noch schien. Bis zum Waldrand waren es zwar nur ein paar Hundert Yards, aber diese Strecke war schlimm genug. Ständig verfing sich irgendetwas – auf hinterhältige Weise, wie mir schien – am Lenker des Rads, in den Speichen, am Gepäckträger und an den Pedalen. Ich bin mindestens fünfmal hingefallen. Als ich schließlich die Hecke sah, hielt ich gar nicht erst nach einem Gatter Ausschau.«

»Zu unserer Seite hin gibt es auch gar keins«, warf der Hausherr ein.

»Dann ist es ja nur gut, dass ich keine Zeit auf die Suche verschwendet habe. Irgendwie gelang es mir, das Rad über die Hecke zu werfen und selbst, mit dem Kopf voran, hindurchzubrechen, sodass ich schließlich auf der Straße stand. Noch im letzten Moment hatte irgendein Ast oder etwas anderes meinen Fuß umklammert und hielt mich zurück. Jedenfalls war ich diesem Wald entkommen, wenn mir auch alle Knochen wehtaten. Selten habe ich mehr Dankbarkeit empfunden.

Nun musste ich aber noch die Reifen flicken. Ich hatte passendes Flickzeug dabei und kenne mich ganz gut mit solchen Dingen aus. Aber das hier war ein hoffnungsloser Fall. Als ich endlich die Straße erreicht hatte, war es bereits sieben Uhr, und ich vergeudete weitere 50 Minuten mit dem vergeblichen Versuch, einen einzigen Reifen zu flicken. Es war wie verhext: Sobald ich ein Loch entdeckt, geflickt und das Fahrrad wieder aufgepumpt hatte, entwich die Luft an einer anderen Stelle. Also beschloss ich, zu Fuß zu gehen. Der Galgenhügel ist ja nur knapp drei Meilen entfernt, oder?«

»Ja, querfeldein. Aber wenn man die Straße nimmt, sind es fast sechs.«

»Das dachte ich mir schon. Für weniger als fünf Meilen hätte ich bestimmt nicht weit mehr als eine Stunde gebraucht, auch wenn ich ein kaputtes Fahrrad schieben musste. So, das war meine Geschichte. Welche habt ihr zu erzählen?«

»Ich habe keine zu erzählen«, erwiderte Richards. »Aber du hast gar nicht so falsch gelegen, als du meintest, du wärst auf einen Friedhof gestoßen. Dort oben müssen ziemlich viele Leichen verbuddelt sein, stimmt's, Patten? Man hat sie dort begraben, sobald der Leichnam zu verwesen begann, nehme ich an.«

Patten hörte so gespannt zu, dass er nur nickte.

»Mal dir das lieber nicht aus«, bemerkte Fanshawe.

»Patten, jetzt sind Sie dran«, sagte der Gutsherr. »Sie haben ja gehört, was Mr. Fanshawe dort oben erlebt hat. Was halten Sie davon? Hat es irgendetwas mit Mr. Baxter zu tun? Schenken Sie sich ein Glas Portwein ein und schießen Sie los!«

»Ah, das tut gut«, seufzte Patten wohlig nach einem großen Schluck Portwein. »Wenn Sie wirklich wissen wollen, was ich mir bei dieser Geschichte gedacht habe: Ja, Mr. Fanshawes heutiges Erlebnis hat sehr viel mit der genannten Person zu tun.« Allmählich kam Patten in Fahrt. »Und ich habe wohl auch ein gewisses Recht, das zu behaupten. Schließlich habe ich im Laufe vieler Jahre häufig mit Mr. Baxter geredet und war vor rund zehn Jahren vereidigtes Mitglied der Leichenschaukommission, die Baxters Tod untersuchte. Erinnern Sie sich noch daran, Mr. Richards? Sie waren damals auf Auslandsreisen, und außer mir war niemand da, der die Gutsbesitzerfamilie hätte vertreten können.«

»Nach Mr. Baxters Tod gab es also eine gerichtsmedizinische Untersuchung?«, fragte Fanshawe.

»Ja, Sir, und das hatte folgenden Hintergrund: Wie Sie inzwischen wohl wissen, war der Verstorbene ein sehr eigenartiger

Mensch mit sehr eigenartigen Gewohnheiten – zumindest meiner Meinung nach, denn jeder hat ja seine eigene. Er lebte sehr zurückgezogen und mutterseelenallein, wie man so sagt. Kaum jemand ahnte auch nur, wie er seine Zeit verbrachte.«

»Er lebte sogar so zurückgezogen, dass es kaum jemand merkte, als er verschied«, murmelte der Gutsherr und zog an seiner Pfeife.

»Entschuldigung, Mr. Richards, aber dazu komme ich später«, sagte Patten. »Allerdings stimmt es nicht ganz, dass niemand wusste, was er trieb. Es war ja allgemein bekannt, mit welchem Eifer Mr. Baxter in der Geschichte der Umgebung herumstöberte und sie ausplünderte. Erstaunlich, wie viele Dinge er dabei zutage gefördert hat, eine richtige Sammlung. Man sprach ja meilenweit von ›Baxters Museum‹. Und wenn er in der Stimmung dafür war und ich mich eine Stunde freimachen konnte, hat er mir seine Tonscherben und vieles andere aus der Römerzeit gezeigt. Aber über Mr. Baxters Sammlung wissen Sie mehr als ich, Mr. Richards.

Eigentlich wollte ich nur sagen: Auch wenn man den Mann kannte und er so interessant erzählen konnte – er hatte etwas Sonderbares an sich. Nun ja, zum Beispiel hat ihn keiner jemals in der Kirche gesehen, nie hat er einen Gottesdienst besucht. Und darüber gab es im Dorf natürlich viel Klatsch und Tratsch. Nur ein einziges Mal hat ihn unser Pfarrer zu Hause besucht. ›Fragen Sie mich bloß nie, was der Mann mir gegenüber geäußert hat‹, das war alles, was man vom Pfarrer je darüber erfuhr.

Außerdem redete man im Dorf darüber, wie Baxter seine Abende und Nächte verbrachte, vor allem im Sommer. Wenn die Arbeiter frühmorgens zur Arbeit gingen, kehrte er gerade von irgendwo zurück, lief aber nur wortlos an ihnen vorbei. Mit einem Blick, sagten sie, als wäre er gerade aus dem Irrenhaus geflohen. Man habe nur das Weiße in seinen Augen gesehen. Den Arbeitern fiel auf, dass er jedes Mal einen Fischkorb dabeihatte und stets aus derselben Richtung kam. Man munkelte, er gehe dunklen Geschäften nach, und zwar nicht sehr weit von dem Ort, wo Sie heute Abend waren, Mr. Fanshawe.

Nach einer solchen Nacht machte Baxter seine Werkstatt so gut wie nie auf und wies seine alte Aufwartefrau an, das Haus nicht zu betreten. Da sie wusste, wie ausfallend er werden konnte, hielt sie sich auch stets daran. Eines Tages, Baxter hatte sich wieder einmal eingeschlossen, war gegen drei Uhr nachmittags von drinnen ein beängstigender Krach zu hören. Aus den Fenstern drang Rauch, und Baxter schrie wie am Spieß. Deshalb rannte sein Nachbar zur Rückseite des Hauses, brach die Hintertür auf und stürmte hinein. Bald darauf kamen auch noch andere Menschen hinzu.

Später erzählte mir Baxters Nachbar, niemals habe er einen so üblen Gestank gerochen, wie er damals aus der Küche gedrungen war. Offenbar hatte Baxter etwas in einem Topf sieden lassen, doch der Topf war umgekippt und sein Inhalt hatte sich über Baxters Bein ergossen. Er lag auf dem Boden und versuchte, die Schreie zu unterdrücken, schaffte es jedoch nicht. Und als er Menschen ins Haus stürmen sah, rastete er völlig aus. Mit seinen Flüchen verbrannte er sich die Zunge fast schlimmer als das Bein durch die kochend heiße Flüssigkeit.

Die Leute halfen ihm auf, setzten ihn auf einen Stuhl, und einige holten den Arzt. Als einer der Verbliebenen den Topf aufheben wollte, schrie Baxter, er solle gefälligst die Finger davon lassen – was er auch tat. In dem Topf, sagte dieser Mann später, habe er nur ein paar alte bräunliche Knochen gesehen.

›Doktor Lawrence wird gleich hier sein, der macht Sie schnell wieder gesund‹, versuchten die Umstehenden Baxter zu beruhigen. Doch da ging das Geschrei erst richtig los: Man müsse ihn nach oben in sein Schlafzimmer bringen, verlangte er. Er könne den Arzt nicht in die Küche lassen, wo er den ganzen Schlamassel entdecken würde. Überhaupt sollten sie irgendein Tuch über den Topf und die Brühe werfen, am besten das Tischtuch aus dem Wohnzimmer.

Das taten sie dann auch. Aber in dem Topf muss giftiges Zeug gewesen sein, denn es dauerte fast zwei Monate, bis Baxter wieder auf den Beinen war. – Entschuldigen Sie, Mr. Richards, wollten Sie etwas sagen?«

»Ja. Übrigens frage ich mich gerade, wieso Sie mir das alles nicht schon früher erzählt haben, Patten. Aber was ich sagen wollte: Ich weiß noch, dass der gute alte Doktor Lawrence mir erzählte, er habe Baxter damals behandelt. Baxter sei ein ›schräger Vogel‹ gewesen, meinte er. Eines Tages, als sich Lawrence in Baxters Schlafzimmer aufhielt, entdeckte er dort eine kleine, mit schwarzem Samt überzogene Gesichtsmaske, setzte sie aus Spaß auf und ging zum Spiegel hinüber, um sich darin zu mustern. Doch dazu blieb ihm kaum Zeit, denn Baxter rief ihm vom Bett aus zu: ›Setzen Sie die Maske ab, Sie Dummkopf! Wollen Sie etwa durch die Augen eines Toten blicken?‹ Lawrence erschrak so sehr, dass er die Maske tatsächlich sofort ablegte und Baxter fragte, was er damit meine.

Baxter bestand darauf, dass Lawrence ihm die Maske aushändigte, und erklärte, der Mann, dem er sie abgekauft habe, sei inzwischen gestorben oder ähnlichen Unsinn. Doch ehe Lawrence ihm die Maske reichte, befühlte er sie. ›Und ich war mir völlig sicher, dass sie aus der Vorderseite eines Totenschädels hergestellt war‹, teilte er mir mit.

Bei der Auktion nach Baxters Tod hat Lawrence einen Destillierapparat erworben, konnte ihn aber nie benutzen, wie er mir erzählte. Offenbar färbte sich alles, was destilliert werden sollte, trübe ein, sooft er den Apparat auch säuberte. Aber ich habe Sie jetzt lange genug unterbrochen, Patten. Fahren Sie fort.«

»Ich bin mit meiner Geschichte sowieso gleich am Ende angelangt, und das wird auch Zeit, denn was wird man sonst im Dienstbotenzimmer von mir denken? Nun ja, diese Sache mit dem verbrühten Bein ist einige Jahre vor Baxters Tod passiert. Nachdem er wieder gesund war, machte er genauso weiter wie zuvor. Das Fernglas, das Sie gestern Abend aus dem Kästchen genommen haben, ist eine seiner letzten Arbeiten. Das Gehäuse hatte er schon seit Langem vollendet und auch schon die Linsen dafür besorgt, aber irgendetwas – ich weiß nicht, was es war – fehlte noch. Eines Tages griff ich nach dem Gehäuse und fragte ihn: ›Wieso machen Sie das Fernglas eigentlich nicht fertig?‹

›Sobald ich damit fertig bin, werden Sie Augen und Ohren aufreißen‹, erwiderte er. ›Denn wenn es erst einmal befüllt und versiegelt ist, wird es kein zweites Fernglas wie dieses geben.‹ Mehr wollte er dazu nicht sagen.

Und ich darauf: ›Meine Güte, Mr. Baxter, Sie reden ja so davon, als wär's eine Weinflasche. Befüllen und versiegeln – wieso sollte das nötig sein?‹

›Hab ich wirklich befüllen und versiegeln gesagt?‹, fragte er. ›Nun ja, dann habe ich mein Vokabular wohl an das meines Gastes angepasst.‹

Irgendwann im darauffolgenden Sommer ging ich eines schönen Abends auf meinem Heimweg an seiner Werkstatt vorbei. Er stand an der Tür und sagte, offenbar sehr mit sich zufrieden: ›Jetzt ist alles in trockenen Tüchern, wie man so sagt. Meine beste Arbeit ist vollendet. Morgen nehme ich sie auf einen Ausflug mit.‹

›Das Fernglas ist also fertig?‹, fragte ich. ›Darf ich es mir mal ansehen?‹

›Unmöglich. Ich hab's schon zu Bett gebracht‹, erwiderte er. ›Und wenn ich's Ihnen wirklich einmal vorführe, dann müssen Sie fürs Hindurchschauen zahlen, merken Sie sich das!‹

Und das, meine Herren, waren die letzten Worte, die ich ihn sagen hörte. Es war am 17. Juni.

Genau eine Woche später geschah etwas Seltsames, und genau deswegen haben wir Baxter bei der Leichenschau als ›unzurechnungsfähig‹ eingeschätzt. Ohne diesen Vorfall hätte niemand, der Baxter von Geschäften her kannte, das auch nur vermutet, geschweige denn zu behaupten gewagt.

Doch George Williams, der damals im Nachbarhaus wohnte und noch heute darin wohnt, wachte in jener Nacht von einem fürchterlichen Lärm auf Mr. Baxters Grundstück auf. Er ging zum vorderen Fenster hinüber, das Ausblick auf die Straße bietet, um nachzuschauen, ob dort irgendwelche verdächtigen Gestalten unterwegs waren oder sich Einlass in Baxters Haus verschaffen wollten. Doch es hielt sich niemand Fremdes auf Grundstück oder Straße auf, wie er sehen konnte, da die Nacht sehr hell war.

Als er am Fenster stehen blieb und lauschte, hörte er Mr. Baxter sehr langsam, Schritt für Schritt, die vordere Treppe herunterkommen. Für ihn klang es so, als würde Baxter von jemandem die Stufen hinuntergestoßen oder hinabgezerrt und hielte sich an allem Greifbaren fest, um sich dagegen zu wehren. Als Nächstes hörte und sah George Williams, wie die Tür zur Straße geöffnet wurde und Mr. Baxter in voller Tageskleidung, sogar mit Hut, ins Freie trat. Seine Arme hingen so steif an den Seiten herunter, als hätte sie jemand gefesselt. Baxter führte Selbstgespräche, schüttelte den Kopf so heftig, dass er von einer Seite zur anderen flog, und bewegte sich so seltsam vorwärts, als ginge er nicht aus freiem Willen weiter.

Schließlich riss George Williams das Fenster auf und hörte Baxter sagen: ›Gnade, meine Herren! Bitte haben Sie doch Er…‹ Und dann brach er so plötzlich ab, als hielte ihm jemand den Mund zu, warf den Kopf zurück und verlor dabei seinen Hut. Jetzt konnte Williams auch Baxters Gesicht erkennen, das so erbarmungswürdig aussah, dass er zu ihm hinüberrief: ›Mr. Baxter, geht es Ihnen nicht gut?‹ Er wollte ihm anbieten, Doktor Lawrence zu holen, doch Baxter erwiderte: ›Kümmern Sie sich lieber um Ihren eigenen Kram! Ziehen Sie den Kopf ein!‹

Aber die Stimme klang so schwach und heiser, dass Williams niemals mit Sicherheit sagen konnte, ob es wirklich die des Uhrmachers gewesen war.

Bis auf Baxter war jedoch noch immer niemand auf der Straße zu sehen. Baxters Redeweise hatte Williams aber so verwirrt, dass er sich vom Fenster zurückzog und auf dem Bett Platz nahm. Er hörte, wie sein Nachbar weiter die Straße entlangging, mit stockendem Schritt. Das veranlasste ihn, erneut nach ihm zu schauen. Und immer noch bewegte sich Baxter auf höchst sonderbare Weise vorwärts. Später erinnerte sich Williams besonders daran, dass Baxter sich nicht nach seinem Hut gebückt hatte, als dieser auf die Straße gefallen war. Dennoch saß der Hut jetzt wieder auf seinem Kopf.

Nun ja, Mr. Richards, das war das Letzte, was irgendjemand von Baxter sah – zumindest acht Tage lang. Viele Leute meinten, er müsse wohl geschäftlich unterwegs sein. Manche vermuteten auch, er habe sich aus dem Staub gemacht, weil er in irgendwelche Schwierigkeiten geraten sei. Aber er war ja in der ganzen Gegend bekannt, und weder die Eisenbahner noch die Gäste in den Wirtshäusern hatten ihn gesehen.

Nun suchte man die Tümpel ab, fand aber nichts. Doch eines Abends kam der Wildhüter Fakes über die Hügel ins Dorf und sagte, ihm sei aufgefallen, dass der Galgenhügel schwarz von Vögeln sei. Das fand er seltsam, denn dort hatte er sein Leben lang noch kein Lebewesen entdecken können. Die Umstehenden tauschten Blicke miteinander aus, bis einer meinte: ›Ich bin bereit, dort hinaufzugehen und mal nachzuschauen.‹ Und ein Zweiter sagte: ›Wenn du gehst, dann gehe ich auch.‹ Abends machten sich dann sechs Männer auf den Weg. Sie nahmen Doktor Lawrence mit. Und bekanntlich fand man Baxter da oben zwischen den drei Steinblöcken, mit gebrochenem Genick.«

Müßig, sich vorzustellen, welche Gespräche Pattens Bericht auslöste – sie wurden auch nirgendwo festgehalten. Aber ehe Patten sich für den Abend verabschiedete, richtete er noch eine Frage an Fanshawe: »Entschuldigen Sie, Sir, aber habe ich richtig in Erinnerung, dass Sie heute bei Ihrem Ausflug das Fernglas dabeihatten? Darf ich fragen, ob Sie es benutzt haben?«

»Ja, ich habe es benutzt, aber nur dazu, mir etwas in einer Kirche anzusehen.«

»Sie haben das Fernglas mit in eine Kirche genommen, Sir?«

»Ja, in die Kirche von Lambsfield. Übrigens habe ich das Fernglas angeschnallt auf meinem Gepäckträger gelassen. Das Rad steht im Hof, bei den Stallungen.«

»Kein Problem, Sir. Ich kann es gleich morgen früh als Erstes hereinholen. Vielleicht könnten Sie dann einmal hindurchschauen, um zu sehen, ob es noch funktioniert.«

Also nahm Fanshawe das Fernglas noch vor dem Frühstück, nach ruhigem, wohlverdientem Schlaf, mit in den Garten und richtete es auf einen fernen Hügel. Sofort senkte er es wieder, musterte die Linsen und das Gehäuse, drehte an den Einstellungen, hob es wieder an die Augen, zuckte schließlich mit den Achseln und legte es auf den Tisch in der Eingangshalle.

»Patten«, sagte er, »das Ding ist jetzt völlig nutzlos. Ich kann nichts mehr durch die Gläser sehen. Es ist so, als hätte jemand schwarze Scheiben vor die Linsen geschoben.«

»Du hast also mein Fernglas kaputt gemacht, wie?«, fragte der Gutsherr. »Vielen Dank auch. Es war das einzige, das ich besaß.«

»Probier's doch selbst mal. Ich hab nichts damit angestellt!«, gab Fanshawe zurück.

Nach dem Frühstück nahm Richards das Fernglas mit auf die Terrasse und blieb auf den steinernen Stufen stehen. »Mein Gott, wie schwer das Ding ist!«, schimpfte er nach einigen erfolglosen Versuchen hindurchzusehen. Im selben Moment rutschte es ihm aus den Händen und fiel so auf die Stufen, dass die Linsen zersplitterten und das Gehäuse auseinanderbrach. Auf dem Steinpflaster bildete sich eine kleine pechschwarze Pfütze, die unbeschreiblich stank.

»Befüllt und versiegelt, wie?«, bemerkte Richards ironisch. »Würde ich es über mich bringen, das Ding anzurühren, würden wir vermutlich auch noch die Versiegelung finden. Das also kam bei all dem Sieden und Destillieren heraus, stimmt's, Mr. Baxter? Sie alter Leichen schändender Dämon!«

»Was, um Himmels willen, meinst du denn damit?«

»Kapierst du's denn noch immer nicht, mein Guter? Erinnerst du dich an das, was Baxter zu dem Arzt gesagt hat? ›Wollen Sie etwa durch die Augen eines Toten blicken?‹ Genau damit haben wir's hier zu tun. Aber diesen Toten gefiel es nicht, dass Baxter ihre Knochen zu Sud auskochte, nehme ich an. Und deshalb haben sie ihn schließlich dorthin geschleppt, wo er auf keinen Fall hinwollte. Nun gut, ich hole jetzt einen Spaten, damit wir dieses Ding angemessen bestatten können.«

Nachdem sie den Boden über dem Erdloch wieder geglättet hatten, reichte der Gutsherr seinem Butler Patten, der ehrfürchtig zugesehen hatte, den Spaten. »Fast ist es schade, dass du das Ding in die Kirche mitgenommen hast«, sagte er zu Fanshawe. »Durch diese Gläser hättest du sicher noch einiges Interessantes sehen können. Soviel ich weiß, war das Fernglas nur eine Woche lang in Baxters Besitz. Offenbar hat er es in dieser Zeit nicht viel genutzt.«

»Da bin ich mir nicht so sicher«, entgegnete Fanshawe. »Schließlich gibt es ja diese Zeichnung der Kirche von Fulnaker Priory.«

Nachwort

Nun, da Sie diese außergewöhnlichen Erzählungen gelesen haben, kann ich mich noch ein wenig darüber auslassen, ob es in James' Geschichten Sex gibt. Zumindest für mich ist es offensichtlich, dass er in einigen seiner Werke ausgesprochen offenkundige sexuelle Anspielungen eingebaut hat. Zum Beispiel *Eine Abendunterhaltung:* Die beiden kleinen Kinder des schlafenden Gutsherrn bestehen darauf, dass die Großmutter ihnen vor dem Schlafengehen eine Geschichte erzählt, also haut sie einen Hammer in der besten rein als Dialog erzählten Story raus, die ich mir vorstellen kann. Sie erzählt von einer lange vergangenen Zeit, noch bevor sie »geboren oder auch nur an sie zu denken« war, als zwei merkwürdige Männer in der Gegend lebten, ein Mr. Davis und sein junger Freund, der bei ihm wohnte, vielleicht ein Diener oder ein Student irgendeiner Art.

Hmmm. Klingt ein wenig suspekt, oder bin ich da zu empfindlich?

Hier ist der Wortlaut dessen, was Grandma den beiden Blagen erzählt: »Als er [Mr. Davis] eines Tages vom Markt zurückkam, hatte er einen jungen Mann dabei. Und mit diesem jungen Mann wohnte er lange zusammen … Also fragten sich die Dorfbewohner, was diese beiden Männer eigentlich den lieben langen Tag miteinander anfingen. Natürlich will ich nicht den ganzen Unsinn wiederholen, den sich die Leute im Dorf ausmalten. Schließlich wissen wir ja, dass wir nichts Böses über Menschen verbreiten sollten, wenn wir uns nicht sicher sind, ob es überhaupt stimmt. Und das gilt auch noch nach deren Tod.«

Nun, ich habe eine recht klare Vorstellung davon, was Mr. Davis und sein junger Freund »miteinander anfingen«, und ich bin sicher, James wollte genau das andeuten. Er deutete es eben durch die Worte einer Großmutter an, die im 18. Jahrhundert einen diplomatischen Weg suchte, vor zwei kleinen Kindern die Sprache nicht auf Homosexualität zu bringen – einer Zeit, in der solche Themen verboten waren und man *niemals* darüber sprach. Ich bin überzeugt davon, dass James genau das meinte: Nicht nur haben Mr. Davis und sein »junger Mann« gemeinsam den Teufel angebetet, sie haben auch Schweinkram miteinander gemacht, und zwar eine ziemlich lange Zeit; ich gehe sogar so weit zu behaupten, dass diese beiden Kerle einander die »Hintertüren« ausgeleiert haben, besonders zu den Sonnenwendfeiern, Walpurgisnacht und Halloween, den Hauptfesten, an denen frevlerische Aktivitäten und orgiastische Rituale durchgeführt wurden, um damit Luzifer zu ehren.

Aber es gibt noch mehr, zum Beispiel James' fantastische Erzählung *Die Hexe von Fenstanton* – noch eine Geschichte, die er aus irgendeinem Grund nicht mochte. (Er fand, dass es nicht einmal eine fertige Geschichte sei.) Hier werden uns Nick und Stephen vorgestellt, zwei mürrische Theologiestudenten aus Cambridge Anfang des 18. Jahrhunderts. Sie teilen ein Zimmer, scheinen aber ansonsten keinerlei Freunde zu haben. Während der Gottesdienste starren sie einander an und was sie auch immer denken mögen, hat garantiert *nicht mal annähernd* etwas mit dem Dienst an Gott zu tun. Der Leser erfährt rasch, dass die beiden einem *anderen* Gott huldigen, und zwar einem, der in einer Theologieklasse eher keine Zustimmung finden würde.

Genau wie Mr. Davis und sein »junger Mann« gehen Nick und Stephen nachts lange spazieren und scheinen sowieso konstant wach zu sein. Im Speisesaal beobachtet der Vize-Provost: »Der Mann, der unter ihnen wohnt, schläft nicht immer besonders gut. Was kann die beiden nur so beschäftigen, dass sie die ganze Nacht durchs Zimmer trampeln, wie man mir erzählt hat? Und was geht ihnen durch den Kopf, dass sie ständig wie zwei kranke Eulen seufzen und stöhnen?«

Kommen Sie schon! Zwei Kerle? Mitbewohner? Seufzen und stöhnen die ganze Nacht? Man kann sich doch wirklich leicht denken, *was* genau Nick und Stephen da machen. Ich wette, sie studieren *nicht* das Buch Daniel!

Eine weitere nicht besonders subtile Andeutung zu Sex findet sich in *Nummer 13,* der Geschichte, die dieser Sammlung ihren Titel gibt. Unser Protagonist Mr. Anderson wird nach Viborg in Dänemark geschickt, um alte Schriften aus der Endzeit des Katholizismus in dem Land zu untersuchen. (Das war übrigens 1536.) Anderson amüsiert sich über alte Briefe, die dem letzten katholischen Bischof Jørgen Friis unterstellen, mit einem zwielichtigen Typen namens Nicolas Francken befreundet zu sein und ihm Unterschlupf zu gewähren. Francken wird offen beschuldigt, »Geheimkünste der übelsten Art« zu praktizieren. Weiterhin wird die Freundschaft zwischen dem Bischof und Francken als »intim« bezeichnet. Nun, Sie haben die Geschichte gerade gelesen. Sagen Sie ruhig, wenn ich zu weit gehe, aber ich behaupte, dass Francken ein Stricher ist (mitsamt dem roten Licht in seinem Fenster), der sich als Frau verkleidet und eine illegale sexuelle Beziehung mit dem Bischof unterhält.

In *Das Tagebuch des Mr. Poynter,* einer von James' eher sonderbaren Erzählungen (sonderbar, aber trotzdem großartig) findet sich eine weitere Andeutung schwuler sexueller Hingabe. In diesem Werk liest Mr. Denton in einem alten Tagebuch von einem bereits vor langer Zeit verstorbenen »Sir Everard Charlett … einem Mitglied des Universitätscollege …

Der junge Charlett war eine angenehme Erscheinung, aber recht locker im Umgang und gottlos in seinen Reden … Er war bekannt für seine Zügellosigkeit und hatte deswegen häufig Disziplinarverfahren. Wäre das volle Ausmaß seiner Ausschweifungen öffentlich geworden, wäre er zweifellos von der Universität verwiesen worden … Er sah sehr gut aus und trug wegen seiner Haarpracht niemals Perücken, obwohl das in jenen Tagen an der Universität üblich war.«

Sehen Sie, was ich meine? Sonderbar. Es ist die Geschichte eines jungen Mannes mit sehr langen Haaren, der ein regelrechter Partylöwe ist und offensichtlich wegen seiner »Ausschweifungen« von den Einheimischen umgebracht wurde. Wenn das kein Hinweis darauf ist, wie rasch Sir Everard seine Hose runterlässt (und zwar bevorzugt vor Männern und nicht vor Frauen), dann weiß ich auch nicht.

Nun, das sind meine Beobachtungen zu der weitgehend akzeptierten Ansicht, dass James' Geschichten menschliche Sexualität ignorieren. Machen Sie daraus, was Sie wollen! Vielleicht liege ich ja auch vollkommen daneben! (Ich glaube, nicht. Warum zur Hölle sollte James solche Referenzen in seine Erzählungen einbauen, wenn nicht um sexuelle Anspielungen zu machen? Ohne diese Deutung sind die Referenzen vollkommen sinnlos!)

Ich bin schon lange versucht, ein Ouija-Brett zu kaufen und Kontakt mit James aufzunehmen, um ihn zu fragen … aber bei meinem Glück würde ich an Zozo oder Captain Howdy geraten …

Hmm, es scheint, als wäre ich heute in Stimmung, mich über James auszulassen, also lasse ich mich weiterhin über ihn aus, wenn es Ihnen nichts ausmacht, und teile auch noch ein paar abschließende Bemerkungen.

Großartige Horrorliteratur verdient Illustration, nicht wahr? Aber während seiner Lebzeiten wurden nur sehr wenige von Montys Erzählungen von Künstlern aufgenommen. Mittlerweile, in den wunderbaren Zeiten der Digitalisierung, können Sie allerdings Hunderte und Aberhunderte Illustrationen zu James' Horrorgeschichten finden, indem Sie einfach nur »M. R. James Geschichten« ins gute alte Google-Suchfeld tippen und »Bildersuche« anklicken. Innerhalb von Millisekunden werden Sie in ein Wunderland voller unheimlicher Bilder zu James' Erzählungen katapultiert und in Versuchung geraten, stundenlang dortzubleiben, weil das Gebotene so unfassbar ist. Probieren Sie's aus!

Und hier kommt noch etwas, das Sie vielleicht nicht wissen. 1957 (ein Jahr, das mir besonders am Herzen liegt, weil ich da geboren bin!) erschien ein Kinofilm, der auf James' makabrer Erzählung *Die Macht der Runen* basiert. Er heißt *Der Fluch des Dämonen*, *Night of the Demon* beziehungsweise *Curse of the Demon*. Warum zwei Titel? *Night* ist die längere britische Version, während der Film für den US-Markt gekürzt und in *Curse of the Demon* umbenannt wurde. [Anm. d. Übers.: Die deutsche Synchronfassung basiert auf der kürzeren US-Version.] Unglücklicherweise wurde in der US-Version die Schattentheater-Aufführung des bösen Mr. Karswell herausgeschnitten, mit der er ein Publikum von Sonntagsschülern zu Tode erschreckt und in einer Massenpanik nach Hause rennen lässt! Auch wenn der Film nicht gerade überragend sein mag, ist er doch ganz cool und außerdem spielt Dana »Hot Rods to Hell« Andrews die Hauptrolle! Beim Bild des Dämons am Ende habe ich mir als Kind vor Angst fast in die Hose gemacht.

Glücklicherweise funktionieren die Filmversionen zu James' Werken in kürzerer Form besser und viele wurden von der BBC fürs Fernsehen produziert. Es war sehr, sehr schwer – wenn nicht vollkommen unmöglich –, sie zu finden, bis – Sie ahnen es! – zum Zeitalter der Digitalisierung! Sie stehen jetzt alle auf YouTube, meine lieben Freunde, und zwar völlig kostenlos! Ist das Leben nicht toll? Sie müssen nicht mal viel tun: Rufen Sie YouTube auf, tippen Sie M. R. James ein, und schon finden Sie all diese versteckten Juwelen. Es gibt mehr als ein Dutzend dieser Verfilmungen und fast alle sind gut. Die beste ist die 1970er-Version von *Pfeif nur, dann eile ich zu dir* mit dem berühmten Bühnenschauspieler Michael Hordern. Von allen verfügbaren Filmen fängt keiner den Geist der James'schen Geistergeschichte besser ein als diese und der Schauspieler ist einfach brillant.

Wie dem auch sei, wenn Ihnen James' Werke gefallen, schauen Sie sich bitte diese Filme an. Als ich sie entdeckte, hätte ich mir fast in die Hose gesch…, ähm, hätte ich um ein Haar meine Beinkleider besudelt.

Ein weiterer Hinweis sei erlaubt – und das dürfen Sie gerne unter schamlose Eigenwerbung abheften: Wenn Sie gelangweilt sind und des Englischen mächtig (wie so viele meiner deutschen Leser), wollen Sie mir vielleicht die Ehre erweisen und meine eigenen Versuche in »James'scher Literatur« konsumieren. Wenn ja, dann empfehle ich meine Novelle *The Haunted Doll House* von Necro Publications. Es ist eine Art Fortsetzung zur James-Erzählung des fast gleichen Namens. Weiterhin wird bei Necro in Kürze eine weitere Novelle von mir erscheinen, die *An American Tourist in Poland* heißt. Obwohl das eine »moderne« Erzählung ist, habe ich sie doch unter dem Eindruck von *Nummer 13* geschrieben. Aber seien Sie gewarnt (auch wenn ich das wohl kaum erwähnen muss, wenn Sie jemals etwas von mir gelesen haben): es handelt sich um EXTREME Horror, durchsetzt mit IRRSINNIGEM Sex! Klingt witzig, oder? Zu guter Letzt ist mein Roman *Witch Water* eine moderne Hommage an einige meiner liebsten Geschichten von James, insbesondere *Blick von einem Hügel* und *Die sonderbare Erbschaft* … Ich bin *sehr* zufrieden mit diesem Roman!

Ah, meine Taschenuhr verrät mir, dass ich zu spät zum Symposium zur Verbreitung christlicher Lehren komme. Ich danke Ihnen nochmals, dass Sie dieses Buch gelesen haben. Und ich bin sicher, dass Monty Ihnen ebenfalls dankt, dort oben in der gigantischen Bibliothek antiker Schriften im Himmel …

E. L.

Quellenangaben

Einführung: © 2019 by Edward Lee

Die Sammlung des Domherrn Alberic: ›Canon Alberic's Scrap-book‹. Erstveröffentlichung unter dem Titel ›The Scrap-book of Canon Alberic‹ in *National Review* Vol. XXV, No. 145, März 1895.

Die Ruhestätte der Lamia: ›An Episode of Cathedral History‹. Erstveröffentlichung in *Cambridge Review*, 10. Juni 1914.

Eine Abendunterhaltung: ›An Evening's Entertainment‹. Erstveröffentlichung in *A Warning to the Curious* (1925).

Die Hexe von Fenstanton: ›The Fenstanton Witch‹. Copyright © N. J. R. James 1990, 1999, 2003. Erstveröffentlichung in *Ghosts & Scholars* No. 12, 1990.

Die sonderbare Erbschaft des Mr. Humphreys: ›Mr. Humphreys and His Inheritance‹. Erstveröffentlichung in *More Ghost Stories of an Antiquary* (1911).

Die endlose Liebe der Ann Clark: ›Martin's Close‹. Erstveröffentlichung in *More Ghost Stories of an Antiquary* (1911).

Die Mezzotinto-Radierung: ›The Mezzotint‹. Erstveröffentlichung in *Ghost-Stories of an Antiquary* (1904).

Nummer 13: ›Number 13‹. Erstveröffentlichung in *Ghost-Stories of an Antiquary* (1904).

Der Rosengarten: ›The Rose Garden‹. Erstveröffentlichung in *More Ghost Stories of an Antiquary* (1911).

Das Chorgestühl der Kathedrale von Barchester: ›The Stalls of Barchester Cathedral‹. Erstveröffentlichung unter dem Titel ›The Stalls of Barchester Cathedral: Materials for a Ghost Story‹ in *Contemporary Review* Vol. XCVII, No. 35, 1910.

Der Schatz des Abtes Thomas: ›The Treasure of Abbot Thomas‹. Erstveröffentlichung in *Ghost-Stories of an Antiquary* (1904).

Die ungewöhnlichen Gebetbücher: ›The Uncommon Prayer-book‹. Erstveröffentlichung in *Atlantic Monthly,* Vol. 127, No. 6, Juni 1921.

Blick von einem Hügel: ›A View from a Hill‹. Erstveröffentlichung in *London Mercury,* Vol. XII, No. 67, Mai 1925.

Einführung und Nachwort
Aus dem Amerikanischen von Simona Turini

MONTAGUE RHODES JAMES (1862–1936) war Provost (Vorsteher) des King's College in Cambridge und des Eton College. Die meisten seiner Gespenstergeschichten hat er zu besonderen Anlässen geschrieben, etwa für Freunde oder für Zeitschriften beider Colleges. Sie erschienen als Sammlungen in *Ghost-Stories of an Antiquary* (1904), *More Ghost Stories of an Antiquary* (1911), *A Thin Ghost and Others* (1919) und *A Warning to the Curious and Other Ghost Stories* (1925).
Weithin wird James als einer der besten Verfasser übersinnlich-fantastischer Geschichten in englischer Sprache betrachtet. Er gilt als Urheber der »mit dem Altertum befassten« Gespenstergeschichte; James ersetzte die Schrecken der im 19. Jahrhundert verbreiteten Schauerliteratur – die »Gothic horrors« – durch subtileren Spuk und wählte dafür zeitgenössische Schauplätze. Viele seiner Geschichten schrieb er ursprünglich als Unterhaltung für Weihnachtsabende und las sie zu diesem Anlass einem ausgewählten Freundeskreis laut vor.